流域水资源规划关键技术理论与实践

黄晓荣　张新海　彭少明　杨立彬　著

黄河水利出版社

内 容 提 要

本书内容共7章,包括流域水资源规划概述、水资源调查评价、基于水资源约束条件下经济结构的确定、流域生态环境需水量研究、水资源合理配置研究、流域水资源合理配置评价研究、黄河流域水资源配置方案评价。可供从事流域规划及管理工作的相关人员阅读参考。

图书在版编目(CIP)数据

流域水资源规划关键技术理论与实践/黄晓荣等著.
郑州:黄河水利出版社,2007.5
ISBN 978-7-80734-204-5

Ⅰ.流…　Ⅱ.黄…　Ⅲ.流域-水资源-水利规划-研究技术　Ⅳ.TV212.4

中国版本图书馆CIP数据核字(2007)第065380号

出 版 社:黄河水利出版社
地址:河南省郑州市金水路11号　　邮政编码:450003
发行单位:黄河水利出版社
发行部电话:0371-66026940　　传真:0371-66022620
E-mail:hhslcbs@126.com
承印单位:河南省瑞光印务股份有限公司
开本:787 mm×1 092 mm　1/16
印张:13.75
字数:260千字　　印数:1—1 000
版次:2007年5月第1版　　印次:2007年5月第1次印刷

书号:ISBN 978-7-80734-204-5/TV·503　　定价:30.00元

前　言

流域水资源综合规划的主要内容包括流域水资源及其开发利用情况调查评价、节约用水和水资源保护、需水预测和供水预测、水资源配置以及配置方案比较与判别、工程布局及实施方案等。以上各个环节及各部分工作是一个有机组合的整体，根据流域经济社会的发展状况和水资源特点，重点研究各部分关键技术，将有助于针对流域水资源配置的重大问题进行研究，更好地把握流域水资源开发利用与保护的方向和重点，从而解决流域水资源规划中存在的技术“瓶颈”，因地制宜地做好水资源的配置与管理。

黄河是中华民族的母亲河，目前黄河以占全国河川径流总量2%的水资源，承担着全国12%的人口、15%的耕地、15%的GDP。黄河也是一条多灾害河流，不仅具有径流年际变化大、年内分配集中、空间分布不均等北方河流的共性，同时还具有水少沙多、水沙异源等特有的个性。水资源供需矛盾日益突出，严重制约流域经济社会的可持续发展，以断流为标志，黄河流域生态系统也呈现整体恶化趋势，可见黄河水资源问题集聚了缺水地区水资源的所有问题，极其具有代表性。同时，自20世纪80年代以来，黄河流域下垫面条件由于人类活动影响而迅速变化，探索和研制适用于下垫面条件剧烈变化的水资源规划理论与技术，对推动水文学、水资源学和相关学科的发展及交叉与融合具有重要意义。“黄河流域水资源综合规划”是在落实国家科学发展观和水利部新时期治水新思路的背景下开展工作的，只有着眼于国民经济和社会发展的全局，围绕建设资源节约型、环境友好型和谐社会的需要来思考问题，才能促进黄河流域人口、资源、环境和经济的协调发展，以水资源的可持续利用支持经济社会的可持续发展。显然，新的形势赋予了水资源规划新的内涵和要求，对水资源规划关键技术的重点研究是当务之急。

本书是在水利部重大项目“黄河流域水资源综合规划”、科技部西部开发重大攻关项目“宁夏经济生态系统水资源合理配置研究”的研究成果基础上深化完成的。全书共分7章：第一章由张新海、杨立彬、彭少明、黄晓荣编写，主要介绍水资源规划发展历程、黄河流域水资源概况及规划的重点和难点，以及关键技术的总结；第二章由黄晓荣、杨立彬编写，主要介绍传统基于统计规律“还原－实测”水资源调查评价的不足并分析其成因，针对现代分布式水文模型的优点，探讨其在超大型黄河流域水资源评价中的可能性，研究下垫面变化对宁夏区域水资源量的影响；第三章由黄晓荣、彭少明编写，主要介绍水资源投入产出模型、水资源利用效率及产出效益的计算方法、区域最优经济结构原理，并以宁夏为例，通过投入产出方法对宁夏国民经济各部门的用水特性及变化进行分析计算；第四章由张新海、黄晓荣、杨立彬编写，主要介绍生态需水概念、计算方法，重点探讨黄河流域河道内生态环境需水量和宁夏干旱、半干旱地区河道外生态需水量计算方法；第五章由黄晓荣、彭少明编写，主要介绍流域大系统多目标水资源优化模型、模拟模型，并以宁夏为例，进行区域经济用水与生态用水配置；第六章由黄晓荣、张新海编写，着重介绍流域水资源配置方案评价模型和计算方法，以及多目标多属性评价软件的开发；第七章由张新海、彭少明、黄晓荣、杨立彬编写，主要介绍配置方案生成及评价。全书最后由黄晓荣统稿完成。

本书由黄河勘测规划设计有限公司博士后科研工作站资助出版，公司博士后管理办公室翟才旺主任给予了热情支持和帮助，特此致谢！

在专题研究和本书编写过程中，裴源生教授级高级工程师、汪党献教授级高级工程师、梁川教授、丁晶教授、张会言教授级高级工程师、王煜教授级高级工程师等经验丰富的专家给予了热忱的指导；中国水利水电科学研究院水资源所赵勇、秦长海、陆垂裕、姜健俊、孙素艳、张金平、李云玲、吴凤平、徐凤冉，黄河勘测规划设计有限公司赵麦换、杨国宪、肖素君、李清杰，四川大学李煜刚等参与了部分分析计算和程序编制工作。在此，一并表示衷心感谢！

由于编写时间仓促，加之作者水平所限，不当之处恳请读者批评指正。

作　者

2007 年 2 月

目　录

第 1 章　流域水资源规划概述

1.1　水资源规划发展回顾

水资源是人类赖以生存的自然资源之一。由于水资源在时间和空间上分布不均,有些地区严重缺水,而另一些地区则受洪水的威胁,因此水资源综合规划已成为国民经济发展规划的重要组成部分。

水资源规划的迅速发展得益于 20 世纪 60 年代发展起来的水资源系统分析方法,该方法是系统概念与运筹学相结合的产物,主要是通过对数学优化和模拟方法的大量应用,从而帮助规划工程师鉴别不同的规划方案及进行选择,最大可能地达到那些规划以及支付资金和使用水资源设施或各种水资源设施与管理规划影响的人们的需要、目标、目的。

随着社会经济的发展、人口激增和城市化进程加快,全球普遍出现了缺水问题,水的问题更趋复杂,水资源问题已成为国际社会关注的重要"热点"问题之一。为此,联合国在 1977 年召开世界水会议,把水资源问题提到全球的战略高度考虑。1988 年世界环境与发展委员会(WCED)提出的一份报告中指出:"水资源正在取代石油而成为在全世界引起危机的主要问题。"1991 年,国际水资源协会(IWRA)在摩洛哥召开第七届全世界水资源大会,进一步提出"在干旱或半干旱地区国际河流和其他水源地的使用权可能成为两国间战争的导火线"的警告。

日益严重的水问题及由水问题而带来的生态环境问题、社会问题引起世界各国及有关组织的重视和探讨。自 1992 年 6 月联合国环境与发展大会在巴西里约热内卢通过了著名的《里约宣言》和《21 世纪议程》以后,各国政府为其在宣言中所做的承诺而进行了不懈的努力,并在研究社会、经济、资源与环境如何协调发展的问题上做了大量的工作。美国在《2000 年的地球》和《2000 年的环境》中都把水资源列为重要问题,并制定了全美国的水资源规划。日本将水资源列入国土整治规划,1991 年、1994 年日本发生了罕见的大旱,激起了很大的社会反响。联合国及其所属组织就"环境与可持续发展"问题进行了大量的工作,它们在许多国家的各个领域进行了社会、经济、资源与环境方面的理论探讨和实例研究。《亚太 21 世纪议程及挑战》是联合国对亚太地区在环境管理和可持续发展中提出的新世纪行动计划进行的全面评估,并分析和提出了在实施过程中的限制与机会;《亚太水资源利用与管理手则》回顾了亚太地区水资源保护、水质、水生态系统现状,提出了战略目标和实施方法;《水与可持续发展准则:原理与〗政策方案》充分分析了水与社会经济发展的关系,以及在亚太地区所取得的成功实例,确定了水资源开发在可持续发展中的基本准则和原理,明确指出:水资源与社会经济发展紧密相连,其多行业属性和多用途特性,使得在可持续发展过程中的水资源工程规划与实施具有极其复杂的职能[1]。2006 年 3 月,以“采取地方行动,应对全球挑战”为主题的第四届世界水论坛在墨西哥召开,大会通过部长宣言,重申在《21 世纪议程》、《联合国千年宣言》、《约翰内斯堡实施计划》中达成的关于实现水资源综合管理与规划及提供安全饮用水和基本卫生条件等目标的承诺。因此,可以看出再次强调实现以上目标的紧迫性。

我国政府十分重视水资源及水资源综合规划和合理配置问题的研究。20 世纪五六十年代曾对全国的地表水、地下水进行分析,编制了全国水文图集。70 年代进行了全国的水利区域、水资源评价、水资源利用的研究工作。“六五”、“七五”期间,“华北地区的水资源研究”被列为国家重点科技攻关项目。“水资源合理配置”一词,1991 年在我国正式提出,中国水利水电科学研究院陈志恺和王浩等在 1991～1993 年期间承担了联合国开发计划署的技术援助项目“华北水资源管理(UNDP CPR/88/068)”,首次开发了华北宏观经济水资源优化配置模型,研制了京、津、唐地区宏观经济水资源规划决策支持系统,随后在“八五”国家重点科技攻关项目支持下,许新宜、王浩和甘泓等系统地提出了基于宏观经济的水资源优化配置理论,以及在这一理论指导下的多层次、多目标、群决策方法,特别是在水资源优化配置的基本概念、优化目标、基本平衡关系、需求管理、供水管理、水质管理、经济机制、决策机制及各主要模型的数学描述等方面均做出开创性成果[2]。在“九五”期间,科技部把“西北地区水资源开发利用与生态环境保护研究”列为“九五”国家重点科技攻关项目,将水资源配置的范畴进一步拓展到社会—水资源—生态环境系统,将水资源与经济、生态联系起来统一研究,探求水资源作为国民经济发展的重要物质基础和生态环境系统中最活跃因子的相互依存、相互制约的定量关系与转化规律,并且研究和提出生态需水量计算方法[3~5]。翁文斌和王忠静等根据可持续发展理论,在总结和延伸了水资源规划的多目标发展、相互作用、动态与风险性、公众接受和滚动规划的原则基础上,提出了一种交互多目标优化与方案动态模拟相结合的决策支持规划思想和操作方法[6,7]。谢新民、裴源生等根据宁夏的实际情况和亟待研究解决的问题,基于社会经济持续发展和水资源可持续利用的观点,利用水资源系统分析的理论和方法,分析和确定了宁夏水资源优化配置的目标及要求,建立了水资源优化配置模型[8,9]。在“十五”期间,“水安全保障技术研究”(2001BA610A)被列为科技部国家重点科技攻关项目,该研究提出了基于流域“自然—人工”二元水循环演化模式,构建了面向生态的水资源合理配置理论框架和方法体系,全面体现了水资源合理配置的可持续性、公平性、高效性和系统性,是水资源合理配置理论与方法的新进展[10]。王劲峰和刘昌明等(2001)针对我国水资源供求平衡在空间上的巨大差异造成的区际调水需求,提出了水资源在时间、空间和部门上的三维优化分配理论模型体系,该体系包括4类经济目标的目标集、7类变量组合的模型集和6种边际效益类型的边际效益集,由此组成了168种优化问题,并提出一种解析解法[11]。国家"973"项目"黄河流域水资源演化规律与可再生性维持机理研究"专门设立了"黄河流域水资源演变规律与二元演化模型研究"课题,王浩、秦大庸、贾仰文(2004)在黄河流域水资源二元演化模型中采取"分离描述"和"耦合模拟"的建模思路,即由流域分布式水循环模拟模型和流域集总式水资源调配模型来分别描述天然"坡面—河道"主循环与人工"供—用—耗—排"侧支循环的基本过程,然后通过集总式模型信息的时空离散与分布式模型信息的时空聚合来实现两大模型的耦合模拟,从而实现对于"自然—人工"二元驱动下的流域水循环全过程的模拟和水资源演变规律的描述。利用二元演化模型可以预测未来流域水资源承载能力,并进行社会经济系统和生态环境系统之间及社会经济系统内部的区域水资源合理配置。目前在我国,模型构建技术与方法已取得多项突破,整体处于国际前沿水平[12]。

1.2　水资源综合规划的主要内容

2002年全国开始进行水资源综合规划工作,其总体目标以建设节水型社会为根本,为我国水资源统一管理和可持续利用提供规划基础,在进一步查清我国水资源及其开发利用现状、分析和评价水资源承载能力的基础上,根据经济社会可持续发展和生态环境保护对水资源的要求,提出主要江河尤其是北方河流的水量分配,初步建立国家水权制度,积极培育水市场;加强水资源调蓄和配置工程建设,逐步构建全国水资源总体配置格局和区域水资源配置格局;协调好生活、生产用水和生态用水,提高水资源利用效率和效益,促进我国人口、资源、环境和经济的协调发展,以水资源的可持续利用支持经济社会的可持续发展。

本次规划的主要任务包括水资源调查评价、水资源开发利用情况调查评价、需水预测、节约用水、供水预测、水资源保护、水资源配置、总体布局与实施方案、实施效果评价等内容。水资源综合规划任务总体结构见图1-1。

本次规划的技术思路:水资源综合规划的各个环节及各部分工作是一个有机组合的整体,相互之间动态反馈,需综合协调。水资源综合规划各部分内容的相互关系见图1-2。

本次规划的具体内容如下:

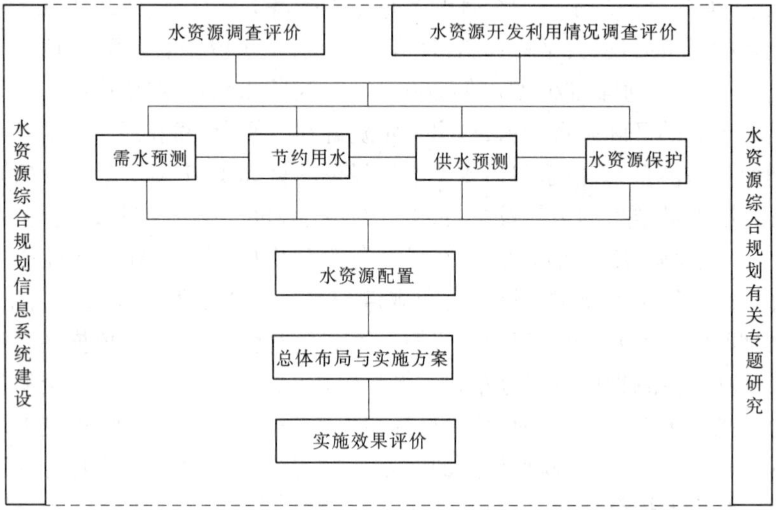

图 1-1　水资源综合规划任务总体结构

（来自《全国水资源综合规划技术细则》）

(1)水资源及其开发利用情况调查评价。通过水资源及其开发利用情况的调查评价,可为其他部分工作提供水资源数量、质量和可利用量的基础成果;提供对现状用水方式、水平、程度、效率等方面的评价成果;提供现状水资源问题的定性与定量识别和评价结果;为需水预测、节约用水、水资源保护、供水预测、水资源配置等部分的工作提供分析成果。水资源调查评价的内容包括 1956～2000 年 45 年系列降水、蒸发、地表水资源量、地下水资源量及水资源总量等的调查分析,对流域近期下垫面条件下的水资源量进行分析和一致性处理。水质评价的内容包括地表水水质、地下水水质、供水水质、污染物排放量的调查评价,尤其是对污染物排放量进行全面的调查评价,并对其他成果进行对比分析。水资源开发利用情况调查评价的内容包括经济社会资料、供水基础设施、供水量、用水量、耗水量、供水水质、废污水排放量、河道内用水,以及与水有关的生态环境的调查、统计、分析,在此基础上,对用水水平和效率、水资源开发利用程度进行分析,并对供、用、耗、排水量进行合理性检查。

(2)节约用水和水资源保护。要在上述水资源及其开发利用情况调查评价工作的基础上,提出节约用水和水资源保护的有关技术经济及环境影响因素分析结果,为需水预测、供水预测和水资源配置提供可行的比选方案。同时,在吸纳水资源配置部分工作成果反馈的基础上,提出推荐的节约用水及水资源保护方案。

(3)需水预测和供水预测。需水预测是水资源配置的基础,涉及到今后经济社会发展指标和各种定额的预估,是进行水资源规划和管理的有效手段,应合理

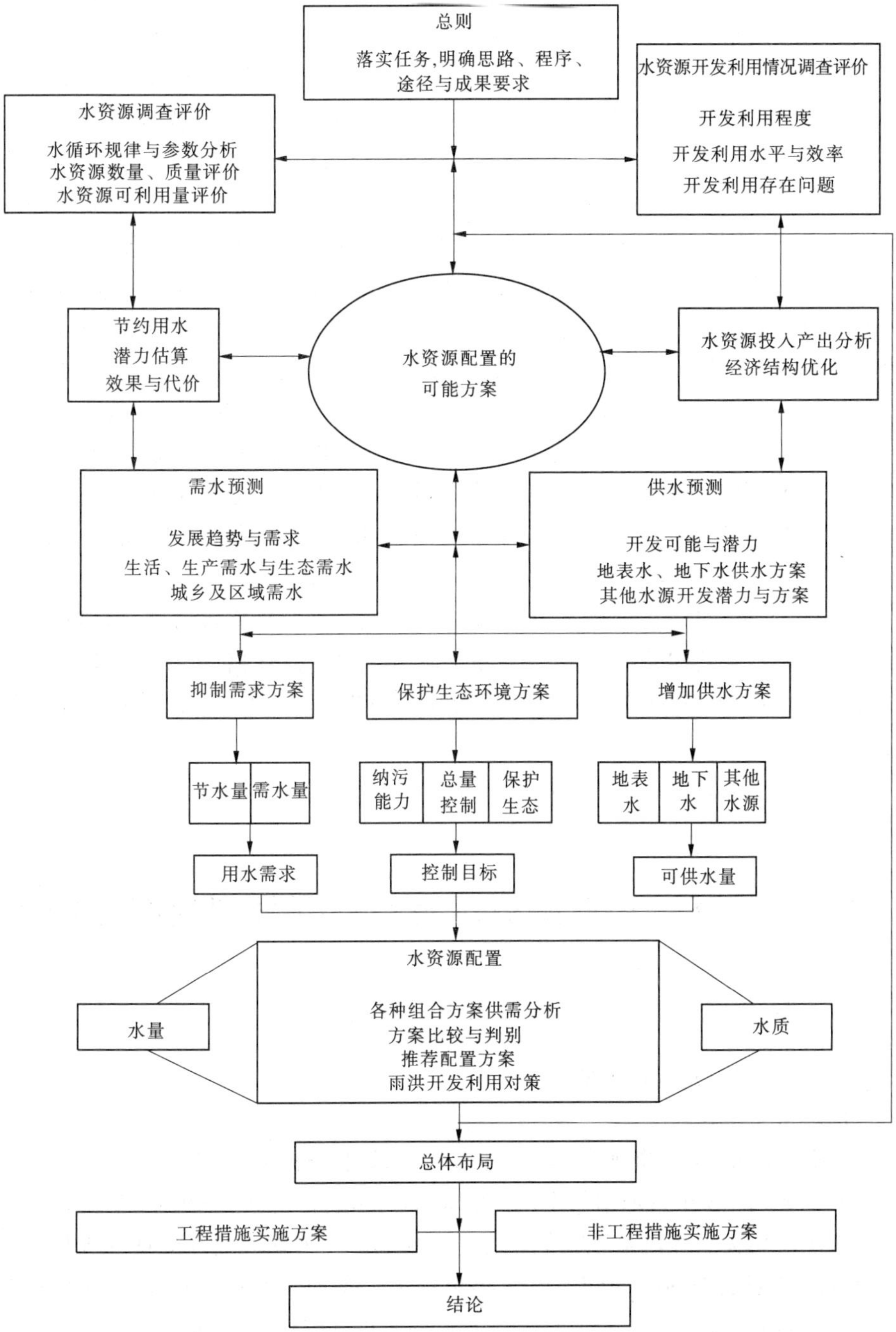

图 1-2　水资源综合规划各部分内容的相互关系

(来自《全国水资源综合规划技术细则》)

而准确地预测未来的需水量以避免投资的浪费或减少将来用水危机的发生。

供需水预测工作要以水资源及其开发利用情况调查评价、节约用水和水资源保护工作为基础，为水资源配置提供需水、供水、排水、污染物排放等方面的预测成果，以及合理抑制需求、有效增加供水、积极保护生态环境措施的可能组合方案及其相应的技术经济指标，为水资源配置提供优化选择的条件；预测工作应与以上各部分工作相协调，结合水资源配置工作，经过往复与迭代，形成动态的规划过程，以寻求经济、社会、环境效益相协调的水资源合理配置方案。

(4)水资源配置。在进行供需分析多方案比较的基础上，通过经济、技术和生态环境分析论证与比选，确定合理配置方案。水资源配置以统筹考虑区域水量和水质的供需分析为基础，将区域水循环和水资源利用的供、用、耗、排水过程紧密联系，按照公平、高效和可持续利用的原则进行。水资源配置在接收上述各部分工作成果输入的同时，也为上述各部分工作提供中间和最终成果的反馈，以便相互迭代，取得优化的水资源配置格局；同时为总体布局、水资源工程与非工程措施的选择及其实施确定方向和提出要求。水资源配置思路示意图见图 1-3。

(5)总体布局与实施方案。要根据水资源条件和合理配置结果，提出对调整经济布局和产业结构的建议，提出水资源调配体系的总体格局，制定合理抑制需求、有效增加供水、积极保护生态环境的综合措施及其实施方案，并对实施效果进行检验。

下面在总结黄河流域水资源概况及目前开发利用存在问题的基础上，分析黄河流域水资源规划的重点和难点。

1.3 黄河流域水资源概况及目前开发利用存在问题

1.3.1 黄河流域水资源及其开发利用现状

1.3.1.1 黄河流域水资源量

1)河川天然径流量

根据黄河流域水资源综合规划第一阶段水资源量评价成果，黄河流域 1956～2000 年 45 年系列多年平均降水量 447mm；经一致性处理后，黄河花园口断面多年平均天然径流量 533 亿 m^3，利津断面多年平均天然径流量 535 亿 m^3。黄河花园口断面 1956～2000 年 45 年系列多年平均天然径流量比 1919～1975 年 56 年系列多年平均天然径流量(560 亿 m^3)少 27 亿 m^3(详见表 1-1)。

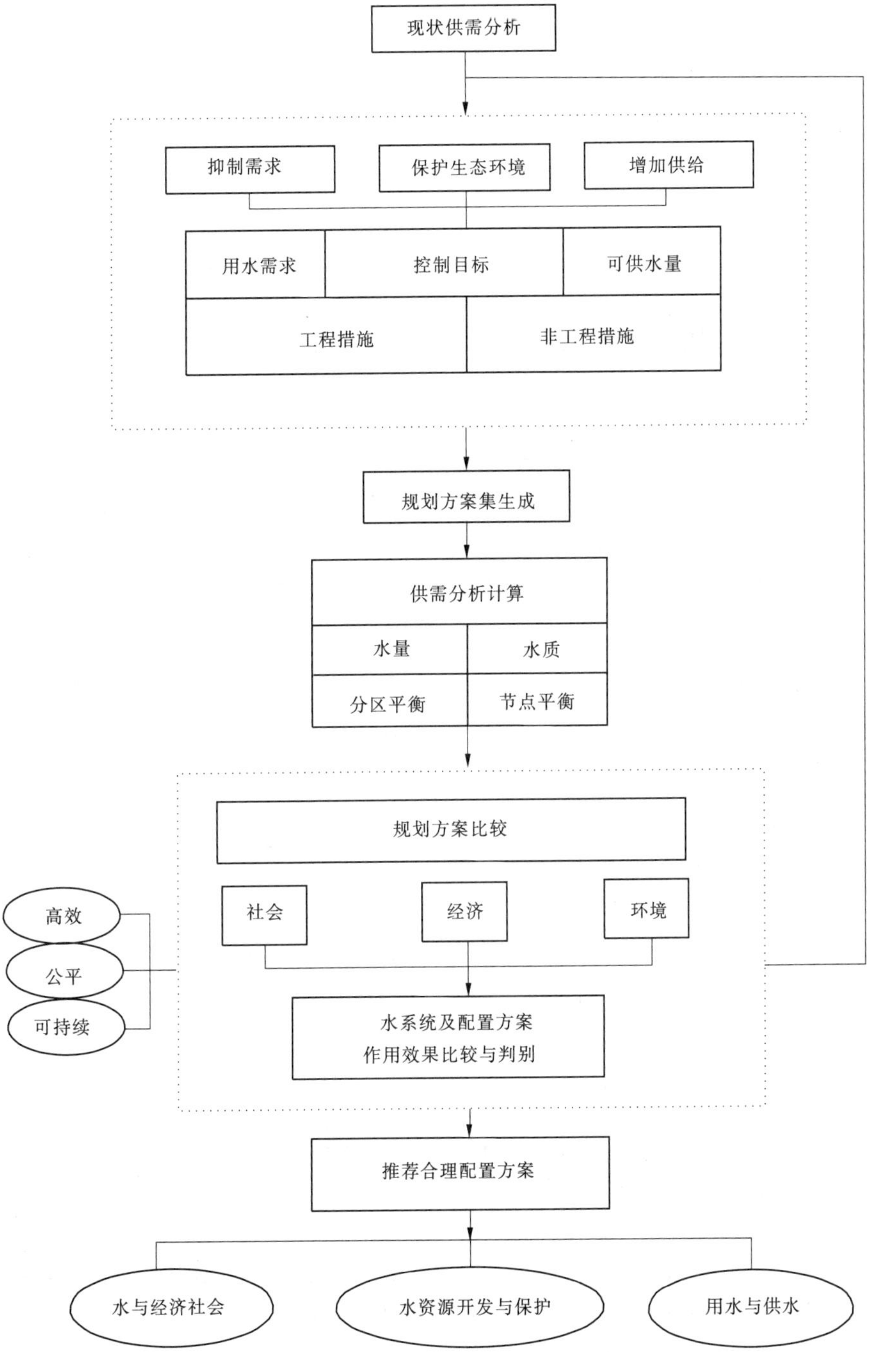

图 1-3　水资源配置思路示意图

表 1-1　黄河干流主要断面多年平均(1956～2000 年 45 年系列)河川天然径流量

水文站	最大		最小		多年平均		C_v	C_s/C_v	不同频率年径流量(亿 m³)			
	径流量(亿 m³)	出现年份	径流量(亿 m³)	出现年份	径流量(亿 m³)	径流深(mm)			20%	50%	75%	95%
唐乃亥	329.3	1989	134.4	1956	205.1	168.2	0.26	3.0	246.2	198.5	167.1	131.8
兰州	535.4	1967	234.4	1997	329.9	148.2	0.22	3.0	387.5	321.9	277.6	225.5
河口镇	534.7	1967	233.3	1956	331.7	86.0	0.22	3.0	390.2	323.6	278.7	226.1
龙门	609.1	1967	258.9	2000	379.1	76.2	0.21	3.0	441.9	371.0	322.5	264.9
三门峡	777.4	1964	301.6	2000	482.7	70.1	0.22	3.0	567.4	471.0	405.8	329.5
花园口	945.7	1964	332.4	1997	532.8	73.0	0.24	3.0	631.6	518.2	442.3	354.8
利津	1 011.1	1964	322.6	1997	534.8	71.1	0.23	3.0	636.7	519.2	441.1	351.7

2)地下水资源量

黄河流域 1980～2000 年多年平均浅层地下水资源量(矿化度 $M \leqslant 2$g/L)377.6 亿 m³,其中,山丘区 265.0 亿 m³,平原区 154.6 亿 m³,山丘区与平原区重复计算量 42.0 亿 m³,见表 1-2。

表 1-2　黄河流域 1980～2000 年多年平均浅层地下水资源量(矿化度 $M \leqslant$ 2g/L)

二级区、省(区)	山丘区		平原区							地下水资源量
	计算面积	地下水资源量	计算面积	降水入渗补给量	山前侧向补给量	地表水体补给量		地下水资源量	降水入渗形成的河道排泄量	
						补给量	其中河川基流量形成			
龙羊峡以上	12.67	82.08	0.29	0.59	0.20	0.23	0.10	1.01	0.33	82.79
龙羊峡—兰州	8.88	53.37	0.06	0.46	0.84	2.24	0.89	3.54	0.21	55.19
兰州—河口镇	8.85	16.48	4.74	10.83	8.86	30.90	11.98	50.58	0.42	46.23
河口镇—龙门	9.24	19.05	1.84	15.42	0.81	1.26	0.68	17.49	4.14	35.05
龙门—三门峡	15.09	51.59	3.59	28.06	6.57	17.64	6.28	52.28	3.18	91.01
三门峡—花园口	3.79	30.06	0.32	3.19	0.57	3.86	1.70	7.62	0.18	35.41
花园口以下	1.03	12.16	0.88	9.23	0.24	4.83	2.12	14.30	0.15	24.10
内流区	0.17	0.23	3.53	7.57	0.18	0	0	7.75	0	7.81
青海	14.73	90.15	0.35	1.05	1.03	2.47	0.99	4.55	0.53	92.68
四川	1.70	12.80	0	0	0	0	0	0	0	12.80
甘肃	13.86	43.10	0.10	0.49	0.05	0.08	0.03	0.62	0.26	43.64
宁夏	3.20	4.20	0.60	1.00	0.32	21.16	8.47	22.48	0.41	17.90
内蒙古	4.99	15.91	8.36	22.25	9.12	9.79	3.54	41.16	0.47	44.41
山西	8.10	37.85	1.55	9.50	5.01	3.63	2.16	18.14	0.07	48.82
陕西	9.83	29.25	3.06	28.41	1.93	15.14	4.75	45.48	6.52	68.04
河南	2.28	19.61	1.12	11.10	0.57	8.43	3.73	20.10	0.18	35.41
山东	1.03	12.16	0.11	1.53	0.24	0.26	0.10	2.04	0.15	13.86
黄河流域	59.71	265.0	15.25	75.34	18.27	60.96	23.76	154.6	8.61	377.6

注:面积单位为万 km²,其他单位为亿 m³。

3)水资源总量

黄河流域多年平均(1956～2000 年系列)水资源总量 647.0 亿 m³,其中地表水资源量 534.8 亿 m³,地表水与地下水之间的不重复计算量 112.2 亿 m³;花园口断面以上水资源总量 629.6 亿 m³,其中地表水资源量 532.8 亿 m³,地表水与地下水之间的不重复计算量 96.8 亿 m³,见表 1-3。本次水资源评价成果与以往成果对比见表 1-4。

表 1-3　黄河流域多年平均(1956～2000 年系列)水资源总量

(单位:亿 m³)

水文站	河川天然径流量	地表水与地下水之间的不重复计算量	水资源总量
唐乃亥	205.10	0.40	205.50
兰州	329.90	2.00	331.90
河口镇	331.70	33.43	365.13
龙门	379.10	52.11	431.21
三门峡	482.70	88.71	571.41
花园口	532.80	96.75	629.55
利津	534.80	112.17	646.97

表 1-4　本次水资源评价成果与以往成果对比　(单位:亿 m³)

水文站	地表水			地下水			
				1956～1979 年系列		1980～2000 年系列	
	1919～1975 年系列	1956～2000 年系列(一致性处理前)	1956～2000 年系列(一致性处理后)	径流量	地表水与地下水之间的不重复计算量	径流量	地表水与地下水之间的不重复计算量
唐乃亥	202.81	205.15	205.15	—	—	82.79	0.40
兰州	322.59	333.04	329.89	152.20	0	137.98	2.00
河口镇	312.60	335.75	331.74	207.40	28.20	192.02	33.43
龙门	385.13	389.29	379.12	247.70	38.90	227.07	52.11
三门峡	498.42	503.88	482.72	345.30	65.90	318.08	88.71
花园口	559.19	563.92	532.78	380.40	71.80	353.49	96.75
利津	—	568.55	534.79	405.70	82.10	377.59	112.17

1.3.1.2　未来水资源变化趋势分析

近 20 年来,由于气候变化以及农业生产发展、水土保持生态环境建设、雨水集蓄利用、地下水开发利用等人类活动对下垫面的影响，降水和径流关系发生了明显改变，尤其黄河中游更加突出，表现在同等降水条件下，河川径流量比以前下垫面条件下的河川径流量有所减少。因此，对水资源评价时，进行了系列一致性处理，将黄河天然径流量修正至现状下垫面条件下。1956～2000 年系列利津断面天然径流量为 535 亿 m^3。

随着水土保持等经济社会活动的加剧和人类活动对下垫面的影响，今后黄河天然径流量仍会进一步衰减。据初步估计，随着水土保持基本农田、林草、淤地坝、骨干坝等的发展建设，2010 年、2020 年、2030 年水平黄河天然径流量将分别减少 10 亿 m^3、15 亿 m^3、20 亿 m^3 左右，黄河水资源供需矛盾也将更加尖锐。

1.3.2　黄河水资源利用现状

1.3.2.1　供水量

据统计，2000 年黄河流域各类工程总供水量 506.77 亿 m^3，其中向流域内供水 418.77 亿 m^3，向流域外供水 88 亿 m^3。在向流域内供水 418.77 亿 m^3 中，地表水 272.22 亿 m^3，占流域内总供水量的 65%；地下水 145.47 亿 m^3，占流域内总供水量的 34.74%；其他供水量 1.07 亿 m^3，占 0.26%，见表 1-5。

表 1-5　2000 年黄河流域各类工程总供水量调查统计　（单位：亿 m^3）

二级区、省（区）	地表水源供水量				地下水源供水量			其他水源供水量	总供水量
	蓄水	引水	提水	小计	浅层淡水	深层承压水	小计		
龙羊峡以上	0.17	1.99	0.33	2.48	0.13	0	0.13	0.01	2.63
龙羊峡—兰州	2.14	16.84	9.57	28.56	5.30	0.04	5.34	0.10	34.00
兰州—河口镇	1.35	132.34	27.24	160.94	15.28	9.00	24.28	0.13	185.35
河口镇—龙门	2.38	3.23	1.72	7.32	3.86	1.09	4.95	0.10	12.38
龙门—三门峡	12.28	23.14	11.61	47.03	50.45	8.15	58.60	0.49	106.11
三门峡—花园口	2.30	4.83	1.82	8.96	16.20	3.31	19.52	0.05	28.52
花园口以下	3.44	11.50	1.80	16.73	28.50	0.77	29.27	0.18	46.18
内流区	0.02	0.06	0.13	0.21	1.88	1.49	3.38	0.01	3.60
青海	2.26	10.10	2.27	14.63	3.23	0.04	3.27	0.03	17.93
四川	0	0.11	0	0.11	0.02	0	0.02	0.01	0.14
甘肃	1.34	18.36	17.06	36.76	6.20	0	6.20	0.35	43.32
宁夏	0.58	72.02	7.97	80.57	3.96	2.14	6.10	0.08	86.75
内蒙古	2.20	56.43	11.98	70.61	13.12	8.96	22.09	0.03	92.73
陕西	8.13	14.15	6.21	28.48	24.39	8.14	32.53	0.33	61.35
山西	4.08	6.37	5.44	15.89	26.79	0	26.79	0	42.68
河南	2.05	15.68	2.21	19.95	28.16	4.25	32.41	0.05	52.41
山东	3.44	0.70	1.08	5.22	15.72	0.34	16.06	0.18	21.46
黄河流域	24.07	193.92	54.22	272.22	121.60	23.87	145.47	1.07	418.77

2000 年黄河利津站实测水量 48 亿 m^3。

1.3.2.2　用水量

2000 年黄河流域内各部门总用水量 418.77 亿 m^3，其中农田灌溉用水 296.50 亿 m^3，占总用水量的 70.8%；工业用水 64.46 亿 m^3，占总用水量的 15.39%；林牧渔用水 27.71 亿 m^3，占总用水量的 6.62%；城镇生活用水 11.46 亿 m^3，占总用水量的 2.74%；农村生活用水 11.20 亿 m^3，占总用水量的 2.67%，见表 1-6。

表 1-6　2000 年黄河流域内各部门总用水量　（单位：亿 m^3）

二级区、省(区)	城镇生活	农村生活	工业	农田灌溉	林牧渔	牲畜	城镇生态	总用水
龙羊峡以上	0.04	0.08	0.05	1.09	0.77	0.59	0.01	2.63
龙羊峡—兰州	1.08	0.92	10.22	19.01	2.03	0.56	0.18	34.00
兰州—河口镇	2.60	1.17	13.38	149.44	17.37	1.00	0.39	185.35
河口镇—龙门	0.36	0.75	1.85	8.03	0.82	0.51	0.06	12.38
龙门—三门峡	4.84	4.71	23.31	66.68	4.07	1.58	0.92	106.11
三门峡—花园口	1.41	1.67	8.87	15.38	0.48	0.65	0.05	28.52
花园口以下	1.08	1.86	6.59	34.54	1.30	0.78	0.03	46.18
内流区	0.05	0.05	0.17	2.33	0.87	0.12	0.01	3.60
青海	0.52	0.47	2.91	11.33	1.79	0.76	0.14	17.93
四川	0	0.01	0.01	0	0	0.12	0	0.14
甘肃	1.70	1.88	12.85	24.29	1.80	0.67	0.13	43.32
宁夏	0.80	0.41	4.96	71.30	8.90	0.27	0.11	86.75
内蒙古	1.30	0.61	5.79	74.51	9.37	0.88	0.27	92.73
陕西	2.97	2.69	14.01	36.96	3.27	0.84	0.62	61.35
山西	1.69	1.83	8.45	28.69	0.77	0.92	0.34	42.68
河南	1.53	2.44	9.96	36.65	0.88	0.96	0	52.41
山东	0.95	0.87	5.52	12.78	0.93	0.38	0.03	21.46
黄河流域	11.46	11.20	64.46	296.50	27.71	5.79	1.64	418.77

注：工业用水量中包括建筑业与第三产业。

1.3.2.3　1980～2000 年水资源利用分析

据统计，1980 年、2000 年黄河流域内用水量分别为 343 亿 m^3 和 419 亿 m^3，2000 年较 1980 年用水量增加了 76 亿 m^3；供水量中地下水供水量增幅较大，增加了 56.0%，占总增加供水量的 68.8%。从用水结构分析，黄河流域农田灌溉用水占总用水的比重由 84.7%下降为 70.8%；工业、生活用水和林牧渔用水增长迅速，2000 年较 1980 年分别增加了 32.3 亿 m^3、17.6 亿 m^3 和 20.0 亿 m^3，占总用水的比重分别由 7.9%、5.1%、2.2%增至 15.39%、5.4%和 6.6%。从用水水平分析，黄河流域城镇人均生活用水量为 159L/d，远低于全国平均的

212L/d;农村人均生活用水量为 39L/d,也远低于全国平均的 66L/d。随着经济社会的发展和人民生活水平的提高,流域用水结构还将进一步调整,城镇和农村生活用水也将继续增长。黄河流域万元 GDP 用水量由 1980 年的 3 472m^3 降低为 2000 年的 674m^3,说明流域水资源利用效率较以往有了较大提高,但目前的万元 GDP 用水量仍高于全国平均的 579m^3,说明流域用水效率总体上仍较低。

从利津水文站资料分析,20 世纪 60 年代平均天然径流量为 613 亿 m^3,70 年代为 511 亿 m^3,80 年代为 586 亿 m^3,90 年代为 437 亿 m^3,相应地,利津断面实测水量分别为 527 亿 m^3、295 亿 m^3、293 亿 m^3、119 亿 m^3,分别占天然径流量的 86%、58%、50%和 27%。可见,随着经济社会的发展和人民生活水平的提高,河道外生产、生活用水逐步增加,河道内生态环境用水量则相应减少,利津断面实测水量占天然径流量的比例逐年下降,由 20 世纪 60 年代的 86%降为 90 年代的 27%。2000 年利津断面实测水量仅 48 亿 m^3,占天然径流量的 14%,生态环境用水被大量挤占,导致河道主槽萎缩、河床淤积、生态环境恶化等一系列问题。黄河流域天然径流量与利津断面实测水量见表 1-7。

表 1-7　黄河流域天然径流量与利津断面实测水量

年份	天然径流量(亿 m^3)	利津实测水量(亿 m^3)	利津实测水量占天然径流的比例(%)
1961～1970	613	527	86
1971～1980	511	295	58
1981～1990	586	293	50
1991～2000	437	119	27
2000	354	48	14

1.3.3　黄河水资源特点

黄河水资源具有年际变化大、年内分配集中、空间分布不均等北方河流的共性,同时还具有水少沙多、水沙异源等特有的个性。

1.3.3.1　水少沙多

黄河流域面积占全国国土面积的 8.3%,而年径流只占全国的 2%,居我国七大江河的第 4 位。流域内人均水量 488mm^3,为全国人均水量的 22%;耕地亩均水量 220m^3,仅为全国耕地亩均水量的 12%。扣除调往外流域的约 100 亿 m^3 水量,流域内人均水量和耕地亩均水量更少。

黄河是举世闻名的多泥沙河流,多年平均输沙量 16 亿 t,含沙量在国内外大江大河中居首位。沙多是黄河复杂难治的症结所在。为缓解河道淤积,河道内必须留一定的输沙水量,这使得黄河水资源供需矛盾更加突出。

1.3.3.2　水沙异源、水土资源分布不一致

黄河径流水量来源地区分布极不均匀。全河径流的一半以上来自兰州以上,宁夏、内蒙古河段产流很少;下游为地上悬河,支流汇入很少。上、中、下游径

流量分别占全河的 54%、43%和 3%。黄河沙量的 90%以上来自中游，其中河口镇—龙门区间输沙量高达 9 亿 t，占全河输沙量的 56%；兰州以上来沙量仅占全河的 9%，是黄河的主要清水来源区。

黄河流域及下游引黄灌区具有丰富的土地资源，但是水土资源分布很不协调。大部分耕地集中在干旱少雨的宁蒙沿黄地区，中游汾河、渭河河谷盆地以及当地河川径流较少的下游平原引黄灌区。

水沙异源、水土资源分布不一致的状况，要求黄河资源的开发利用必须统筹兼顾上、中、下游及各部门的关系，统一调度全河水量，上游水库调蓄和国民经济用水必须兼顾中、下游经济社会和河道内生态环境用水。

1.3.3.3　年际变化大、年内分配集中、连续枯水时段长

黄河是降水补给型河流，黄河流域又属于典型的季风气候区，降水的年际、年内变化决定了河川径流量时间分配不均。黄河流域年最大径流量为年最小径流量的 3 倍左右，支流一般达 5～12 倍；径流年内分配集中，干流及主要支流汛期 7～10 月径流量占全年的 60%以上，且汛期径流以洪水形式出现，中、下游汛期径流含沙量较大，利用困难；非汛期径流含沙量小，主要由地下水补给，大部分可以利用。黄河自有实测资料以来，出现了三个连续枯水段，其中 1922～1932 年、1990～2000 年两个连续枯水时段长达 11 年。

黄河河川径流年际变化大、年内分配集中、连续枯水时段长，水库调蓄在黄河水资源开发利用中具有十分重要的作用。

1.3.4　黄河水资源主要问题

1.3.4.1　水资源短缺严重制约流域经济社会的可持续发展

黄河贯穿西北和华北人口稠密地区，属资源性缺水河流，且泥沙含量大，除承担本流域经济社会用水和河道生态用水外，还要承担部分外流域农田灌溉任务。20 世纪 80 年代以来，黄河水资源供需矛盾越来越尖锐，水资源短缺问题已成为流域经济社会发展的重大制约因素，是实现全面建设小康社会目标所面临的重大挑战之一。

1987 年国务院批准了南水北调生效前《黄河可供水量分配方案》，明确了沿黄各省(区)的黄河用水指标。从 20 世纪 90 年代以来，黄河平均天然径流量为 450 亿 m^3，实际耗用量已超过 350 亿 m^3，地下水的超量引用也极大地影响了河川径流，青海、甘肃、宁夏、内蒙古、山东等省(区)均存在超量引用黄河水现象。经济社会发展用水大量挤占河道内生态环境用水，造成下游河道频繁断流，河道淤积加剧，防洪形势严峻，黄河水资源供需矛盾已十分尖锐。

1999 年黄河水量实施统一调度后，在流域经济社会用水受到限制的情况下，实现了黄河下游河道连续 7 年未断流，但内蒙古黄河头道拐断面多次出现断

流预警。2003 年以来,黄河宁夏段和内蒙古段 16 次濒临断流,这在历史上极其罕见。随着西部大开发战略的实施,水资源的制约已经凸现,计划开工建设的能源项目由于没有取水指标而无法立项,部分地区的工业园区和工业项目由于水资源供给不足而迟迟不能发挥效益,即将开工建设的宁东能源重化工基地面临最大的挑战之一就是水资源问题。

党的十六大提出了全面建设小康社会的目标,十六大报告提出应“积极推进西部大开发,促进区域经济协调发展”,并要求“打好基础,扎实推进,重点抓好基础设施和生态环境建设,争取十年内取得突破性进展”。黄河上游地区煤炭等矿产资源丰富,根据西部大开发的战略部署,蒙陕宁地区主要为以煤为中心的能源、稀土、特种钢材业综合开发区;黄河上游主要为以能源工业为基础的铜、镍、铅、锌、铂等有色贵金属材料工业综合开发区;在宁夏银川市至内蒙古呼和浩特市不足 800km 长的黄河中段沿岸地区,总投资超过 4 000 亿元的煤化工产业带正在建设,并将带动沿河工业区的快速发展。发展能源工业成为西北地区加快经济社会发展的必然选择,能源资源开发离不开水资源条件的基本支撑,在黄河沿岸兴建密集的重化工业则意味着新增巨大用水需求。

黄河水资源利用已突破承载极限,黄河的现状已不允许新增用水指标,增加从黄河取水已经不可行,黄河水资源分配必须兼顾工业、农业、生态三个方面,采取有效措施引导沿岸地区经济发展“量水而行”。在水资源总量难以增加的情况下,解决西北地区(尤其是宁蒙地区)工业和城市发展用水问题,只能从实际出发,改变现有水资源利用格局,调整用水结构,从宏观上提高水资源的配置效率,从微观上提高水资源的利用效率,缓解区域经济社会发展的用水紧张局面。黄河水权转换是黄河水资源管理制度的一个创新,提出了在保证沿黄省份用水不突破国务院分水指标的前提下,实施“农业转工业”的水权有偿转换,由用水企业通过“投资节水、转让水权”的方式,为解决西北干旱地区经济社会发展用水矛盾探索了新途径。水权转换可以引导水资源向高效率、高效益方向流动,实现以节水、高效为目标的优化配置。从 2003 年开始,我国在内蒙古、宁夏确定了 5 个水权转换试点,开始了中国实施水权转换的新探索。

市场机制下的水权转换,是缓解水资源短缺的重大创新,但是仅能维持区域短期供求平衡,而不能根本解决黄河水资源供需矛盾。黄河上游地区在努力搞好节约用水、污水治理、充分利用当地水资源等一系列措施后,供需矛盾仍十分突出。

1.3.4.2 河道内生态环境用水被大量挤占,河流健康受到严重破坏

1)以断流为标志,黄河流域生态系统呈现整体恶化趋势

由于河道外用水量的增加,黄河入海水量自 20 世纪 50 年代以来持续减小。河道外生产、生活用水大量挤占河道内生态环境用水,导致黄河干流及主要支流

均出现频繁断流。据统计，1972～1999 年 28 年间，黄河干流下游河道就有 22 年出现断流，断流最严重的年份是 1997 年，当年黄河来水偏枯 40%左右，由于来水极枯加之尚未实行干流水量统一调度，当年入海水量仅有 18.6 亿 m^3，下游断流达 226 天，断流河段上延至开封柳园口附近。

黄河主要支流，如汾河、渭河、伊洛河、沁河、大汶河、金堤河、天然文岩渠、大黑河、大夏河、清水河等，也出现了严重的断流现象，而且断流次数增加，时间延长。主要支流断流和入黄水量的大幅度减少，进一步加剧了黄河干流的断流形势。1999 年开始由国务院授权，黄河水利委员会负责黄河干流水量统一调度，黄河断流持续恶化势头有所遏制，利津断面基本保持了不低于 30～50m^3/s 的流量，避免了断流现象的发生，但入海水量仍然很少，1999～2002 年实施黄河干流水量统一调度的 4 年间，利津断面入海水量仅占同期天然径流量的 12%～15%，入海水量的严重不足，使河道内和河口地区的生态环境遭到了严重的影响。

河口地区供水安全程度低。黄河河口地区水资源非常有限，工农业用水基本依靠黄河供给，同时，河口地区又是陆地、河流与海洋生态系统交汇的区域，也是河流生态系统中最脆弱和敏感的典型区域，黄河淡水补给是黄河河口近海区域生态平衡的重要因素。近年来，由于进入河口地区的水量不断减少，水资源供需矛盾突出，一方面，来水不能满足河口地区经济发展的需要；另一方面，滨海区生态环境日趋恶化，湿地和生物多样性受到威胁。

水质污染严重，水环境状况日趋恶化。黄河流域工业长期沿袭低投入、高消耗、重污染的发展模式，用水量和排污量大的企业较多，特别是 20 世纪 80 年代中期到 90 年代初期，小造纸、小化工、小制革等“十五小”重污染型企业发展很快，污染源增多，排污量加大；同时水污染治理严重滞后，缺乏有效监督，大量未经处理或达不到排放标准的废污水进入黄河干支流。90 年代初，每年排入黄河干支流的废污水量达 42 亿 m^3，与 80 年代初相比增加了 1 倍，入黄污染物量已超出黄河水环境承载能力，使水质呈急剧恶化之势。国家环保局 1997 年发布的《中国环境状况公报》表明，黄河污染（Ⅳ类及劣于Ⅳ类水质）河长占评价河长的比例已居全国七大江河的第 2 位。据 2000 年水质监测结果，在黄河干流及主要支流重点河段 7 247km 的评价河长中，Ⅱ类、Ⅲ类水质河长占 38.7%，Ⅳ类水质河长占 20.1%，Ⅴ类及劣Ⅴ类水质河长占 41.2%。与 1985 年水质监测结果相比，Ⅳ类、Ⅴ类及劣Ⅴ类水质河长比例增加了 30.4%。水质恶化不仅直接影响人民生活和身体健康，而且大大加剧了水资源的紧缺程度。

2）以“二级悬河”迅速发展为标志，黄河河道淤积萎缩严重，防洪形势日趋严峻

黄河下游河道主槽淤积萎缩严重。20 世纪 80 年代以后，由于自然原因及人类活动对水资源的过度利用和不当干预，进入黄河下游的水量急剧减少，进一步加剧了水沙的不协调性，下游河道淤积加重，1986～1999 年下游河道年均淤积 2.40 亿 t，占来沙量的 31.3%，是各时期中最高的。更为严重的是，滩槽淤积比例发生变化，导致主河槽急剧萎缩升高，20 世纪 80 年代中期以前，黄河下游滩地淤积占总淤积的 70%，主河槽淤积占 30%，滩槽几乎平行抬高；80 年代中期以后，主河槽淤积占总淤积的 70%，滩地淤积占 30%，主河槽的过流能力由 5 000～6 000m^3/s 迅速减小到 2 000～3 000m^3/s，部分河段只有 1 800m^3/s，形成主河槽已经高出大堤临河侧滩地 3～5m、临河侧滩地高出背河侧地面 4～6m 的“二级悬河”。黄河下游河道形态已经处于历史上最危险的阶段，“横河”、“斜河”、“顺堤行洪”的发生几率大大增加，堤防“冲决”和“溃决”的可能性增大，严重威胁黄河下游堤防安全。2003 年秋汛期间，黄河下游流量只有 2 300m^3/s，河南兰考生产堤决口，由于滩地横比降大，部分水流直冲黄河大堤，东明部分堤段临河侧水位 4～6m，20 多 km 堤段背河侧地面全线渗水，并形成 200m 长、距堤 60～100m的管涌群，又巧遇 8 级大风，临河侧堤坡快速坍塌，黄河大堤岌岌可危，最后紧急动员数千军民全力抢护，才化险为夷。

黄河下游滩区人民生命财产损失加重。黄河下游滩区面积 4 047km^2，既是滞洪沉沙的区域，又是 181 万滩区群众赖以生存和生产的场所。随着主槽排洪能力降低，中常洪水水位抬升，漫滩流量减小，黄河下游滩区居民生命财产遭受损失越来越频繁，损失越来越大。1986～1997 年下游同流量水位升幅各站年均在 0.09～0.15m 之间，其中 1996 年花园口站发生了洪峰流量仅 7 860m^3/s 的洪水，水位比 1958 年的 22 300m^3/s 的大洪水水位还高 0.91m，淹没滩区村庄 1 374 个，房屋 26.5 万间，耕地 247.6 万亩（1 亩＝0.066 7hm^2），受灾人口 118.8 万人；1958 年花园口站和高村站洪峰流量分别为 22 300m^3/s 和 17 900m^3/s 时相应水位，如在 1997 年河道边界条件下分别只能过流 3 500m^3/s 和 2 000m^3/s。2002 年进行调水调沙试验以来，下游平滩流量已增大到 3 500m^3/s 左右，但若遇超过此量级的中常洪水，下游滩区仍将严重受灾。

宁蒙河段河道淤积加重，防洪、防凌问题突出。近年来，由于上游引水量增加，宁蒙河道来水量大幅度减少；同时，龙羊峡、刘家峡水库联合调度运用，虽然发挥了巨大的兴利效益，但同时改变了径流时程分配，每年将 50 亿 m^3 左右的水量调节到非汛期，加剧了宁蒙河段水沙关系的不协调。宁蒙河道由天然条件下的基本冲淤平衡转变为淤积，内蒙古河段 2000～2004 年平均淤积量达 0.66 亿 t，其中主槽淤积量占总淤积量的 52%。河道淤积造成中小洪水流量水位明显抬高，平滩流量下降，河道宽浅散乱、摆动加剧，严重威胁防洪防凌安全。1986 年龙羊峡水库建成后仍出现 5 次凌汛决口，2003 年 8 月河道流量只有 1 000m^3/s，造成堤防决口。

小北干流河槽排洪能力降低，对河段防凌带来不利影响。小北干流 1986～

2003 年平均淤积量达 0.53 亿 t，由于流量较小，泥沙淤积主要集中在主河槽中，河道排洪能力急剧下降，1985 年漫滩流量为 5 000m^3/s，1996 年降低为 3 000m^3/s 左右。

渭河下游河道淤积严重。渭河流域水资源总量不足，国民经济发展用水大量挤占河道内生态环境用水，20 世纪 90 年代渭河年均入黄水量为 45 亿 m^3，较 90 年代以前减少 48%，导致下游河道淤积严重，主槽萎缩，同流量水位大幅度上升，排洪能力下降。2003 年 8 月，渭河下游发生中常洪水，干流和南山支流堤防多处决口，造成严重的洪灾损失。

1.3.4.3　部分地区生态环境脆弱，呈现持续恶化趋势

黄河上游天然草场分布辽阔，是我国主要牧区之一，黄河上游天然植被多属于高山垫状、高山草甸和高山灌丛植被，生态环境系统极其脆弱。目前牧业的发展基本沿袭传统放牧方式，天然草场的过度放牧、草场严重超载等不合理利用，导致黄河上游天然草场退化十分严重。据遥感普查资料分析，黄河源区的草原、草场每年以 12%～20%的速度在沙化。黄河中游的天然草场多属于荒漠草场，草场天然植被覆盖度低，草场载畜能力有限，加之草场的不合理利用、严重超载和过度放牧，造成草场退化和沙化加剧。

黄河流域黄土高原地区水土流失面积 43.4 万 km^2，是我国乃至世界上水土流失最严重、生态环境最脆弱的地区。黄河中游地区大部分为黄土丘陵沟壑区和黄土高塬沟壑区，尤其是黄土丘陵沟壑区地形破碎、土质疏松、植被稀少、干旱少雨，生态环境系统极度脆弱，水土流失十分严重，是黄河泥沙和粗沙的主要来源区。随着黄土高原地区人口的不断增长，生态环境的压力将进一步增大，黄土高原地区大量的丘陵沟壑区依靠陡坡开荒，广种薄收，生产条件极差，人民生活极为贫困。为维持基本生存，解决吃饭和烧柴问题，于是乱砍滥伐，盲目开荒，垦后缺水又撂荒，导致土地沙漠化，形成“越穷越垦、越垦越穷”的恶性循环。黄河中游地区生态环境日益恶化的根本原因是受自然因素的制约，人类活动的影响和不合理的开发利用自然资源则加速了生态环境恶化的程度。

流域西邻腾格里沙漠、乌兰布和沙漠和毛乌素沙地，属于农区向牧区过渡的半农半牧地带，是干旱、大风、水土流失、土地沙漠化、沙尘暴频发地带，特别是近几年，这一区域已经成为华北地区沙尘暴频繁发生的策源地。长期以来，随着人口的增长，大部分地区在无灌溉的条件下大量开垦土地，草场超载过牧和无节制的樵采，致使土地沙化、植被退化。土地沙漠化严重破坏土地资源和生物资源，直接影响农牧业生产，并使生态环境恶化，甚至有些地区已经丧失了人类生存条件。

另外，水资源的不合理开发利用还导致湖泊沼泽萎缩、土壤盐渍化等一系列生态环境问题。

1.4　黄河流域水资源规划的重点及难点

1.4.1　规划的重点

黄河流域水资源供需矛盾突出，生态环境脆弱，尤其是近20年来，水资源及其开发利用条件发生了较大的变化，突出表现在：部分地区人类活动改变了下垫面条件，致使径流减少；用水已达到或超过水资源承载能力，缺水断流严重；生产用水挤占生态环境用水，造成生态环境恶化。因此，黄河流域水资源规划要在全面综合规划的同时，以解决面临的突出问题为导向，重点研究解决以下问题。

(1)突出水资源调查评价。尤其是黄河流域，要根据近20年来水资源变化的特点，重点分析人类活动对产汇流关系的影响，实事求是地提出黄河流域地表水资源量及地表水地下水之间的不重复量，为今后该地区的经济发展和水资源配置提供基础依据。

(2)水资源开发利用情况评价。重点分析用水量和耗水量，对近20年来的用水和耗水进行对比分析，采取典型调查和综合分析的方法(如河段平衡等)查清水资源利用量及其耗用量。

(3)水资源配置。黄河流域分水方案已经国务院等有关部门批准，目前正在遵照执行。由于水资源及其开发利用情况发生了较大变化，加上南水北调工程的逐步实施，因此要在条件变化的基础上，对原分水方案进行评估，在此基础上，提出今后水资源配置方案。

(4)此外，做好规划还要注意以下几点：第一，在注重水资源问题的同时，更要重视其与经济社会的紧密联系，做到水资源与生态环境和经济社会发展协调；第二，在注重工程项目布局和规划的同时，更要加强管理等非工程措施的安排；第三，在注重水资源开发利用的同时，更要重视水资源的节约与保护，实现水资源的可持续利用。水资源综合规划要突出水资源配置思路、格局、措施的总体安排，规划的对策措施要有指导性、有效性和可操作性。

1.4.2　规划的难点

“黄河流域水资源综合规划”是国家发展改革委、水利部重大项目。2004年，黄委经过对国内外大江大河特别是黄河治理开发历程及其突出问题的反思，认真研究思考黄河的过去、现在和将来，研究黄河特殊的水沙条件、流域及其相关地区的迅速发展对黄河的要求，以科学的发展观，从战略高度创造性地提出了“维持黄河健康生命”的治河新理念，逐步形成“1493”的治河体系，即“维持黄河健康生命”为黄河治理开发与管理的一个终极目标；“堤防不决口，河道不断流，污染不超标，河床不抬高”为体现其终极目标的四个主要标志；该标志通过九条治理途径得以实现；“三条黄河”（“原型黄河”、“数字黄河”、“模型黄河”）建设是确保各条治理途径科学有效的基本手段。显然，“维持黄河健康生命”的治河新理念又给“黄河流域水资源综合规划”提出更高要求，要以解决重大水资源问题为出发点，按照科学和求实精神编制规划。同时，规划的编制应具有较高的起点和前瞻性，要在思想、理论、方法、技术等方面有所创新，针对水资源开发利用和管理中出现的新情况与新问题，采用现代的规划手段和方法，按照“四新”（新思路、新资料、新方法、新技术）的要求编制规划。其面临的挑战是前所未有的。

1.4.2.1 黄河水资源规划的特点

黄河水资源规划主要内容包括水资源调查评价、水资源开发利用情况调查评价、需水预测、节约用水、水资源保护、供水预测、水资源配置、总体布局与实施方案、实施效果评价等内容。由于黄河水资源问题极其复杂，黄河流域水资源规划不仅具有其他流域水资源综合规划的一般内容，更有自身鲜明的特点和难点。具体而言有如下几个方面：

（1）黄河水资源配置是基于供需严重不平衡条件下的缺水配置。

（2）存在流域间的水量调入与调出共存且交织的复杂局面。目前，黄河每年还需向流域外供水 80 亿～100 亿 m^3。在南水北调实施后，流域外又向流域内调水。

（3）基于输沙要求，在不同时间尺度上对黄河干流主要断面最小控制流量的研究与确定是一大技术难关。

1.4.2.2 黄河水资源规划关键技术难点解析[13]

1）黄河天然径流量的确定

《全国水资源综合规划技术细则》规定生产实践中常用的河川径流计算方法是“还原法”，即

$$天然径流量 = 实测径流量 + 还原量$$

还原量是指被人类生产生活消耗的水量，通常采用调查的方法得到。随着人类活动的加剧，许多地区特别是干旱、半干旱地区流域下游径流实测值持续减少，当衰减到天然径流的 50% 甚至更少时，水文“还原”便产生了一个本质性的变化：原本在总径流量中占次要成分的“还原量”，成为总径流量中的主体部分。黄河流域跨半湿润和半干旱地区，目前黄河流域及有关地区消耗黄河地表水量 300 亿 m^3 左右[14]，已超过黄河径流量的 50%，用水地区分布为上游地区 132 亿 m^3、中游地区 60 亿 m^3、下游地区 108 亿 m^3。黄河用水主要集中在宁蒙引黄灌区、汾渭盆地和下游引黄灌区，即主要在干流和一些重要支流上。用“还原法”来计算天然径流量会产生“还原失真” 与 “还原失效”两个问题[6,15]。“还原失真”是随着人类活动日益加剧，还原比例越来越大，受资料条件等客观因素的限制和

选取还原参数时人为主观随意性的影响，应用还原法难以获取“天然”和“人工”二元驱动力作用下的水资源量“真值”。“还原失效”则是指传统还原分析无法解释某些水文下垫面的变化导致水文循环规律变化这一现象。分布式水文模型从产汇流机理出发，依据物理学上质量、动量与能量守恒定律以及流域产汇流的特性，导出描述地表径流和地下径流的偏微分方程组，较为具体地描述了流域下垫面空间分布特性与产流能力之间的因果关系，对于由人类活动所引起的水文过程变化比较敏感并且能够予以反映。因此，采用分布式流域水文模型对水文系列进行一致性修正是可行的。

2）黄河流域需水预测

需水预测是水资源配置的基础，涉及到今后经济社会发展指标和各种定额的预估，是进行水资源规划和管理的有效手段，如何合理而准确地预测未来的需水量以避免投资的浪费或减少将来用水危机的发生就显得更为重要。

其关键技术包括：①科学合理地预测不同规划水平年国民经济发展水平和经济发展格局。②制定科学的第二、第三产业用水与节水指标体系和农业灌溉用水定额。经济社会发展目标分析，包括人口与城市化进程、国民经济发展、农业发展及土地利用等内容。用水定额一般通过趋势分析、结构分析、用水效率分析、人均指标分析以及国内外同类地区、类似发展阶段的指标比较分析而获得。

黄河流域人均 GDP 目前已突破 1 000 美元，正处在从传统的以农业为主导的社会结构向现代工业社会加速转型阶段，经济增长意味着经济结构的全面转变[16~19]。与联合国经济会计系统采用 101 个国家 1950～1970 年的大量观测数据[20~22]对比可知，黄河流域经济社会发展呈现与普遍统计规律不一致的现象，见表 1-8。

表 1-8　黄河流域经济社会发展与普遍统计规律对比

区域	城镇化率(%)	三产比例(%)			就业结构比例(%)		
		第一产业	第二产业	第三产业	第一产业	第二产业	第三产业
101 个国家	58.5	20.2	30.2	49.6	37.0	28.3	34.7
黄河流域	32.8	15.0	47.7	37.3	55.2	19.5	25.3

从工业在 GDP 所占的比例进行判断，可以认为黄河流域已经完成传统工业化阶段，但从就业结构和城镇化率进行判断，则可以认为黄河流域处于传统工业化的初期阶段。显然，正确判断黄河流域目前所处的发展阶段，对把握其今后的经济发展速度、结构转变方向及其水资源规划的需水研究又有重要的意义。由人均收入所对应的发展阶段来评价黄河流域当前发展水平是较为恰当的，由此可以认为黄河流域发展水平尚处于中下收入国家的水平。

黄河流域水资源规划需水预测要求对黄河流域伴随经济增长而出现的经济

结构变化作出规范性分析，其核心是资源流动与配置的主要特征。目前，水问题已经成为黄河流域经济社会发展、生态保护的“瓶颈”。在水资源不足的情况下，如何从水资源的高效利用出发调整产业结构、用水结构，转变经济增长方式，走内涵式的经济社会发展道路，按照总量控制、定额管理来建设节水型的社会，这对黄河流域经济社会的可持续发展具有决定性的意义，有必要对其进行深入的研究。

著名经济学家钱纳里在统计基础上得出结论：当人均收入水平提高时，各国的资源配置、要素使用及其结构特征，在发展过程中具有高度的一致性。美国多夫曼、萨谬尔森和索洛等发现，在一定经济发展水平下，当资源配置最优时，存在着最优经济均衡增长途径，即大道定理，并可以证明均衡增长率由结构关联技术水平矩阵（即直接消耗系数矩阵）A 所决定，均衡增长的增长率和均衡增长产出结构分别等于非负矩阵的 A 的弗罗比尼斯特征根（即最大特征根）和相对应的弗罗比尼斯向量（最大特征根所对应的特征向量）[23]。当产业结构协调时，投资的作用可以得到充分发挥，此时的经济发展速度为投资率与直接消耗系数矩阵 A 的弗罗比尼斯特征根之比。按照此思路可以确定黄河流域经济发展规模及格局。

黄河流域工业用水定额包括高用水工业和一般用水工业两部分，是以单位工业增加值取用水量作为指标，结合对黄河流域工业现状用水定额的典型资料的统计趋势分析和工业增加值预测成果，进行工业用水定额预测，其难点在于工业用水定额与经济发展水平和水资源条件密切相关，用水定额具有明显的区域特性。在经济发达和水资源紧缺地区，取水定额相对较低。制定定额要根据流域水资源条件，进行合理配置。水资源相对丰富的地区，以控制水污染为主要目标；缺水地区应调整产业结构，提高水的利用效率。第三产业由于无实物产品，其用水定额显然无法采用像第二产业那样的单位产品取用水量定额指标；由于没有物化劳动的投入及活劳动的投入与增加值的非对称性，采用单位增加值取用水量也没有理论依据；考虑到第三产业用水主要是从业人员的用水，而从业人员的比重与第三产业的比重有趋同性的特点，第三产业从业人员有较好的可预测性，第三产业用水主体是城市人口在不同场所的生活用水，因此可以采用单位第三产业从业人员人均用水量指标，作为衡量第三产业用水水平和用水量需求预测指标。

黄河流域地域广阔，由于气候、地貌和土壤等条件不同，形成复杂多样的土地类型。农业灌溉定额要以水资源四级区为基本单元，结合农业和气象分区，以种植面积占总播种面积的比例大于 5% 的主要灌溉作物为研究对象，以粮、棉作物为重点，包括灌溉的林、草和经济作物。其总体思路为：综合确定研究分区→不同水平年分区主要作物类型和面积→农田现状灌溉用水定额调查→收集灌溉试验资料→计算作物灌溉需水量→综合确定田间灌溉定额(井灌区为井口定额;渠灌区为斗渠以下定额)→考虑冲洗压盐的灌溉定额→非充分灌溉条件下的经济灌溉定额→不同节水措施的节水潜力→考虑输水效率 $\eta_{渠}$,确定不同地区、不同水平年综合毛灌溉用水定额→确定不同地区、不同水平年综合净灌溉定额。整个研究以作物需水量为中心,计算了各四级区逐日的参照腾发量、不同作物的作物需水量,并整理为年报表、月报表,然后用 GIS 技术做出流域多年平均和各月的作物需水量等值线图。

3)黄河输沙水量研究

河道输沙水量指保持河道水流泥沙冲淤平衡所需水量,主要与河道上游来水来沙条件、泥沙颗粒组成、河流类型及河道形态等有关。黄河 56% 的水量来自黄河上游地区的兰州以上,而 90% 的沙量却来自黄河中游的河口镇—三门峡区间。"水少沙多,水沙异源,水沙不平衡"是黄河一显著特点,也是黄河成为世界上最复杂、最难治理的一条河流的症结所在。由此造成了黄河下游河床的严重淤积,使黄河下游 800km 的河道成为高悬于黄淮海平原之上的"地上悬河"。河道泥沙输送主要集中在汛期,汛期水流含沙量高,通常处于饱和输沙状态,因此可根据汛期输送单位泥沙所需的水量来计算输沙水量。黄河流域水资源规划需要对不同水平年重要控制断面的黄河输沙水量进行研究。其关键技术难点:①不同水平年不同频率中下游来沙量预测。②研究不同来水来沙条件下黄河下游河道的动力平衡机制,水沙变异后下游河道的复杂响应,未来重要断面的输沙水量分析计算。

对黄河中下游未来沙情的预测,是计算河道输沙用水量的基础。其主要分为两个部分:未来天然来沙量和人类活动影响量。由于天然来沙量是指水土保持治理前的下垫面条件下的产沙量,因此未来天然来沙量的多少主要取决于降水情况。黄河流域降水周期性变化规律未发生改变的认识得到多数人的认同,在此基础上预测黄河未来天然来沙量仍保持长系列均值 16 亿 t 左右。人类活动影响量主要取决于流域水土保持作用,因此对黄河未来来沙量变化趋势的认识主要依据对水土保持减沙量的认识得出。常规方法利用水文站长系列泥沙资料对不同降水条件下水利水保减水减沙作用进行分析研究,计算丰、平、枯三个典型降水量年份特别是汛期的减水减沙比,将分析成果点绘成图,对不同水平年不同频率减沙量进行趋势分析。"973"子课题"黄河水沙过程变异及河道的复杂响应"根据流域产沙量与环境要素特征之间的关系,分析了流域产沙量发生临界变化时的环境要素特征值及临界条件。研究结果表明,流域产沙量受到环境要素的交互作用与综合作用的双重影响,在分析单因素的基础上,采用多元正交多项式回归等分析方法,建立了流域输沙模数与年降水量、悬移质泥沙中径和干流平均比降等环境因子之间的正交多项式回归模型,由该模型可以定量分析出黄河中游河口镇—潼关区间是影响流域产沙量的环境要素复合临界。总体上讲，其技术本质都是对历史数据的统计分析与对未来趋势的估计，还没有从机理上深入分析不同下垫面条件下产水产沙内在规律，显然要解决这一问题需借助“3S”工具。

建立一个物理机制明确、参数获取较方便，全面考虑降雨侵蚀力、土壤可蚀性、坡长与坡度、作物经营管理和水保措施等土壤侵蚀影响因子的模型来对土壤侵蚀进行定量研究。目前应用现代遥感技术定量或定性与定量结合的侵蚀评价在区域监测中已得以实现，其原理是利用矢量和栅格两种类型的空间数据，分析侵蚀因子的属性、数量值及其空间分布，进而评价侵蚀的类型、程度以及不同类型、不同程度侵蚀的分布规律。其内容涉及三方面：土壤侵蚀的分类分级、土壤侵蚀主要影响因子的提取、土壤侵蚀量估算模型[24]。根据一系列相关资料如《黄河的重大问题及对策》、《黄土高原地区水土保持淤地坝规划》、《黄河近期重点治理开发规划》等对未来不同水平年黄河流域下垫面进行情景分析，结合上述建立的模型可以对不同水平年不同频率黄河中下游来沙量进行较科学合理的预测。

河流生命原动力在于需要维持一定河流能量来塑造河床，即必须维持一定的水流强度和适宜的来沙条件，如两者长期搭配失调，就会引起河槽萎缩，生命力退缩。黄河上游汛期洪水（清水）基流与中游高含沙洪水遭遇后，对高含沙洪水起到稀释作用，实质是自然状态下黄河自身具有的一种水沙调节机制。黄河中下游输沙用水量的确定，主要是根据实测水沙量、河道冲淤量及洪水资料率定的一些公式求得的。下游花园口控制站是决定下游输沙用水的关键站，该站输沙水量计算是否合理，对花园口以下高村、利津站输沙水量的计算影响很大，因此花园口站输沙水量计算的合理性主要取决于公式中选取的水沙因子是否能够反映实际，在已知来水来沙条件下公式计算值是否能够反映河道的冲淤状况。“973”子课题“基于非均匀沙不平衡输沙理论”[25]建立了黄河中下游多系统互动一维泥沙数学模型，能够较准确地模拟黄河中下游干流与支流、河道与水库间的互动关系。在理论上，建立了高含沙和低含沙统一的挟沙能力公式；在模型开发层次上，以黄河中下游为系统，以黄河小北干流、渭河下游、三门峡水库、小浪底水库和黄河下游为研究单元，建立了一套能反映流域内各单元间互动关系的整体数学模型，克服了以前那种仅局限于单个单元演变的缺点，使系统内各单元的互动关系变得直观明了，大大提升了泥沙数学模型的模拟功能；在应用层次上，利用建立的黄河中下游多系统互动泥沙数学模型，就三门峡水库与潼关高程关系、黄河下游河道泥沙冲淤临界平衡阈值、黄河下游区间引水对河道输沙能力的影响以及大型水利枢纽对黄河下游减淤效果等进行了深入研究，取得了大量研究成果，从而也为黄河流域水资源综合规划提供了技术帮助。

4)水资源配置模型开发与方案合理性评价

从目前整个黄河水资源配置思路及过程来看,配置模型采用世界银行贷款项目研发的软件模型——黄河流域水资源模拟模型(YRSIM)来计算,技术水平在国内处于领先地位,该模型是以节点和连线来概化实际流域,并根据已知边界条件及给定运行规则,追踪河道内径流变化过程,计算各节点及全流域的物理和经济指标,从而在空间和时间上模拟流域的水资源。此模拟模型的最大优点是可进行多次重复计算,从而得到一系列可供选择的方案。它的不足之处就是模拟技术只能提供模拟对象的活动过程,而不能直接产生模拟对象的最理想成果。对水资源配置方案实施效果进行方案合理性评价就能使配置更加合理,避免了配置的盲目性。为了合理满足上述各种情况对黄河水资源的要求,对黄河水资源配置不同方案进行全面的综合评价,就必须制定出一套完善的评价指标体系和科学的评价方法,从中遴选出合理方案。

我国关于水资源配置方案综合评价体系的研究始于20世纪80年代末。目前,关于水资源开发利用综合评价指标体系及方法的研究越来越受到重视,研究经历了由简单到复杂、由局部到全面、由单项到综合的过程。在评价的过程中,影响评价结果的关键因素有三个[26,27]:评价指标的选取、指标权重的确定、评价方法的选择。国内专家左东启、刘恒、杨志峰等在这方面进行了代表性的研究与探索,但水资源可持续利用是一个复杂的巨系统,如何选取理想的指标评价标准和评价方法,目前还没有公认的标准和方法[28~30]。由于衡量水资源优化配置方案好坏的尺度是方案实施后产生的效益,这里的效益包括社会效应、经济效益和生态环境效益等,因此流域尺度的水资源配置评价体系庞大而复杂,关于这方面的开创性研究还不多见。本次规划力争建立能反映黄河水资源规划鲜明特点的指标体系,体现变化环境下水资源演化过程和揭示演化规律,解决好指标体系的系统性和指标间的独立性,探索主客观组合权重判别方法,应用数学的新理论、新方法来进行综合评判等方面的创新工作,这些都是可行的并具有相关条件的。

具体技术路线如下:分三个层次建立指标体系,即目标层、准则层和指标层。指标包括社会指标、经济指标、生态指标、资源与效率指标以及突出黄河水资源规划特性的控制性指标。在空间尺度上,考虑到指标体系中的经济社会指标赋值条件,本次配置方案的评价对黄河采用二级区套省分段赋值评价,即1区为龙羊峡以上、2区为龙羊峡至兰州、3区为兰州至河口镇、4区为河口镇至龙门、5区为龙门至三门峡、6区为三门峡至花园口、7区为花园口至利津、8区为内流区。在时间尺度上,在不同的水资源规划水平年进行。此后,利用灰色关联分析方法与主成分分析方法对初选的指标进行筛选,建立相互独立的指标体系,通过一系列相关的社会经济发展与需水预测模型、生态模拟模型、水资源合理配置模型计算获得评价数据,提出基于实码加速遗传算法(RAGA)的投影寻踪分类模型

(PPC)为主要评价计算方法,并辅以模糊物元分析法等方法进一步验证,同时结合主客观组合权重对各方案进行综合评价,最后经专家咨询后选定最佳方案。

总之,在现代环境条件下,水资源具有自然、环境、生态、社会和经济五重基本属性。水资源规划研究需围绕全属性的维系和各属性的协调来展开,如社会经济要素与用水的时空展布、社会经济系统和生态环境系统间的权衡与调控。针对黄河水资源规划关键技术问题,研究需在水文学、水资源学、气象学、生态学、自然地理学、宏观经济学、信息技术等多学科的交叉方面进行多方探索。只有这样才能适应人类经济社会、大气环流以及流域下垫面变化诱导下的流域水循环发生的动态变化,为最终制定黄河流域的水资源合理利用与生态环境保护措施提供强有力的决策依据和技术手段,也为南水北调东、中、西线水利工程提供相关数据,同时也对黄河流域水资源统一管理和维持黄河健康生命具有重大意义。

1.5　新形势下对《黄河流域水资源综合规划》的几点思考

水是限制社会经济发展的“瓶颈”,也是生态演化的关键驱动因子之一。黄河是我国西北和华北地区的重要水源,以占全国河川径流总量 2% 的水资源,承担着全国 12% 的人口、15% 的耕地、15% 的 GDP[14]。《黄河流域水资源综合规划》是在“维持黄河健康生命”治河新理念和《中共中央关于制定国民经济和社会发展第十一个五年规划的建议》的指导下编制的,只有着眼于国民经济和社会发展的全局,围绕建设资源节约型、环境友好型和谐社会的需要来思考问题,才能促进黄河流域人口、资源、环境和经济的协调发展,以水资源的可持续利用支持经济社会的可持续发展。显然,新的形势赋予了水资源规划新的内涵和要求。

1.5.1　黄河流域未来面临的形势

目前黄河流域人均 GDP 已突破 1 000 美元,城镇化率已达 33%。社会经济发展进入了战略性调整的关键时期,同时也进入了资源约束最严重时期。转变经济增长方式的要求日益迫切,继续保持高速增长的难度加大,由于涉及利益复杂和权力格局调整,深化改革的难度明显提高,最容易出现区域经济失调、社会失序、人们心理失衡等严重问题,党的十六届四中全会战略性地提出了建设和谐社会目标。就水资源可持续发展利用而言,黄河流域未来面临着三大“瓶颈”台阶:

(1)人口规模实现零增长。2000 年黄河流域总人口 1.09 亿人,人口高峰还未到来,据预测到 2030 年时山东将首先呈现人口负增长,考虑到中西部地区和少数民族地区生育率相对偏高的实际情况,2050 年全流域人口将接近达到峰值 1.35 亿人。

(2)能源资源消耗实现零增长。2030 年我国人口将达到 16 亿人,人均水资源将从目前的 2 200m^3/人下降到 1 700m^3/人,按联合国标准属于用水高度紧张的国度,而黄河流域水资源形势更加严峻。根据《黄河流域水资源综合规划》初步成果,2030 年水平黄河流域及有关地区多年平均河道外国民经济需水量 647.1 亿 m^3,供水量为 537.7 亿 m^3,多年平均缺水量 109.4 亿 m^3,缺水率为 16.9%;其中黄河流域内需水 547.8 亿 m^3,缺水 100.3 亿 m^3,缺水率为 18.3%。河道内需水量 220 亿 m^3,供水量 180 亿 m^3,缺水量 40 亿 m^3。则 2030 年水平黄河流域河道内外总缺水量达 149.4 亿 m^3。

(3)生态环境退化实现零增长。黄河水资源的开发利用率从 20 世纪 50 年代的 21.4%增加到 21 世纪初的 84.2%,远高于国际公认的 40%警戒线[14]。从 1972 年开始黄河首次出现断流,到 2000 年黄河共出现 21 次断流,断流使河口三角洲生态系统遭到严重破坏。黄河下游、宁蒙河段及渭河下游河道形态已经恶化到历史上最危险的程度,"地上悬河"、河槽淤积增大了堤防冲决和溃决的危险。同时,据 2004 年监测,黄河主要支流 51 个断面中,全年Ⅳ~劣Ⅴ类水占 76.5%,其中劣Ⅴ类水占 64.7%,全年Ⅱ、Ⅲ类水仅占 23.5%,水质日趋恶化。西北防治荒漠化将成为国土整治的头等大事,防治荒漠化的重要条件是解决水的问题。总体而言,生态恢复是个长期的过程,据估计黄河流域生态恢复 2060 年才能基本实现。

1.5.2 《黄河流域水资源综合规划》需处理好的几个关系

《黄河流域水资源综合规划》是以坚持以人为本,全面、协调、可持续的发展观为指导,按照"五个统筹"的要求,以过去、现在与将来的动态规划思路以及市场经济的规则编制规划,其总体目标是推进节水型社会建设,以水资源的可持续利用支撑经济社会的可持续发展,面对新形势,在规划中需要处理好以下几个关系。

(1)处理好《黄河流域水资源综合规划》与区域国民经济和社会发展总体规划的衔接与协调关系。一方面,《黄河流域水资源综合规划》是在查清黄河流域水资源的现状,分析水资源承载能力的基础上,提出水资源合理开发、高效利用、优化配置、全面节约、有效保护、综合治理、科学管理的布局和方案,作为今后一定时期内水资源开发利用与管理活动的重要依据,促进和保障黄河流域人口、资源、环境和经济的协调发展。因此,坚持以水定发展,以节水促生产,建立与水资源承载能力相适应的经济结构体系是节水型社会的重要内容之一。另一方面,我国国民经济发展"五年规划"是对我国重大建设项目、生产分布和国民经济重要比例关系等做出规划，为国民经济发展远景规定目标和方向。例如："九五"规划明确提出经济社会协调发展，"十五"规划提出"以人为本"的战略指导思想，"十一五"规划特色之一是要从具体措施上加快转变经济增长方式，以提高资源利用效率为核心，单位国民生产总值能源消耗比"十五"期末降低 20% 左右，进一步解决经济社会协调发展问题[31]。因此，《黄河流域水资源综合规划》要加强与国民经济和社会发展总体规划的衔接，按照国民经济和社会发展总体规划的目标、任务和重点开展水资源配置工作，科学合理地制定未来工业各行业用水定额以及城市居民生活用水定额，保障粮食安全、居民饮水安全。

(2)处理好水资源规划与生态环境保护的关系。水资源规划的核心在于水资源配置。我国水资源配置经历了"以需定供"、"以供定需"和基于二元水循环模式的水资源配置阶段[32]。水资源配置的目标已从单纯协调宏观经济系统和水资源系统之间的相互依存、相互制约的关系，发展为统筹协调生活、生产用水和生态环境用水，对地表水与地下水、当地水与外流域调水、水利工程供水与其他多种水源供水进行全面配置。黄河流域水资源配置是基于供需严重不平衡条件下的缺水配置，经济系统与生态系统之间以及经济系统内部之间存在较激烈的用水竞争。在"在保护中开发，在开发中保护，强化水资源的节约与保护"的原则指导下，结合黄河流域水资源开发利用状况、经济社会发展水平、水资源演变情势等，确定切实可行的生态环境保护、修(恢)复和建设目标，分别进行河道外和河道内的生态环境需水量的预测，尤其是基于输沙要求，在不同时间尺度上对黄河干流主要断面最小控制流量的研究与确定更为重要。在实际配置中，坚持生态基流→居民生活用水→工业用水→城市生态用水→农业用水→农村生态用水配水优先序列[33]，才能切实可行地正确处理好经济发展与生态环境保护两大主题之间的关系。

(3)处理好水资源规划与南水北调工程之间的关系。南水北调工程属于中国最大的、带有战略性的调水工程。南水北调工程严格遵循"先节水后调水，先治污后通水，先环保后用水"的"三先三后"原则，进行分期实施，分步实施，简称"先通后畅"，不管是中线、东线，还是西线，先让这个线路具备了供水条件，即让它通，随着经济的发展、社会的进步、用水量的增加，再来不断地扩大规模。南水北调工程受水区主要在黄河流域，东、中线 2010 年开始跨流域供水，黄河流域水资源配置格局将发生重大变化。远期西线对黄河上游进行供水，其目标主要是解决涉及青、甘、宁、蒙、陕、晋等 6 省(区)黄河上中游地区和渭河关中平原的缺水问题。由此可见，黄河流域水资源规划应前瞻性地考虑到南水北调工程跨流域供水对黄河流域水资源配置带来的影响，这些影响对最后总体布局、水资源工程和非工程措施的选择及其实施确定方向都会产生重要的影响，同时南水北调工程受水区规划又要结合目前正在开展的黄河流域水资源综合规划工作，并且可以利用其成果进行受水区的不同水平年需水预测、供需平衡和缺水分析工作。水资源规划与南水北调工程之间的关系是紧密相联、不可分割的。

1.5.3 目前存在的机遇

长达15年的黄河上游枯水期即将结束,2005年之后黄河上游逐渐转入又一个丰水期。2005年9月末10月初黄河上游出现较强秋汛,10月份黄河上游来水达到了20多年来最大量。黄河上游两大水库——龙羊峡水库和刘家峡水库区间的洮河、大夏河在10月份平均流量为550m^3/s,为1968年以来的最大流量,较多年同期增加108%。从20世纪20年代初到90年代,黄河大体上经历了5个枯水期和4个丰水期。每个丰、枯水期持续的时间长短不一,枯水期持续时间为4～15年,平均为9年;丰水期持续时间为7～14年,平均为9.25年。从总体上可见,黄河上游每个丰、枯水期平均持续时间基本相同,一个完整的丰枯循环周期在18年左右[34]。显然作为黄河水资源的主要来源区,黄河上游水量的丰枯变化对黄河水资源的利用至关重要。按此推算,在黄河下个枯水期到来之前,南水北调工程东、中线已经开始跨流域供水,这对《黄河流域(片)水资源综合规划》项目未来水资源供需平衡分析、节水规划都会带来积极影响。只有把握未来黄河水资源变化趋势,才能更好地做好水资源综合规划,从而才能处理好水与国民经济发展和社会进步、生态保护之间的关系,同时也为南水北调工程实施打下坚实的基础。

参考文献

[1] 杨小柳,刘戈力,甘泓,等.新疆经济发展与水资源合理配置及承载能力研究.郑州:黄河水利出版社,2003

[2] 许新宜,王浩,甘泓,等.华北地区宏观经济水资源规划理论与方法.郑州:黄河水利出版社,1997

[3] 王浩,陈敏建,秦大庸,等.西北地区水资源合理配置和承载能力研究.郑州:黄河水利出版社,2003

[4] 刘昌明,王礼先,夏军,等.西北地区水资源配置生态环境建设和可持续发展战略研究(生态环境卷).北京:科学出版社,2004

[5] 陈志恺,王浩,汪党献,等.西北地区水资源配置生态环境建设和可持续发展战略研究(水资源卷).北京:科学出版社,2004

[6] 翁文斌,王忠静,赵建世.现代水资源规划——理论、方法和技术.北京:清华大学出版社,2004

[7] 赵建世,王忠静,翁文斌.资源复杂适应配置系统的理论与模型.地理学报,2002,57(6)

[8] 谢新民,秦大庸,于福亮,等.宁夏水资源优化配置模型与方案分析.中国水利水电科学研究院学报,2000,4(1)

[9] 谢新民,赵文骏,裴源生,等.宁夏水资源优化配置与可持续利用战略研究.郑州:黄河水利出版社,2002
[10] 王浩,常炳炎,秦大庸.国家“十五”科技攻关重大项目“黑河流域水资源调配管理信息系统研究”课题报告(2001BA610A-02).北京:中国水利水电科学研究院,2003
[11] 王劲峰,刘昌明,等.区域调水时空优化配置理论模型探讨.水利学报,2001(4)
[12] 王浩,秦大庸,贾仰文,等.国家“973”项目“黄河流域水资源演变规律与二元演化模型研究”课题报告.北京:中国水利水电科学研究院,2004
[13] 黄晓荣,张新海,杨立彬,等.黄河流域(片)水资源综合规划的关键技术难点探析.人民黄河,2007(4)
[14] 李国英.治理黄河思辩与践行.北京:中国水利水电出版社,2003
[15] 贾仰文,王浩,等.分布式流域水文模型原理与实践 .北京:中国水利水电出版社,2005
[16] L.Taylor.结构主义宏观经济学.北京:经济科学出版社,1990
[17] 盛洪.现代制度经济学.北京:北京大学出版社,2003
[18] 德布拉吉·瑞.发展经济学.北京:北京大学出版社,2004
[19] 卢现祥.西方新制度经济学.北京: 中国发展出版社, 2003
[20] 钱纳里,塞尔昆.发展的格局.北京:中国财政经济出版社, 1989
[21] 钱纳里,塞尔昆.发展的型式.北京:经济科学出版社,1988
[22] 钱纳里.结构变化与发展政策.北京:经济科学出版社,1991
[23] 吴殿廷.区域经济学.北京:科学出版社,2003
[24] 李纪人,黄诗峰.“3S”技术水利应用指南 .北京:中国水利水电出版社,2003
[25] 胡春宏.国家“973”项目子课题“黄河水沙过程变异及河道的复杂响应”课题报告 .北京:中国水利水电科学研究院,2004
[26] 王志良.水资源管理多属性决策与风险分析理论方法及其应用研究:[博士论文].成都:四川大学,2003
[27] 曾国熙.流域水资源配置合理性评价研究——以黑河流域为例:[硕士论文].成都:四川大学,2004
[28] 刘恒,耿雷华,陈小燕.区域水资源可持续利用评价指标体系的建立.水科学进展,2003,14(3)
[29] 左启东,戴树声,袁汝华,等.水资源评价指标体系研究.水科学进展,1996,7(4)
[30] 沈珍瑶,杨志峰.黄河流域水资源可再生性评价指标体系与评价方法.自然资源学报,2002(2)
[31] 丁元竹.从实践高度认识经济社会发展问题.中国水利学会 2005 年青岛年会,2005
[32] 王浩.我国水资源合理配置的现状和未来.中国水利学会 2005 年青岛年会,2005
[33] 水利部水利水电规划设计总院.全国水资源综合规划技术细则.北京:水利部水利水电规划设计总院,2002
[34] 黄河上游将转入新一轮丰水期:http://news.sina.com.cn/o/2005-10-25/14007261865.shtml

第2章 水资源调查评价

2.1 水资源调查评价概述

多年平均天然径流量的计算是水资源调查评价中的核心内容之一。由于河川径流实际上是一个随机过程，因此随机生成技术在河川径流量的计算中应用广泛。应用数理统计方法的前提条件之一，是要求统计系列具有一致性，对年径流量系列则是要求建立在气候条件和下垫面条件的稳定性基础上。气候变化包括气候波动和人类活动造成的“温室效应”两部分。从历史时期气候变迁来看其变化是极其缓慢的(例如:1850～1940年，地球的平均气温升高0.6℃;1940～1970年，地球平均气温下降0.3℃)。气候的周期性波动会导致河川径流的周期性变化。黄河流域主要产流区目前所处的少雨枯水段，主要是周期性气候波动的一种表现，该时段上游已持续近10年，中游达13年。由于目前还没有充分的根据认为今后黄河流域降水会出现不可逆转的偏小趋势，本阶段暂认为今后一段时期内黄河河川径流量的长系列均值仍将保持相对稳定。21世纪以来，愈来愈多的观测和研究证明，不断增强的“温室效应”造成全球尺度的气候变化，直接影响到流域尺度的降水量和降水过程。考虑到“温室效应”对流域水循环影响的定量描述非常困难，因而假定认为气候条件是相对稳定的，而下垫面条件由于受人类活动影响而较迅速变化，这使资料一致性受到破坏。例如新疆的和田河、甘肃的石羊河，1956～1995年天然降水呈增加趋势，而地表水资源量则呈减少趋势，黄河下游20世纪90年代出现经常性的断流；塔里木河上游阿拉尔站、中游英巴札站、下游卡拉站在20世纪90年代与50年代相比径流量衰减率分别为21.1%、40.6%、79.9%，并且下游断流的河长近300km。由于南方与北方降水条件、水资源开发利用程度差别大，南方地区2000年水资源开发利用率仅34%，而北方地区水资源开发利用率在40%～101%之间。海河、黄河、淮河、西北诸河和辽河流域2000年一次性供水量分别相当于其水资源可利用量的121%、100%、94%、90%和86%(数据来源于《2005年全国水资源综合规划》)。由此可见，北方地区河流径流还原计算量占年天然径流量的比例远大于南方地区河流，受资料条件等客观因素的限制和选取还原参数时人为主观随意性的影响，北方地区河流在进行资料一致性处理时更易出现“还原失真”问题[1]。此外，北方地区大多数流域是干旱缺水、开发历史较早、人类活动频繁地区，传统还原分析至今无法解释某些水文下垫面的变化导致水文循环规律变化这一现象，因而又会出现“还原失效”问题[1]。因此，以黄河为例，讨论传统基于“实测—还原”多年平均天然径流量计算方法的不足以及利用现代分布式水文模型来计算的可行性，无论在理论和实践上，对水资源调查评价都具有重要意义。

2.2　传统天然径流推算中存在的问题

在传统水资源调查评价中，通常采用以下步骤予以分析计算：

(1)统计主要水文站实测径流。

(2)通过插补延长等技术手段，将主要水文控制断面的实测径流资料中缺测部分予以补齐，达到某一同步系列(习惯仍称“实测径流”)。

(3)调查人类活动对河川径流量及其时空分布的影响程度。

(4)推求(还原)天然径流状态下河川径流(习惯上称为“天然径流”)。

(5)天然年径流代表系列的选择和计算。

下面以黄河为例，探讨传统天然径流推算方法的不足。

2.2.1　还原水量问题[2]

由实测年径流采用水量还原的方法推求天然年径流量，需要计算人类活动的耗水量及其改变径流形态所增加的损失水量，统称“还原水量”。水利部在《全国水资源调查和评价工作重点》中规定最大一年用水量和调蓄水量占多年平均实测径流量10%的流域要进行还原计算。通常还原计算方法有降水径流变化趋势法、径流双累积法、流域蒸发差值法和分项分析法。

降水径流变化趋势法：在流域下垫面不变的情况下，流域平均降水量逐年变化趋势应与流域径流量逐年变化趋势一致，当流域下垫面发生变化时，它们的变化趋势便不一致，随着下垫面变化程度不同，其不一致程度也有差异。因此，根据水文年鉴中的降水和径流资料，就能对流域的径流变化趋势作初步了解。

径流双累积法：对研究流域没有深入调查了解，但大致知道人为措施前有一定同步系列的降水和径流资料，可以建立流域下垫面显著变化前的降水模型，应用径流双累积法揭露径流变化趋势和量级。

流域蒸发差值法：对于一个流域，在计算时段较长的情况下，可略去流域蓄水量的变化，此时还原径流可归结为人类活动前后流域蒸发的变化。流域蒸发可分为土壤蒸发(包括植物散发)和水面蒸发。人类活动前的土壤蒸发可以应用经验公式估算，水面蒸发一般有实测资料。

分项分析法：对研究流域的下垫面前后的水利工程措施，包括蓄水、引水、提水工程的数量和容量；农业措施，包括旱改水、单改双；水土保持措施，包括坡改梯、植树造林等进行逐年调查统计，然后根据调查统计资料进行分项分析的还原计算。

这四种方法的适用条件不同，当仅仅要求了解变化程度时，可用降水径流变化趋势法；当既要了解径流变化程度又要了解其变化量级时，可用降水径流模型为基础的径流双累积法；在有适当的土壤蒸发估算公式时，可用流域蒸发差值法；当要对一个流域进行深入研究还原计算时，分项分析法是最适宜的，但要特别重视其中直接引入或引出水量的调查统计和灌溉净耗水量的估算工作。从精度上讲，降水径流变化趋势法只能定性分析，不能定量计算，其余三种方法都可定量计算。

分项分析法是目前应用最广，但工作计算量较大的一种方法。其通用公式为：

$$W_{天然} = W_{实测} + W_{农灌} + W_{工业} + W_{城镇生活} \pm W_{引水} \pm W_{分洪} \pm W_{库蓄} \tag{2-1}$$

式中：$W_{天然}$为还原后的天然径流量；$W_{实测}$为水文站实测径流量；$W_{农灌}$为农业灌溉耗损量；$W_{工业}$为工业用水耗损量；$W_{城镇生活}$为城镇生活用水耗损量；$W_{引水}$为跨流域（或跨区间）引水量，引出为正，引入为负；$W_{分洪}$为河道分洪决口水量，分出为正，分入为负；$W_{库蓄}$为大中型水库蓄水变量，增加为正，减少为负。

（1）农业灌溉耗损量是指农田、林果、草场引水灌溉过程中，因蒸发消耗和渗漏损失而不能回归到河流的水量。对黄河流域来讲，农业灌溉耗损量采用两种计算方法：第一种，用灌区渠首实测引水量减灌区地面退水量（地下回归水量未考虑）作为灌溉耗水量。采用此法的有宁、蒙引黄灌区，泾、洛、渭、汾灌区，河南、山东下游引黄灌区；第二种，用灌溉耗水定额推算灌溉耗水量。多数中小型灌区缺乏实测资料，借用有实测资料的典型灌区的耗水定额乘以其实灌面积计算耗水量。

（2）工业用水和城镇生活用水耗损量包括用户消耗水量和输排水损失量，为取水量与入河废污水量之差。工业、城镇生活及农村人畜用水耗损量计算采用耗水率方法，耗水率取值根据各地区、各行业情况不同而有差异。

（3）对某一水文站而言，集水面积内各项用水的耗损量只计测站断面以上自产径流利用部分，而不包括引入水量的耗损量。

（4）跨流域引水量一般应根据实测流量资料逐年逐月进行统计，引出水量全部作为正值还原水量，引入水量只将利用后的回归水量作为负值还原水量。跨区间引水量是指引水口在测站断面以上、用水区在断面以下的情况，应将渠首引水量全部作为正值还原水量。

（5）河道分洪决口水量在个别大水年份发生，可根据上、下游站和分洪口门的实测流量资料，以及蓄滞洪区水位、水位容积曲线及洪水调查等资料，用水量平衡法进行估算。

(6)水库蒸发损失量属于产流下垫面条件变化对河川径流的影响，按照“向后还原”的思路，宜与湖泊、洼淀等天然水面同样对待，不必进行还原计算。

2.2.2　还原量逐年增加，误差增大，影响数据一致性

黄河还原水量主要是农业、工业、生活耗水量，据分析，黄河流域 1980 年、1985 年、1990 年、1995 年、2000 年耗水量分别为 213.50 亿 m^3、209.49 亿 m^3、239.49 亿 m^3、256.12 亿 m^3、271.27 亿 m^3，5 年平均为 237.97 亿 m^3。详见表 2-1、图 2-1。

表 2-1　1980～2000 年黄河流域耗水量　（单位：亿 m^3）

年份	城镇生活	农村生活	工业	农田灌溉	林牧渔	合计
1980	2.13	11.74	9.24	184.48	5.91	213.50
1985	2.98	12.48	10.98	172.92	10.14	209.49
1990	4.19	14.35	14.94	193.65	12.37	239.49
1995	4.79	16.56	17.71	202.27	14.79	256.12
2000	6.09	16.99	22.07	205.67	20.44	271.27
平均	4.03	14.43	14.99	191.80	12.73	237.97

注：资料来源于《黄河流域水资源开发利用现状调查评价报告》。

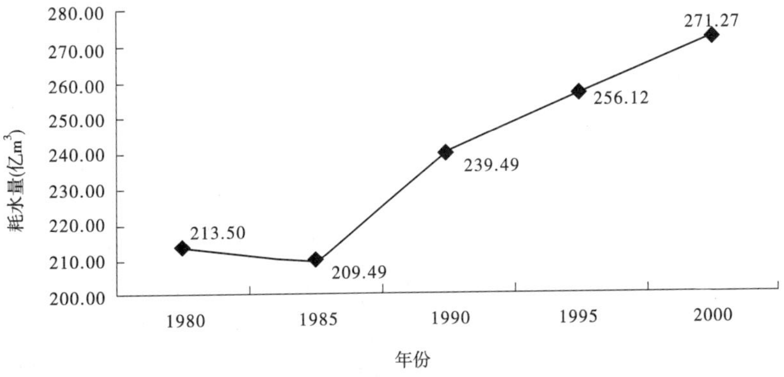

图 2-1　1980～2000 年黄河流域耗水量变化趋势图

对 1956～2000 年黄河流域水资源还原量进行分析，见表 2-2、图 2-2。黄河流域水资源还原量多年平均 249.0 亿 m^3，占黄河多年平均径流量的 46.5%，其中近 21 年平均 296.6 亿 m^3，占黄河多年平均径流量的 55.4%，20 世纪末，还原总量已达 310 亿 m^3，占黄河多年平均径流量的 57.9%。从图 2-2 可以看出，上

游用水还原量稳步上升，中下游年际间呈现突变现象（主要是河南、山东1959年和1960年），不过总的趋势仍呈稳步上升趋势，这样黄河径流实测值持续减少，衰减到天然径流的50%以下，水文"还原"便产生了一个本质性的变化：原本在总径流量中占次要成分的还原量，成为总径流量中的主体部分。黄河用水主要集中在宁蒙引黄灌区、汾渭盆地和下游引黄灌区，即主要在干流和一些重要支流上。1980～2000年分行业来看，黄河还原总量中农业灌溉用水占91%，工业及城镇生活用水占7%，农村人畜用水占1%。以宁夏为例，在计算宁夏还原黄河水量时根据水均衡原理采用河段差法来计算，即利用黄河宁夏段的入境水文测站（下河沿站）和出境水文站（石嘴山站）实测资料，以区间的汇入、调出水量等资料来计算宁夏耗用黄河水量。这种方法的不足之处是：其一，宁蒙河段淤积和摆动变化大，水文控制断面较复杂，从而引起测量误差，黄河上游年均来水量较大，1%的测量误差就相当于多测或少测约3亿m^3；其二，水文站点仅控制了地表径流量，而地下侧向径流则无法测定。由此可见，随着黄河流域国民经济用水增加，还原量的测定误差已经影响到水文资料的一致性。

表2-2 1956～2000年黄河流域水资源还原量统计 （单位：亿m^3）

黄河流域	1956～1959年	1960～1969年	1970～1979年	1980～1989年	1990～2000年	1956～2000年	1956～1979年	1980～2000年
上游	86.17	95.67	103.20	120.20	127.53	109.70	97.22	124.10
中游	56.19	46.89	61.60	62.07	63.32	58.37	54.57	62.73
下游	38.12	33.77	84.44	116.90	103.30	80.90	55.61	109.80
小计	180.5	176.3	249.2	299.2	294.2	249.0	207.4	296.6

注：资料来源于《黄河流域水资源开发利用现状调查评价报告》。

2.2.3 一致性修正难以获得水资源系列"真值"

对天然径流进行一致性修正是基于人类活动对下垫面条件的影响加剧，北方半湿润、半干旱地带的地表水资源量呈衰减趋势，即在同量级降水情况下，20世纪80、90年代的产流量明显小于20世纪50、60年代的产流量。例如，河口镇—龙门区间，1998年和1963年降水量都在432mm左右，但其产流量分别是48.7亿m^3和60.1亿m^3，1998年产流量较1963年减少了19%。龙门—三门峡区间2000年与1960年降水量都在476mm左右，但其产流量分别是42.7亿m^3和80.5亿m^3，2000年产流量较1960年减少了47%。进行一致性修正的原理：根据需要修正年份的降水量，从建立的降水—径流（$P \sim \beta$）关系曲线上查得修正系数，乘以该年修正前的天然年径流量，即可求得修正后的天然年径流量。黄河流域天然径流量系列一致性处理方法见表2-3。计算程序是先修正黄河干

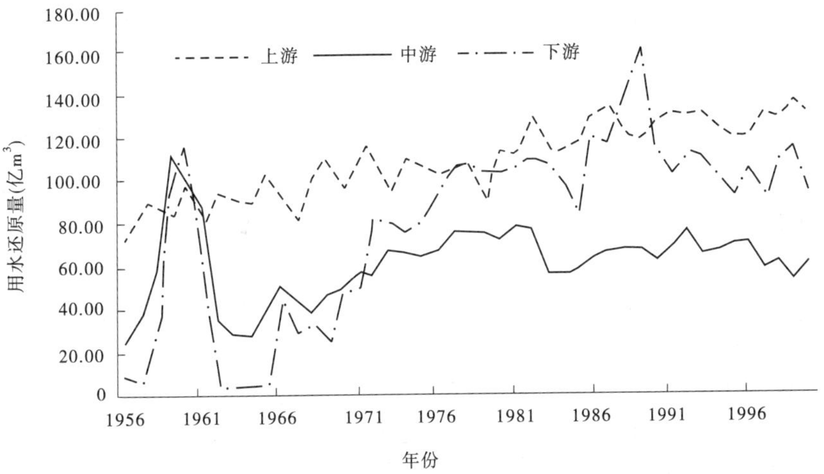

图 2-2　黄河流域水资源还原量上、中、下游逐年对比情况

(资料来源于《黄河流域水资源开发利用现状调查评价报告》)

流断面数值,然后到支流和面上。

表 2-3　黄河流域天然径流量系列一致性处理方法

二级区	主要影响因素	一致性处理方法
唐乃亥以上		年降水径流关系对比方法
唐乃亥—兰州	水面蒸发附加损失量、地下水开采影响地表水量	成因分析方法、年降水径流关系对比方法
兰州—河口镇	水土保持减水量、地下水开采影响地表水量	成因分析方法、年降水径流关系对比方法
河口镇—龙门	水土保持减水量、地下水开采影响地表水量	年降水径流关系对比方法
龙门—三门峡	水土保持减水量、地下水开采影响地表水量	成因分析方法、年降水径流关系对比方法
三门峡—花园口	水面蒸发附加损失量、水土保持减水量、地下水开采影响地表水量	成因分析方法、年降水径流关系对比方法
花园口以下	地下水开采影响地表水量	成因分析方法、年降水径流关系对比方法

从河段来看,唐乃亥—兰州区间修正3.16亿m^3,兰州—河口镇区间修正0.80亿m^3,河口镇—龙门区间修正6.17亿m^3,龙门—三门峡区间修正10.99亿m^3,三门峡—花园口区间修正9.23亿m^3,花园口以下修正2.61亿m^3;另外,

还考虑了集雨工程用水 1.0 亿 m^3,涉及的支流有河龙区间各入黄支流、渭河、汾河、伊洛河、沁河、大汶河等。

表 2-4 给出了黄河干流部分水文站现状河川天然径流量统计基本特征。黄河花园口水文站多年平均天然径流量 532.8 亿 m^3,利津水文站多年平均天然径流量 534.8 亿 m^3,分别较还原计算结果修正了 31.1 亿 m^3 和 33.8 亿 m^3。这种修正方法的缺欠之处如下:2002 年开始的黄河水资源综合规划是以 2000 年为基准年,2010 年为近期水平年,2020 年为中期水平年,2030 年为远期水平年。对还原后的 1956~2000 年天然年径流系列进行一致性修正,则是将水资源评价结果统一修正到目前现状下垫面条件,方法本质上属于一种基于统计方法的"弥补"措施,不能描述水文过程的非线性特点和流域的空间变异性。不断改变的流域下垫面产汇流条件,对天然水资源总量及地表水、土壤水、地下水分配关系的影响是缓慢渐进的,修正后的水资源系列既不能代表历史也不能模拟未来时段水资源"真值"[4,5]。以目前现状条件下的天然水资源量来对不同水平年进行供需预测,显然,只有在假设人类经济活动对未来流域产流条件没有影响或者影响不大的前提下,这种修正方法及预测才能具有一定的科学性。相对于人类活动密集、对下垫面影响强烈的黄河流域,再加上 21 世纪又对黄河流域有限水资源提出更高更精确管理要求,基于传统静态的水资源评价和规划已凸现它的不足。

表 2-4 黄河干流部分水文站现状河川天然径流量统计基本特征

水文站	最大		最小		多年平均		C_v	C_s/C_v
	径流量(亿 m^3)	出现年份	径流量(亿 m^3)	出现年份	径流量(亿 m^3)	径流深(mm)		
唐乃亥	329.3	1989	134.4	1956	205.1	168.2	0.26	3.0
兰州	535.4	1967	234.4	1997	329.9	148.2	0.22	3.0
河口镇	534.7	1967	233.3	1956	331.7	86.0	0.22	3.0
龙门	609.1	1967	258.9	2000	379.1	76.2	0.21	3.0
三门峡	777.4	1964	301.6	2000	482.7	70.1	0.22	3.0
花园口	945.7	1964	332.4	1997	532.8	73.0	0.24	3.0
利津	1 011.1	1964	322.6	1997	534.8	71.1	0.23	3.0

注:资料来源于《黄河流域水资源开发利用现状调查评价报告》。

2.3 分布式水文模型对黄河流域水资源评价的可能性

模拟气候变化及人类活动对径流的影响是现代分布式水文模型研究的主要

内容之一。它将产汇流、土壤水运动、地下水运动及蒸发运动过程等联系在一起并考虑水文特性的空间变异性问题，目前对分布式水文模型的研究已经进入小流域应用阶段。国内部分学者尝试把分布式水文模型应用在黄河流域上。杨大文等(2004)建立黄河流域的分布式水文模型(GBHM2)，该模型采用比较粗糙的大网格(10km×10km)表达整个黄河流域的地形信息，参照小流域的建模方法模拟黄河流域产流过程[6]。王光谦等(2004)建立黄河流域降水径流模型，以1983年日均降水数据作为模型输入，计算模拟了黄河流域花园口以上部分的天然径流过程[7]。2003～2004年在国家重点基础研究("973")发展规划项目"黄河流域水资源演化规律与可再生性维持机理"第二课题"黄河流域水资源演变规律与二元演化模型"研究中，贾仰文开发了耦合模拟天然水循环过程与人工侧支水循环过程的大尺度流域分布式水文模型(WEP－L)，WEP－L模型针对黄河流域超大型流域，基于1kmDEM和数字河网，采用"子流域等高带"为基本计算单元，对黄河流域1956～2000年共45年长系列过程连续模拟计算，并对各人类活动对黄河流域水资源的影响进行定量分析计算，以2000年黄河下垫面为基础，根据流域内各省(区)专项规划，结合历史演变规律对2020年黄河流域水资源演变情景进行模拟预测[8]。不同下垫面条件下有取用水情况的水资源构成见图2-3。

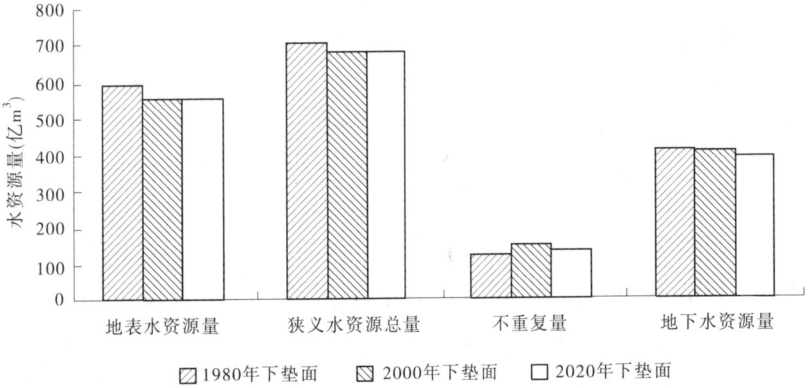

图 2-3　不同下垫面条件下有取用水情况的水资源构成

(资料来源于"973"项目"黄河流域水资源演变规律与二元演化模型"课题报告)

总体而言，虽然分布式水文模型对水文过程模拟具有不可比拟的优越性，但对黄河超大型流域应用上还存在一些技术"瓶颈"。第一，目前，任何分布式模型都是在一定程度上反映流域的空间多样性和水文过程的物理机制，严格上讲还仅是"半分布"式模型，降水资料是分布式模型主要的输入数据，雨量站分布的合理性关系到整个模型成果的科学性。就目前情况而言，黄河气象输入的精度还未达到理想要求。黄河流域雨量站分布如图2-4所示。黄河流域雨量站主要分

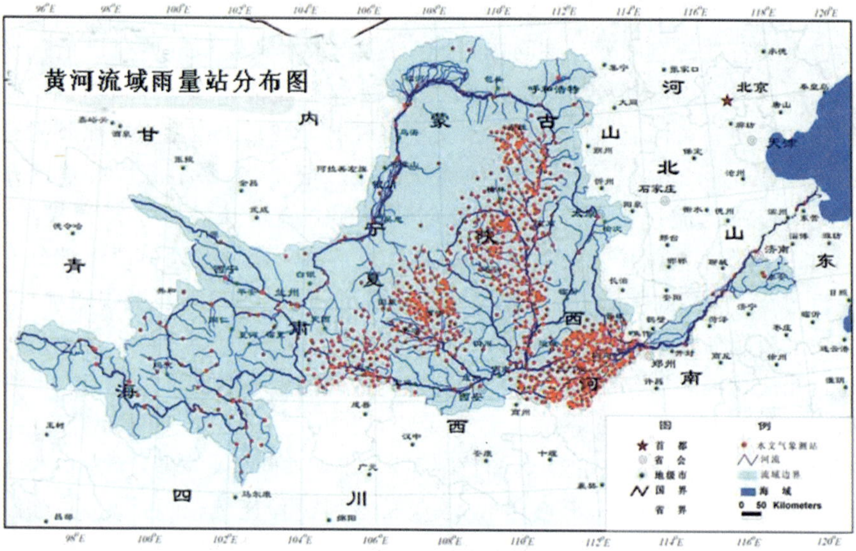

图 2-4　黄河流域雨量站分布图

布在小浪底—花园口区间、渭河上游、泾河流域、黄土高原多沙粗沙区，而黄河河源区、河套地区、湟水流域、渭河中下游等一些地区雨量站的分布较少。数字模型通常运用泰森多边形进行日雨量空间展布，雨量站所代表的面积在不同降水过程中视为固定不变，因此与实际降水空间分布不完全符合，尤其对黄河上游地形变化显著地区误差表现更大，而黄河水量的 56% 来自上游地区。第二，大流域分布式模型往往牺牲“DEM”表达精度。为满足一定的地形精度和网格的相对均一性，大流域水文过程模拟需要巨大的内存空间和计算时间，为克服此问题，模型中不可避免地进行各种简化或采用一些经验关系。面积 79.5 万 km^2 的黄河流域应用分布式水文模型采用 km 以内的计算单元，无论是内存空间还是运算速度目前 PC 机都难以满足要求，因此目前国内学者都采用较大计算网格，这必然导致模型的“粗糙化”，河网水系和流域边界出现失真，流域内的各种水利工程也难以合理完全体现，计算精度明显受到影响。第三，分布式水文模型主要参数有土壤参数、地下水含水层导水系数和给水度、植被参数（地表截流能力、地表的曼宁系数、表层土壤的各向异性指数）、坡面及河道的糙率和河床透水系数等，这些参数是准确模拟土壤—植物—大气连通体中的水分运移过程所必需的参数，但这些参数在黄河每一区域都表现较大差异，通过试验来确定每一区域的参数值是项繁重的工作，实际工作中常常简化或由经验确定，这也影响模型计算结果的精度。

总之，黄河流域水资源供需矛盾日益突出，对水资源规划及管理提出更高、更精确的要求。人类活动的强烈影响在一定程度上改变了流域水循环系统，在北方干旱缺水地区表现尤其突出。传统基于随机统计规律来推算流域径流量的技术已日显不足,现代分布式水文模型能在一定程度上弥补其缺陷,但需要大量相应的基础数据和硬件支持,这也是今后水文专业领域研究的发展趋势。

2.4　下垫面变化对宁夏区域水资源量影响初步研究[9]

由于人类通过各种生产活动,诸如城市(镇)化、农业种植及其产量的变化、森林营造与砍伐、地下水开采、水土保持等,不断改变流域下垫面产汇流条件,导致地表水、土壤水、地下水及径流蒸发等水平衡要素发生一定的变化,从而对区域天然水资源总量产生一定的改变。虽然这些改变比较缓慢而复杂,但长期的影响下,尤其在半干旱、半湿润地区,许多流域的径流因下垫面变化而衰减的现象已经非常明显,在区域水资源调查评价和水资源长期规划管理中应予以充分考虑。目前国内外关于这方面的研究还缺少成熟的方法,本书以修正替代法对宁夏地区人类活动对水资源量的影响进行了探索性研究。

2.4.1　计算模型

水资源量为当地降水形成的地表和地下产水量,即地表产水量与降水入渗补给地下水量之和。根据水平衡公式,区域水资源量由两部分组成,第一部分为河川径流量,即地表水资源量;第二部分为降雨入渗补给地下水而未通过河川基流排泄的水量,即地下水资源量中与地表水资源量计算之间不重复量。

封闭流域规划水平年天然水资源总量[5]计算公式如下

$$WN_p^{obj} = WN_p + (\Delta uW_p^{obj} - \Delta ET_p^{obj}) \tag{2-2}$$

式中:WN_p 为历史现状条件下的天然水资源总量;ΔuW_p^{obj} 为规划水平年在气候保证率 p 的条件下的灌溉等用水量与历史现状条件下(相同气候保证率)灌溉等用水量的差值;ΔET_p^{obj} 为规划水平年在气候保证率 p 的条件下的流域蒸散发量与历史现状条件下的流域蒸散发量(相同气候保证率)的差值

$$\Delta ET_p^{obj} = (\Delta ET_{农} + \Delta ET_{林} + \Delta ET_{牧} + \Delta ET_{渔} + \Delta ET_{其他})_p^{obj} \tag{2-3}$$

式中:$\Delta ET_{农}$、$\Delta ET_{林}$、$\Delta ET_{牧}$、$\Delta ET_{渔}$、$\Delta ET_{其他}$ 分别表示规划水平年在气候保证率 p 的条件下,农、林、牧、渔和其他土地利用的蒸散发量与历史现状条件下(相同气候保证率)的蒸散发量的差值。

显然,当 $\Delta uW_p^{obj} = \Delta ET_p^{obj}$ 时

$$WN_p^{obj} = WN_p \tag{2-4}$$

当 $\Delta uW_p^{obj} < \Delta ET_p^{obj}$ 时

$$WN_p^{obj} < WN_p \tag{2-5}$$

当 $\Delta uW_p^{obj} > \Delta ET_p^{obj}$ 时

$$WN_p^{obj} > WN_p \tag{2-6}$$

当 $\Delta uW_p^{obj} = 0$ 时

$$WN_p^{obj} = WN_p - \Delta ET_p^{obj} \tag{2-7}$$

由以上公式可以看出,不同规划水平年天然水资源量与流域历史现状条件下天然水资源量的关系,一是取决于灌溉等用水量的增减;二是取决于流域蒸散发量的增减。这两种因素都需从宁夏土地下垫面利用变化着手进行具体详细研究。

2.4.2 宁夏下垫面土地演变分析

利用 TM 遥感影像作为基础资料,用 ESRI 的系列软件 ERDAS 进行图像几何校正、增强处理和监督法分类及目识人工分类解译, 以 1∶10 万地形图作为地理底图,见图 2-5,在 ArcView3.3 的 THEME TABLE 模块下,按照景观类型,用 SUMMARIZE 进行操作,可以得到 1985 年和 2000 年相隔 15 年宁夏土地下垫面景观类型的面积汇总结果及绿洲斑块动态变化情况(见图 2-6、图 2-7)。宁夏 1985 年、2000 年土地利用分布数据见表 2-5。

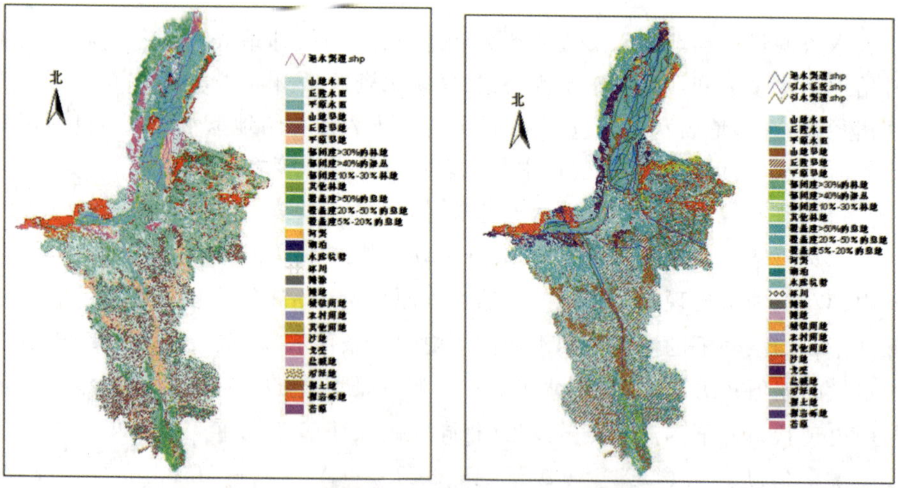

图 2-5 宁夏 1985 年和 2000 年土地利用图

宁夏下垫面土地利用类型包括耕地、林地、草地、水域、居工地和未利用地等 6 类,这 6 类又划分 20 个亚类,见表 2-5。1985～2000 年间,水田(水稻田、水浇地)、旱地、高覆盖度草地、城镇用地、其他未利用土地(主要是盐碱地)呈较明显的增加趋势;林地、湖泊、河流渠道略有增加;水田(水稻田、水浇地)、旱地增加明显;中覆盖度草地、低覆盖度草地、水库坑塘、沼泽、滩地面积呈减少趋势。这说明农田扩张、城镇用地增加是宁夏下垫面土地动态变化的主要特征。下面就下垫面改变对宁夏水资源量带来的影响进行分析计算。

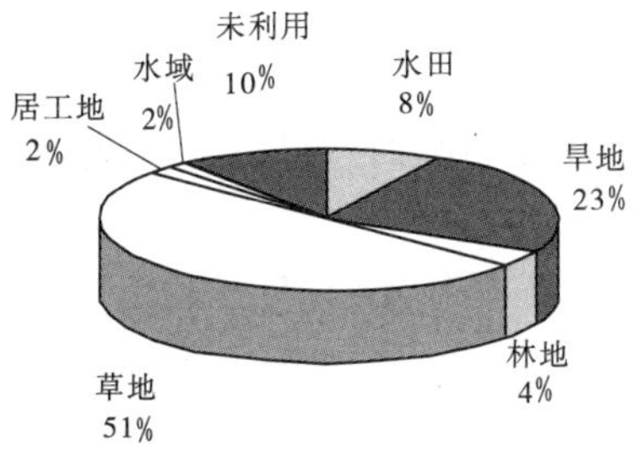

图 2-6　宁夏 1985 年土地利用分布图

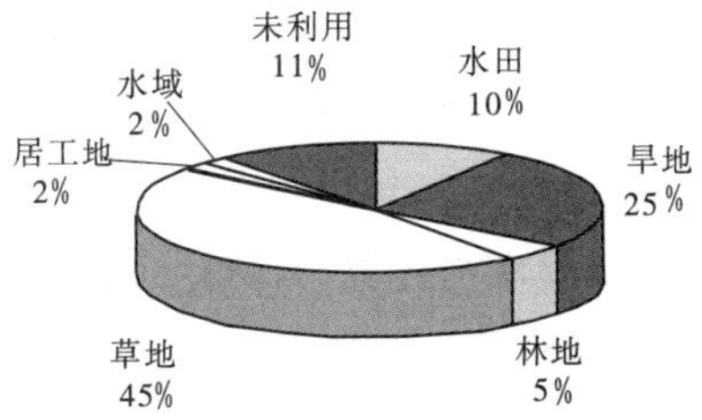

图 2-7　宁夏 2000 年土地利用分布图

表 2-5　宁夏 1985 年、2000 年土地利用分布数据

生态分区		1985 年				2000 年			
		面积（km^2）	占总面积百分比（%）	斑块个数	平均斑块面积（km^2/个）	面积（km^2）	占总面积百分比（%）	斑块个数	平均斑块面积（km^2/个）
耕地	水田	4 217.67	8.14	151	27.93	5 009.96	9.67	129	38.84
	旱地	12 075.32	23.32	9 902	1.22	13 155.1	25.4	11 111	1.18
林地	有林地	322.17	0.62	371	0.87	332.62	0.64	427	0.78
	灌木林	1 190.35	2.3	1 306	0.91	1 184.67	2.29	1 378	0.86
	疏林地	618.98	1.2	1 173	0.53	682.57	1.32	1 350	0.51
	其他林地	184.96	0.36	619	0.3	247.62	0.48	871	0.28
草地	高覆盖度草地	887.88	1.71	428	2.07	1 050.34	2.03	430	2.44
	中覆盖度草地	11 382.28	21.98	2 891	3.94	10 176.59	19.65	2 836	3.59
	低覆盖度草地	13 930.49	26.9	4 623	3.01	12 571.21	24.28	3 885	3.24
水域	河流渠道	175.11	0.34	26	6.74	212.77	0.41	13	16.37
	湖泊	52.95	0.1	204	0.26	86.69	0.17	309	0.28
	水库坑塘	186.32	0.36	701	0.27	153.39	0.3	492	0.31
	沼泽、滩地	515.92	1	387	1.33	431.76	0.83	306	1.41
居工地	城镇用地	102.31	0.2	46	2.22	140.04	0.27	46	3.04
	农村居民点	732.22	1.41	5 708	0.13	757.42	1.46	5 581	0.14
	其他建设用地	64.72	0.12	79	0.82	100.49	0.19	94	1.07
未利用地	沙地	2 867.43	5.54	1 083	2.65	2 887.89	5.58	1 140	2.53
	盐碱地	1 407.61	2.72	116	12.13	1 612.34	3.11	89	18.12
	其他未利用土地	869.8	1.68	831	1.05	991.02	1.91	748	1.32

2.4.3　宁夏水资源量变化估算

计算宁夏 1985～2000 年间由于人类活动导致下垫面改变而引起水资源总

量的变化，由于公式(2-2)只有在相同的降水等气象条件下才能做出比较计算，故采用1956～2000年历史系列的多年平均资料，而不是具体1985年、2000年的气象资料。计算单元内的蒸发蒸腾包括植被湿润叶面、水域、土壤、城市地表面、植被干燥叶面的蒸腾等，具体计算步骤如下：

(1)整理水文气象、自然地理及社会经济等各类基础数据，并利用GIS技术建立基础数据库。

(2)对降水等气象要素进行空间展布。

(3)灌区、水库、湖泊及各类统计数据在基本单元上的展布和聚合。

(4)不同土地利用类型蒸发、蒸腾计算公式参数的率定。

(5)根据计算单元的土地利用类型和水文气象资料条件，选用相关文献的公式计算各单元内的水域、土壤、城市、植被的蒸发蒸腾量[8]，并根据公式(2-8)计算宁夏区域平均蒸散量 E_b(mm)，即

$$E_b = \sum_{i=1}^{n}(F_i \cdot ET_i)/F \tag{2-8}$$

式中：F_i 为各计算单元的面积，km^2；F 为全区域总面积，km^2；ET_i 为各计算单元面积上的蒸散量，mm。

(6)利用公式(2-2) 计算人类活动影响区域水资源量。

在此有两点需要说明：①由于采用多年平均条件下气象条件，未考虑1985年、2000年实际气象条件的差异，所以公式(2-2)中 $\Delta uW_p^{obj}=0$。②潜水蒸发是从地下水资源经包气带转化而成，不计入不重复的蒸散发量。两种下垫面条件下的宁夏水资源量如表2-6所示。

表2-6　两种下垫面条件下的宁夏水资源量

下垫面条件	1985年下垫面						2000年下垫面					
分区	银川	石嘴山	吴忠	中卫	固原	全区	银川	石嘴山	吴忠	中卫	固原	全区
多年平均降水量(亿 m^3)	14.6	7.9	42.0	31.7	53.3	149.5	14.6	7.9	42.0	31.7	53.3	149.5
分区面积(km^2)	7 461	4 173	16 651	12 222	11 293	51 800	7 461	4 173	16 651	12 222	11 293	51 800
蒸发量(mm)	176	168	241	246	418	266	183	169	243	247	417	267
蒸发量(亿 m^3)	13.1	7.0	40.1	30.1	47.2	137.5	13.7	7.1	40.5	30.2	47.1	138.4
水资源量(亿 m^3)	1.5	0.9	1.9	1.6	6.1	11.9	0.9	0.9	1.6	1.5	6.2	11.0

从表2-6看出，在同一多年平均降水等气象条件下，1985年下垫面条件宁夏水资源量为11.9亿 m^3，2000年下垫面条件宁夏水资源量为11.0亿 m^3，

1985～2000 年宁夏水资源量减少了 0.9 亿 m^3，占 1985 年水资源量的 7.6%。从分区来看，银川、石嘴山、吴忠、中卫蒸发量增大，水资源量减少，南部固原蒸发量略有减少，水资源量略有增大。其主要原因有三[3]：一是宁夏川区引黄灌区面积增大，作物蒸腾增大；二是城市扩张，不透水层面积增大，虽然地面径流量增加，但不重复的地下水资源量有减少的趋势，并且人为截留水资源量增加而导致蒸发量加大，总体而言，城市化进程使水资源量呈减少的趋势；三是宁夏南部山区在 1985～2000 年间过度放牧，植被森林遭到破坏。

总之，人类活动改变了区域产流的下垫面，从而影响到区域水资源量，在水资源长期规划及管理中，考虑不同年份下垫面条件下流域产水量的差异，并对这一变化进行修正，使提供的不同水平年的天然水资源量更接近实际，这对北方干旱、半干旱地区摸清水资源量动态变化的趋势，进行中长期水资源供需分析有较重要意义。本计算方法简单易行，处理可细可粗。

参考文献

[1] 王忠静，李宏益，杨大文. 现代水资源规划若干问题及解决途径与技术方法(一). 海河水利，2003(1)

[2] 黄晓荣，张新海，杨立彬，等. 北方河流多年平均天然径流量计算方法探讨——以黄河流域为例. 人民黄河，2006(增刊)

[3] 谢新民，赵文骏，裴源生，等. 宁夏水资源优化配置与可持续利用战略研究. 郑州：黄河水利出版社，2002

[4] 王浩，贾仰文，王建华，等. 人类活动影响下的黄河流域水资源演化规律初探. 自然资源学报，2005(2)

[5] 沈振荣，等. 水资源科学实验与研究——大气水、地表水、土壤水、地下水相互转化关系. 北京：中国科学技术出版社，1992

[6] 杨大文，楠田哲也. 水资源综合评价模型及其在黄河流域的应用. 北京：中国水利水电出版社，2005

[7] 王光谦，刘家宏. 数字流域模型. 北京：科学出版社，2006

[8] 贾仰文，王浩，倪广恒，等. 分布式流域水文模型原理与实践. 北京：中国水利水电出版社，2005

[9] 黄晓荣，张新海，杨立彬，等. 下垫面变化对宁夏区域水资源量影响研究. 人民黄河，2007(3)

第3章 基于水资源约束条件下经济结构的确定

3.1 区域经济结构合理化的判断标准

在宏观经济学中,经济增长通常被规定为产量的增加。经济增长的问题实质是讨论经济社会潜在生产能力的长期变化趋势。关于经济增长理论,存在两种主要观点[1~5]:一是代表传统思想的新古典流派;二是代表现代思想的结构主义观点。传统经济增长理论强调投资和劳动的作用,认为经济的增长是资本积累、劳动增加和技术变化的结果,即所谓外延增长。结构主义认为各部门间生产率增长速度不同和部门间需求扩大不同会引发产业部门之间劳动和收益的差别,有差别就存在梯度,梯度效应会驱使劳动和资本从生产率较低的部门向生产率较高的部门转移,从而推动经济增长,即所谓内涵增长。结构主义和传统经济增长理论的主要分歧点在于双方的前提假设上,传统经济增长理论认为有长期的均衡存在,从而将增长的原因限定在供给因素上;结构主义认为存在许多不可能完全均衡的因素,强调的是国民经济中部门之间要素的差别,提出是部门间供给、需求等综合要素的合力推动了经济的增长。

区域经济结构的合理化是指"从宏观上合理配置物质生产的要素,协调各国民经济部门之间的比例关系,减少资源的浪费,促进各种生产要素的有效利用,从而为实现高质量的经济增长打下基础"。判断区域经济结构合理化的标准如下[6]:①是否充分合理地利用了自然资源;②各部门发展是否协调,是否存在"瓶颈"产业;③是否取得了最佳的经济效益;④生态环境是否得到保护。

根据发展经济学的观点,经济增长意味着经济结构的全面转变。目前的研究是要对伴随经济增长而出现的经济结构变化作出规范性分析,其核心是资源流动与配置的主要特征。世界银行借助于多国模型提出的增长模式中,随着人均收入的增加而发生的结构转变过程被划分为六个时期、三个阶段(见表3-1)。

依赖于联合国采用的统一的会计系统,采用101个国家和地区1950~1970年大量观测数据[7~9],绘出不同发展水平的经济结构的正常变化,见表3-2、表3-3。

表 3-1　增长阶段的划分

人均收入(美元)	时期	阶段
140～280	1	第 1 阶段　初级产品生产
280～560	2	
560～1 120	3	第 2 阶段　工业化
1 120～2 100	4	
2 100～3 360	5	第 3 阶段　发达经济
3 360～5 040	6	

表 3-2　不同发展水平的经济结构的正常变化

经济结构		不同收入水平的估计值										
		平均 100 美元以下	100 美元	200 美元	300 美元	400 美元	500 美元	800 美元	1 000 美元	平均 1 000 美元以上	总体变化	中间水平
积累过程												
投资	(1)储蓄	0.103	0.135	0.171	0.190	0.202	0.210	0.226	0.233	0.233	0.130	200
	(2)投资	0.136	0.158	0.188	0.203	0.213	0.220	0.234	0.240	0.234	0.098	200
	(3)资本流入	0.032	0.023	0.016	0.012	0.010	0.009	0.006	0.006	0.001	-0.031	200
政府收入	(1)政府收入	0.125	0.153	0.181	0.202	0.219	0.234	0.268	0.287	0.307	0.182	380
	(2)税收	0.106	0.129	0.153	0.173	0.189	0.203	0.236	0.254	0.282	0.176	440
教育	(1)教育支出	0.026	0.033	0.033	0.034	0.035	0.037	0.041	0.043	0.039	0.013	300
	(2)学校注册率	0.244	0.375	0.549	0.637	0.694	0.735	0.810	0.842	0.883	0.619	440
资源配置过程												
国内需求结构	(1)私人消费	0.779	0.720	0.686	0.667	0.654	0.645	0.625	0.617	0.624	-0.155	—
	(2)政府消费	0.119	0.137	0.134	0.135	0.136	0.138	0.144	0.148	0.141	0.022	—
	(3)食品消费	0.414	0.392	0.315	0.275	0.248	0.229	0.191	0.175	0.167	-0.247	250
生产结构	(1)初级产业	0.522	0.452	0.327	0.266	0.228	0.202	0.156	0.138	0.127	-0.395	200
	(2)工业	0.125	0.149	0.215	0.251	0.276	0.294	0.331	0.347	0.379	0.254	300
	(3)公共产业	0.053	0.061	0.072	0.079	0.085	0.089	0.098	0.102	0.109	0.056	300
	(4)服务业	0.300	0.338	0.385	0.403	0.411	0.415	0.416	0.413	0.386	0.086	—
贸易结构	(1)出口	0.172	0.195	0.218	0.230	0.238	0.244	0.255	0.260	0.249	0.077	100
	(2)初级产品出口	0.130	0.137	0.136	0.131	0.125	0.120	0.105	0.096	0.058	-0.072	1 000
	(3)制成品出口	0.011	0.019	0.034	0.046	0.056	0.065	0.036	0.097	0.131	0.120	600
	(4)劳务出口	0.028	0.031	0.042	0.048	0.051	0.053	0.056	0.057	0.059	0.031	250
	(5)进口	0.205	0.218	0.234	0.243	0.249	0.254	0.263	0.267	0.250	0.045	250
人口及分配过程												
劳动力分布	(1)初级产业	0.712	0.658	0.559	0.489	0.438	0.395	0.300	0.252	0.159	-0.553	400
	(2)工业	0.078	0.091	0.164	0.206	0.235	0.258	0.303	0.325	0.368	0.290	325
	(3)服务业	0.210	0.251	0.279	0.304	0.327	0.347	0.396	0.423	0.473	0.263	450

续表 3-2

经济结构		不同收入水平的估计值										
		平均100美元以下	100美元	200美元	300美元	400美元	500美元	800美元	1 000美元	平均1 000美元以上	总体变化	中间水平
城市人口比重		0.128	0.220	0.362	0.439	0.490	0.527	0.601	0.634	0.658	0.530	250
人口变化	(1)出生率	0.459	0.446	0.377	0.338	0.311	0.291	0.249	0.229	0.191	-0.268	350
	(2)死亡率	0.209	0.186	0.135	0.114	0.103	0.097	0.091	0.090	0.097	-0.112	150
收入分配	(1)最高的20%	0.502	0.541	0.557	0.554	0.547	0.538	0.511	0.494	0.458	-0.044	—
	(2)最低的40%	0.158	0.140	0.129	0.127	0.128	0.130	0.138	0.143	0.153	-0.005	—

表 3-3 人均 GNP 和产业结构变化

人均GNP(美元)	100	200	300	400	600	1 000	2 000	3 000
第一产业(%)	46.4	36.0	30.4	26.7	21.8	18.6	16.3	9.8
第二产业(%)	13.5	19.6	23.1	25.5	29.0	31.4	33.2	38.9
第三产业(%)	40.1	44.4	46.5	47.8	49.2	50.0	50.5	51.3

运用区域最优经济结构是由国民经济各部门相互依存的关联关系所决定的。调整产业结构、用水结构,转变经济增长方式,从水资源的高效利用及配置出发走内涵式、节水型的社会发展道路是区域解决水资源严重不足的最根本选择。研究最优经济结构首先要研究水资源投入产出表的建立。

3.2 投入产出分析的理论基础[10~23]

投入产出分析的创始者是美国经济学家列昂节夫。其投入产出分析的理论基础是法国经济学家里昂·瓦尔拉的全部均衡理论(又可译为一般均衡理论),全部均衡是与马歇尔的局部均衡相对而言的。它以边际效用价值论为基础,建立全面均衡的价格决定基础模型,用数量方法论证所谓纯粹的经济理论体系。

经济学中的“均衡”(equilibrium)概念,来源于力学和机械学中关于相反力量的均势。经济学的均衡是指经济中变动着的各种力量处于一种暂时稳定的状态。所谓均衡价格,就是指把价值看做是由供给和需求相等时确定的价格。当然,均衡分析不限于对商品价格的分析,还包括对工资、利润、利息、地租等的分析。

全部均衡理论认为,各种经济现象之间的关系都可以表现为数量关系,这种数量关系全面地相互依存、相互影响,并在一定条件下达到均衡。例如,一种商品的供给、需求和价格都不是独立的,而是相互作用的,当每种商品的供给和需求相等时,整个价格体系就形成全部均衡。因此,要确定某些经济变量的值,就不应只采用因果的方法去寻求每个经济变量的唯一决定因素，而必须把这些经济变量间的关系表现为函数关系，并用方程组来同时求得它们的解，即任何一种商品的需求和供给，不仅是这一商品价格本身的函数，而且也是所有其他商品价格的函数。

瓦尔拉把他的全部均衡理论体系，以代数联立方程式的形式建立了一个全部均衡数学模型。他的理论和方法后来由帕累托、希克斯、诺伊曼、萨缪尔森、阿罗、德布鲁及麦肯齐等人改进和发展。

列昂节夫认为，投入产出分析是全部均衡方程体系的简化方案，即列昂节夫吸取了运用代数联立方程式这种数学工具来描述国民经济各个部门间的错综复杂的相互依存关系的方法并把全部均衡模型予以简化。其主要表现在两个方面：一是将瓦尔拉模型体系中多到不可胜数的方程式和变量简化到可以应用计算的程度；二是在模型中省略生产资源（生产要素）供给的影响，假定生产资源的供求是相等的，且不存在生产资源供给不足或过剩的问题，这进一步大大缩减了全部均衡模型所包括的联立方程式的数目。同时，还略去了价格对消费需求构成、中间产品流量以及对劳动等要素供给的调节影响，引进了中间产品的投入及其消耗系数，并排除了价格变动对中间产品流量的影响，而假定它只随着各部门生产水平变动而按比例地变动。在静态投入产出模型中，列昂节夫仍沿袭瓦尔拉的假定，即各种投入系数是固定不变的。由此可见，列昂节夫从根本上改变了瓦尔拉的以论证全部均衡理论为目的的模型体系，使投入产出分析模型成为以生产技术联系为基础的研究经济各部分间相互依存的数量关系的分析方法，并且有了实际应用的可能。

3.2.1　投入产出模型的分类

投入产出模型按照分析时期的不同来划分可分为静态模型和动态模型。静态模型研究某一时期的再生产过程，而动态模型则研究若干时期的再生产过程。按与外部环境的关系不同投入产出模型可分为开模型与闭模型两类。开模型中一部分变量是外生变量，闭模型中没有外生变量，全部变量是内生变量。在经济模型中，内生变量是指该模型所要决定的变量。外生变量指由模型以外的因素所决定的已知变量，可以理解为可变的常数。投入产出模型按计量单位不同可划分为价值型投入产出模型和实物型投入产出模型，前者的计量单位是统一的货币，而后者的计量单位大部分是各种不同的实物计量单位。此外，投入产出模型按资料范围可划分为世界性模型、全国性模型、地区间模型、部门模型和企业模型。

3.2.2　投入产出分析的发展方向

投入产出分析与任何其他经济数学方法一样，不可避免地要作出某些假定，将复杂的经济现象进行一定的合理的简化和抽象。投入产出分析有两个基本的假定,即同质性假定和比例性假定。因此,它只能大致地、近似地反映国民经济的运转过程。在作长期预测或在经济转折时期,在技术进步和经济结构变动较剧烈的条件下,其产生的误差更为明显。投入产出模型目前在理论、方法和应用方面比较成熟的仍是静态的开放模型。但为了克服其局限性,投入产出分析的发展趋势有三:第一,投入产出分析和系统科学结合起来,具体讲,就是和线性规划、动态规划、模糊控制论等方法结合,建立最优化模型。其基本思想是将投入产出模型作为一组基本的约束条件,再补充其他的约束条件,然后使某一目标函数值达到最大。第二,投入产出模型与计量经济学模型结合。在投入产出模型中,最终需求是外生变量。这样可以利用经济计量学方法,在历年统计资料基础上,建立最终需求的总量及其各个部分的回归方程。第三,编制投入产出表的自动化。编制投入产出表是国际上公认的一件费力的工作,目前开始向利用计算机自动编制的方向发展,但这种做法要求有较长期、较丰富的编制投入产出表的经验,各种有关的统计资料及专门调查资料要比较完整、比较系统,投入产出表各部分元素的计算方法要比较固定等。

3.3 水资源投入产出模型

3.3.1 水资源投入产出表[24]

将水资源作为产业部门直接纳入投入产出表进行核算,即可形成水资源投入产出表,进而对水资源宏观分析。美国加利福尼亚大学的 H.O.Carter 等首先在 20 世纪 70 年代提出利用投入产出表来研究和分析水的利用与交换问题。国内陈锡康、王维平等学者也做了相应的研究工作。然而由于水资源的特殊性,任何一个经济部门在其生产过程中都要或多或少地消耗水,更重要的是水资源是生命之源,因而当前的许多水资源利用行业并没有完全市场化,更多的是一种公益性行业,水资源部门的产出并没有完全反映水资源的价值,世界各国对农业灌溉用水进行各种形式的补贴就说明了这一点。因此,用水资源构造出来的价值型投入产出表是不科学的,将水资源作为产业部门直接纳入价值型投入产出表存在困难。由此将水资源水量纳入国民经济行业价值型投入产出表中,构造出价值型—实物型混合型水资源投入产出表,将传统的价值型投入产出表和水资源在生产过程中的物质循环描述相结合,在投入产出模型之外构造单独的水资源利用分析模块,才能够科学合理地描述整体系统。

水资源投入产出简表如表 3-4 所示,在表中增加Ⅴ象限,主要反映经济行业对水的占用情况,其为对角矩阵。

表 3-4 水资源投入产出简表

投入＼产出		中间使用					最终使用										总产品
							消费				积累			调入	调出	合计	
		行业 1	行业 2	…	行业 n	合计	城居	农居	社会	合计	固定	流动	合计				
中间投入	行业 1	X_{11}	X_{12}	…	X_{1n}	U_1	C_1^c	C_1^r	C_1^s	C_1	F_1^f	F_1^s	F_1	M_1	E_1	Y_1	X_1
	行业 2	X_{21}	X_{22}	…	X_{2n}	U_2	C_2^c	C_2^r	C_2^s	C_2	F_2^f	F_2^s	F_2	M_2	E_2	Y_2	X_2
	·	·	·	·	·	·	·	·	·	·	·	·	·	·	·	·	·
	·	·	·	Ⅰ	·	·	·	·	·	·	·	·	·	·	·	Ⅱ	·
	·	·	·	·	·	·	·	·	·	·	·	·	·	·	·	·	·
	行业 n	X_{n1}	X_{n2}	…	X_{nn}	U_n	C_n^c	C_n^r	C_n^s	C_n	F_n^f	F_n^s	F_n	M_n	E_n	Y_n	X_n
	合计	τ_1	τ_2	…	τ_n	τ	C^c	C^r	C^s	C	F^f	F^s	F	M	E	Y	X
最初投入	折旧	D_1	D_2	…	D_n	D											
	劳动者收入	V_1	V_2	Ⅲ	V_n	V						Ⅳ					
	利润和税金	Z_1	Z_2	…	Z_n	Z											
	合计	N_1	N_2	…	N_n	N											
总投入		X_1	X_2	…	X_n	X											
用水量	行业 1	W_1	0	…	0	W_1											
	行业 2	0	W_2	…	0	W_2											
	·	·	·		·	·											
	·	·	·	Ⅴ	·	·											
	·	·	·		·	·											
	行业 n	…	…	…	W_n	W_n											
	合计	W_1	W_2	…	W_n												

引进第 j 行业用水定额(水占用系数,也称为直接用水系数)Q_j,设定矩阵 Q 是由 Q_j 组成的对角阵,表 3-4 中第Ⅴ象限的矩阵形式表示为

$$W = XQ \tag{3-1}$$

式中:W 为各经济行业用水行向量,$W=(W_1,W_2,\cdots,W_n)$。

国民经济需水预测是基于宏观经济模型的预测结果,结合水资源利用效率的预测而实现的。国民经济需水预测是按工业、农业和生活三方面进行预测的,主要采用定额预测方法。除了本身不同的用水水平和节水水平、不同的降水分布、不同的水资源条件外,不同的经济发展水平和经济发展格局对水资源配置及生态需水研究都会产生重大的影响。

3.3.2 国民经济用水模型投入产出分析

利用将传统的价值型投入产出表和水资源利用的实物型投入产出表相结合的乘数分析方法,研究区域各产业水资源产出边际效应,以及水资源供给与需求对区域国民经济各部门直接与间接影响。这种方法克服了目前国内在对水资源需求分析中主要是计算各部门的直接水资源消耗系数,而不能揭示各个经济部门之间的相互影响,也不能对各个产业水资源产出的边际效应做出全面综合结论的不足。通过计算分析得到各部门万元产值或增加值的用水效率指标:直接用水系数、完全用水系数、用水乘数;用水效益指标:直接产出系数、完全产出系数、产出乘数;经济用水特性综合评价指标:相对用水系数、相对用水乘数、相对用水结构系数、相对产出系数、相对产出乘数[25]。

直接用水系数,采用第 j 行业万元产值用水量(Q_j^x)、万元增加值用水量(Q_j^N)表示

$$Q_j^x = W_j / X_j, Q_j^N = W_j / N_j \tag{3-2}$$

完全用水系数

$$BQ_j^x = Q_j^x (I - A)^{-1}, BQ_j^N = BQ_j^x / r_j \tag{3-3}$$

其中 $r_j = N_j / X_j$。

用水乘数

$$MW_j = BQ_j^x / Q_j^x = BQ_j^N / Q_j^N \tag{3-4}$$

直接产出系数,采用第 j 行业单方水产值产出系数(O_j^x)、单方水增加值产出系数(O_j^N)表示。

$$\begin{aligned} O_j^x &= X_j / W_j = 10\,000 / Q_j^x \\ O_j^N &= N_j / W_j = O_j^x \times r_j \end{aligned} \tag{3-5}$$

完全产出系数

$$BO_j^x = O_j^x (I - A)^{-1}, BO_j^N = BO_j^x \times r_j \tag{3-6}$$

产出乘数

$$MO_j = BO_j^x / O_j^x = BO_j^N / O_j^N \tag{3-7}$$

相对用水系数

$$RQ_j^x = Q_j^x / Q_0^x, RQ_j^N = Q_j^N / Q_0^N \tag{3-8}$$

其中 $Q_0^x = \sum_{j=1}^{n} W_j \Big/ \sum_{j=1}^{n} x_j$,$Q_0^N = \sum_{j=1}^{n} W_j \Big/ \sum_{j=1}^{n} N_j$。$Q_0^x$ 和 Q_0^N 分别为经济系统产值和增加值综合平均取水系数。

相对用水乘数

$$RMW_j = MW_j \Big/ \left(\sum_{j=1}^{n} MW_j / n \right) \qquad (n\ 为行业数) \tag{3-9}$$

相对用水结构系数

$$RS_j = (W_j / W_0) \Big/ \left[\sum_{j=1}^{n} (W_j / W_0) / n \right] \quad (j \text{ 为行业序号}, n \text{ 为行业数}) \tag{3-10}$$

式中：W_0 为总用水量，$W_0 = \sum_{j=1}^{n} W_j$。

相对产出系数

$$RO_j^x = O_j^x / O_0^x \tag{3-11}$$

其中 $O_0^x = \sum_{j=1}^{n} X_j \Big/ \sum_{j=1}^{n} W_j = 10\ 000 / Q_0^x$。

$$RO_j^N = O_j^N / O_0^N \tag{3-12}$$

其中 $O_0^N = \sum_{j=1}^{n} N_j \Big/ \sum_{j=1}^{n} W_j = 10\ 000 / Q_0^N$。

O_0^x 和 O_0^N 分别为经济系统产值和增加值综合平均产出水平值。

相对产出乘数

$$RMO_j = MO_j \Big/ \left(\sum_{j=1}^{n} MO_j / n \right) \quad (n \text{ 为行业数}) \tag{3-13}$$

根据流域每隔 5 年的投入产出表推求最近年份各部门直接消耗系数表，从而可对流域国民经济各部门用水进行分析。国民经济各部门投入产出分析计算流程[26]见图 3-1。

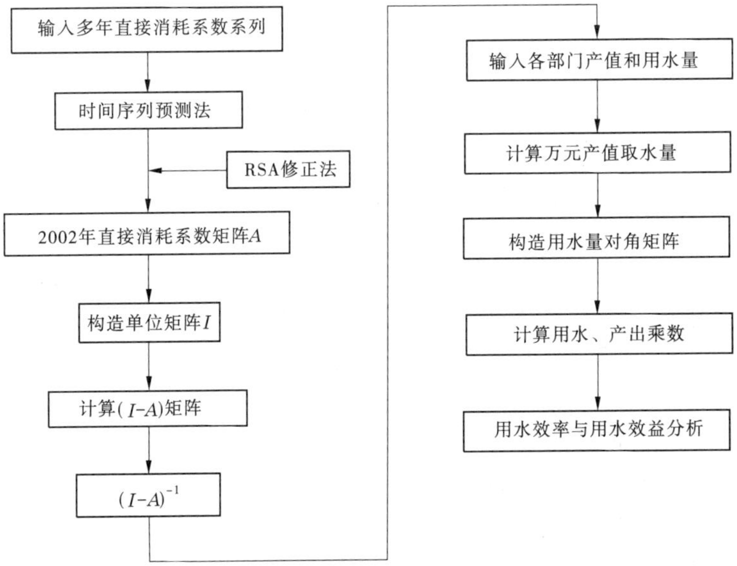

图 3-1　国民经济各部门投入产出分析计算流程

3.4 区域空间发展理论与模式

关于区域经济发展的理论有均衡发展理论与不均衡发展理论。均衡发展主要是指在产业发展方面基本保持同步与均衡发展态势。产业均衡发展理论强调产业间的关联互补作用,即在区域间及其内部对各部门同时进行投资,以使第一产业、第二产业、第三产业及原料和加工业等各部门基本保持协调均衡发展(历以宁,2000)。不均衡发展理论认为对某特定产业进行集中投资,从而激起对其他产业的需求。该理论认为进行集中投资的产业应具有这样的性质,即产业的前后关联效应大(赫希曼,1991)[6,23]。

这两种观点虽然不同,但问题的实质涉及如何处理好效益与公平问题,对不同产业的投资涉及不同产业发展前景及相关从业人员的生活利益。针对宁夏未来国民经济发展,切实可行的办法是按照“效益优先,兼顾均衡”的原则,既促进高附加值的新型工业的发展,又保证传统基础性产业的可持续发展。按照这种思想,宏观经济预测模型由两主要模块组成,既有体现“效益优先”的以计量经济学理论建立起来的经济增长模型,又需要具有产业均衡约束的投入产出模型。

3.4.1 模型结构

传统的投入产出理论建立在纯系统分析基础之上,利用投入产出表能够集中反映国民经济的各项重要比例关系或平衡关系。宏观经济分析中,经常在选择合适的经济发展目标时,以投入产出模型所反映的平衡关系为基本约束条件,加上经济运行的其他约束条件,例如经济部门的生产函数等,从而建立宏观经济运行的优化预测模型。实践证明,在较短的时间里,直接消耗系数中的大部分系数具有相对的稳定性,而少部分系数变化很大,通常采用 RAS 方法利用历史资料对部分重要系数进行修正,运用各部门的经济增长模型对行业发展不均衡性进行补充约束,这是投入产出技术应用的一种发展趋势。在实际应用中,通过改变某些可控约束条件可以模拟不同经济条件下或不同政策条件下的投入产出效果。经济增长、投入产出与优化模型如图 3-2 所示[27]。首先确定优化的目标函数,然后分析达到目标的约束条件,确定约束方程及方程参数。约束条件从三个方面考虑:第一,编制近期投入产出表,找出反映最终产出与总产出之间的约束条件;第二,经济增长模型;第三,估计各约束条件上、下限值。

经济增长模型是以计量经济学理论及实际统计资料为依据,运用数学、统计学方法和计算机技术,通过建立计量经济模型,定量分析经济变量的随机因果关系。其主要讨论的是资本、人口和技术的增长率与产出增长率的关系,模型就是将系统内各经济变量之间的相互关系用一组(或一个)数学方程表示出来。本次研究

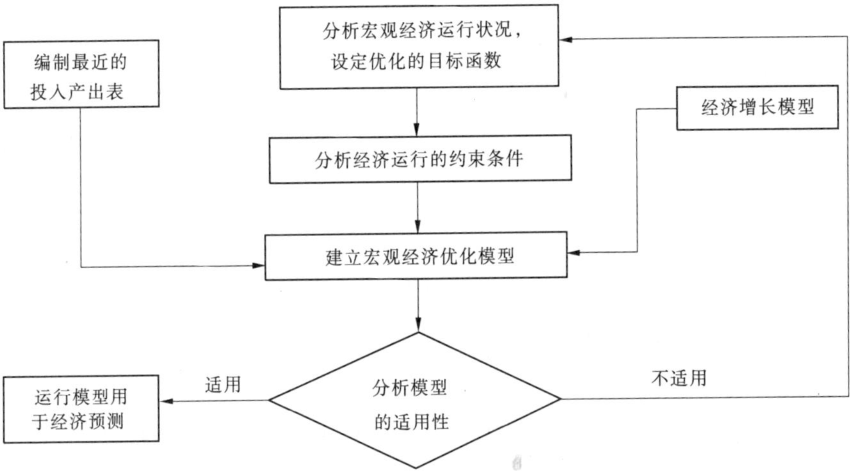

图 3-2　经济增长、投入产出与优化模型

采用的模型是1987年由中国社会科学院数量经济与技术经济研究所与诺贝尔经济学奖获得者、美国宾夕法尼亚大学劳伦斯·克莱因教授和美国斯坦福大学刘遵义教授合作研究开发的，并于1990年被中国社会科学院成立的“经济形势分析与预测”课题组采用，该模型对我国经济形势进行分析预测，取得较好的效果[28,29]。

3.4.2　数学模型构建

3.4.2.1　目标模块

选择规划水平年各地区国民生产总值之和(GDP)最大为主要经济目标[30,31]，即

$$\max\left\{TGDP = \sum_{s=1}^{3}\sum_{j=1}^{n}\sum_{k=1}^{6} GDP(s,j,k)\right\}$$

式中：j 代表子区，$j=1,2,\cdots,n$；$s=1,2,3$，分别代表规划水平年2010年、2020年、2030年；$k=1,2,\cdots,6$，分别代表农业、工业、建筑业、邮电业、商业、非物质生产部门。

3.4.2.2　投入产出分析模块

投入产出分析模块主要描述国民经济各行业间的投入产出关系。这些关系是动态的，是建立在国民经济行业描述基础上的。其主要约束有：

(1)国民经济结构约束

$$\begin{aligned}(I-A)X(s,j,k) = {} & B_{HO}(s,j,k)X_{HO}(s,j) + B_{SO}(s,j,k)X_{SO}(s,j) + \\ & B_{FI}(s,j,k)X_{FI}(s,j) + B_{ST}(s,j,k)X_{ST}(s,j) + \\ & X_{EP}(s,j,k) - X_{IM}(s,j,k)\end{aligned} \tag{3-14}$$

式中：I 是单位矩阵；A 是投入产出系数矩阵；$k=1,2,\cdots,6$，分别代表农业、工业、建筑业、邮电业、商业、非物质生产部门；$X_{HO}(\cdot)$、$X_{SO}(\cdot)$、$X_{FI}(\cdot)$、$X_{ST}(\cdot)$分别表示居民消费、社会消费、固定资产积累、流动资金积累；$B_{HO}(\cdot)$、$B_{SO}(\cdot)$、$B_{FI}(\cdot)$、$B_{ST}(\cdot)$分别为相应变量的分配系数；$X_{EP}(\cdot)$、$X_{IM}(\cdot)$分别为各地区各部门的出、进口量；$X(\cdot)$为各水平年各地区各部门的产值变量。

(2)GDP 值方程

$$GDP(s,j) = \sum_{k=1}^{6} IOC(s,j,k)X(s,j,k) \tag{3-15}$$

式中：$IOC(\cdot)$是各水平年各部门的附加值率。

(3)水资源约束方程：

生活用水　$$W_{liv}(s,j) = WP(s,j)PU(s,j) + WPV(s,j)PV(s,j) \tag{3-16}$$

农业用水　$$W_{agri}(s,j) = \sum_{a=1}^{4} WL(s,j,a)LMF(s,j,a) \tag{3-17}$$

工业用水　$$W_{indu}(s,j,k) = \sum_{k=1}^{6} WX(s,j,k)X(s,j,k) \tag{3-18}$$

上述目标函数式和约束条件式等就构成了宏观经济模型，其计算结果主要有 GDP、行业产值与增加值、经济结构、消费积累水平和区域外之间的物品交换量等。

3.5　投入产出理论在宁夏国民经济预测及结构优化中的应用

3.5.1　模型外生变量的确定[32]

宏观经济预测模型中，变量是经济模型的基本要素。变量区分为内生变量、外生变量和参数。内生变量是模型所要决定的变量。外生变量是指由模型外的因素所决定的已知变量，它是模型据以建立的外部条件。内生变量可以在模型体系内得到说明，外生变量决定内生变量，外生变量本身不能在模型体系内得到说明。在此模型中，各行业的产出或增加值是内生变量。影响运行结果的外生变量主要参数有中间需求与最终需求比例的变化、最终需求积累与消费的比例变化、资本产出率的变化以及投资率的变化等。因此，不同水平年的外生变量的确定决定模型输出结果。

3.5.1.1　中间需求变化估计

中间产品需求产生的明显变化是所有国家工业化过程中的重要特征。我国人均 GDP 已突破了 1 000 美元，这也标志着中国经济迈上了一个新台阶——从解决温饱过渡到全面建设小康社会，从传统的以农业为主导的社会结构向现代工业社会加速转型，工业化进入重化工业加速发展阶段。在市场机制作用下，市场需求、居民消费、产业发展形成了互动关系。重化工业产业链条延伸较长，会形成较大的中间需求，其中部门内部的技术变化将使中间使用量增加。例如，农业和运输业随着机械化程度和技术水平的提高，工业制成品投入量也逐步提高。这里对宁夏进行具体分析，宁夏各部门附加值率的变化见表 3-5。

表 3-5　宁夏各部门附加值率的变化

年份	各部门附加值率						总附加值率	人均 GDP（元/人）
	农业	工业	建筑业	交通邮电业	商业饮食业	非物质生产部门		
1987	0.701	0.342	0.261	0.573	0.509	0.549	0.451	922
1992	0.645	0.314	0.266	0.524	0.455	0.528	0.421	1 718
1993	0.653	0.304	0.239	0.444	0.423	0.627	0.400	2 123
1994	0.653	0.305	0.241	0.424	0.422	0.647	0.410	2 685
1995	0.626	0.315	0.243	0.402	0.472	0.663	0.413	3 328
1996	0.625	0.296	0.263	0.473	0.508	0.677	0.417	3 731
1997	0.615	0.330	0.271	0.460	0.531	0.609	0.422	4 025
1998	0.618	0.292	0.251	0.467	0.526	0.751	0.415	4 270
1999	0.616	0.287	0.240	0.453	0.528	0.730	0.402	4 473
2000	0.591	0.282	0.238	0.416	0.530	0.712	0.385	4 839
2001	0.581	0.279	0.242	0.426	0.534	0.664	0.380	5 340
2002	0.571	0.276	0.228	0.373	0.554	0.642	0.367	5 804
1987～2002	−0.130	−0.066	−0.033	−0.200	0.045	0.093	−0.084	4 882

钱纳里模型在统计估计基础上的基本假设是：当人均收入水平提高时，各国的资源配置、要素使用及其结构特征在发展过程中具有高度的一致性。

首先，初级产品附加值率明显减小。对宁夏人均 GDP 与农业附加值率进行相关分析，见图 3-3。

从图 3-3 看出，人均 GDP 与农业附加值率呈显著负相关关系，1987 年宁夏人均 GDP 仅 922 元，2002 年上升到 4 882 元，但农业附加值率从 0.701 下降到 0.571，下降了 13 个百分点，与钱纳里多国模型结果人均 GDP 每翻一番，农业附加值率下降约 6 个百分点基本一致。工业附加值率也随着人均 GDP 的增加呈较明显的下降，两者呈负相关关系，如图 3-4 所示。

其次，从图 3-4 看出，工业附加值率与人均 GDP 负相关性弱于农业附加值率与人均 GDP 负相关性，但趋势仍然是随着人均 GDP 的增长而下降，1987～2002 年工业附加值率下降了 6.6 个百分点。国民经济中总附加值率与人均

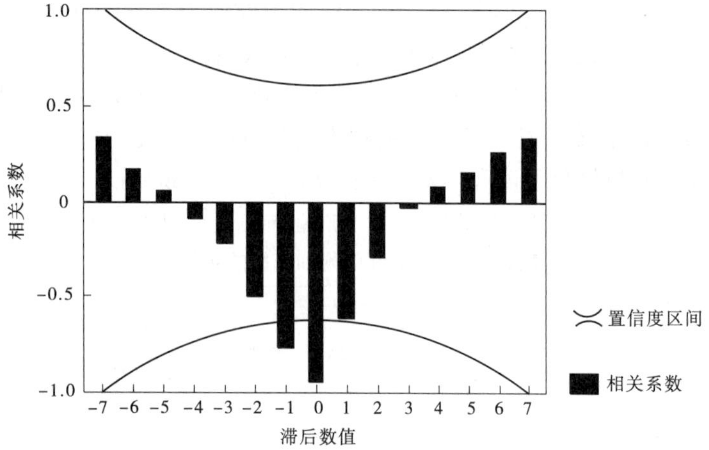

图 3-3　宁夏人均 GDP 与农业附加值率互相关图

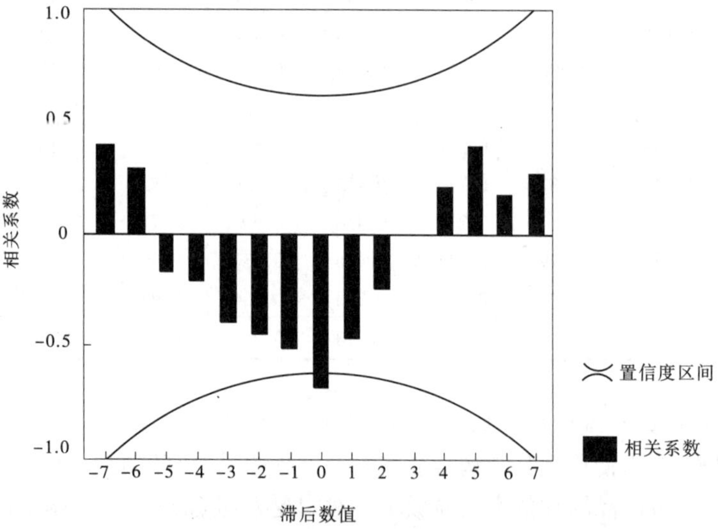

图 3-4　人均 GDP 与工业附加值率互相关图

GDP 互相关图如图 3-5 所示。

钱纳里多国模型中分析了很多国家的观察数据，在人均 GDP 由 140 美元上升到 2 100 美元的变化过程中，国内需求中的中间需求份额平均由 33%上升到 45%，增加了 12 个百分点；人均 GDP 每翻一番，总附加值率下降 3 个百分点。宁夏总附加值率下降幅度略低于此比例。

3.5.1.2　消费结构变化估计

生产的目的是为了消费，没有消费就无所谓生产。对一个较大的区域来说，

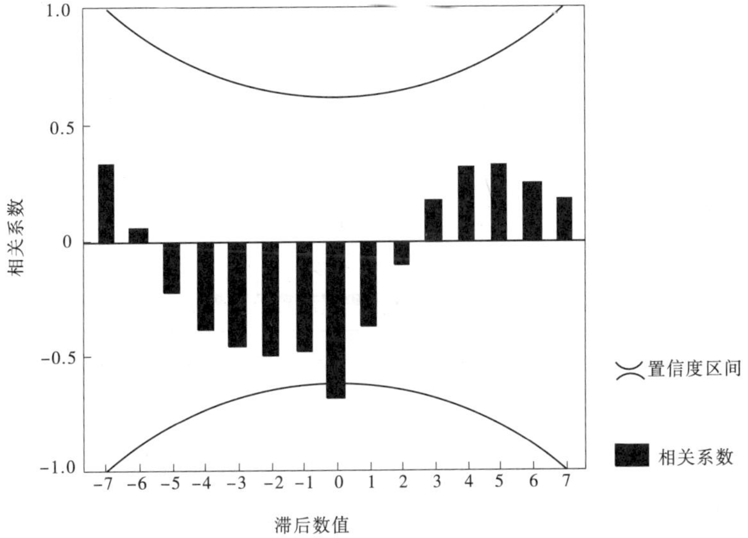

图 3-5　国民经济中总附加值率与人均 GDP 互相关图

内部需求及其变化构成制约经济发展的关键因素 。在经济发展过程中,除中间需求发生变化外,区内需求变动的另一个方面是区内最终需求的变动,它包括消费投资的比例、居民消费与社会消费的比例、固定资产与流动资产的比例变化以及各类最终需求内部结构的变化等。宁夏各部门在最终消费的分配系数变化如表 3-6 所示。

表 3-6　宁夏各部门在最终消费的分配系数变化

年份	分配系数				
	农业	工业	邮电业	商业	非物质生产部门
1987	0.258	0.332	0.013	0.065	0.332
1992	0.241	0.290	0.012	0.109	0.349
1997	0.249	0.349	0.024	0.055	0.324

从表 3-6 可以看出,对农业产品的消费比例偏高,对服务业的消费比例偏低,对邮电业的消费比例增长迅速。随着人均 GDP 的不断上升,消费向健康、娱乐、服务性消费方向转化,今后宁夏居民消费结构调整的重点是农业和服务业等产业。

3.5.1.3　投资结构、积累与消费比例变化估计

固定资产投资额是以货币表现的在一定时期内建造和购置固定资产的工作量以及与此有关的费用的总称。它是反映固定资产投资规模、结构和发展速度

的综合性指标。固定资产投资结构直接影响各部门产出、附加值及其增长，而投资结构是宏观经济模型优化的结果。在满足目标时，投资达到最优配置。

流动资产指的是生产中的非耐久生产资料，包括原料、能源、直接劳动和半成品等，与生产规模密切相关。

一般分析表明，近年来，我国采掘业定额流动资金呈上升趋势，重工业则呈下降趋势，轻工业略有上升，电力工业相对比较平稳。

宁夏国民收入中积累消费的比例关系如表 3-7 所示。

表 3-7 宁夏国民收入中积累消费的比例关系

年份	1991	1992	1993	1994	1995	1996	1997	1998	1999	2000	2001	2002
消费率(%)	75.0	71.6	69.5	71.0	66.8	64.3	62.0	62.2	63.8	70.3	74.9	75.7
积累率(%)	25.0	28.4	30.5	29.0	33.2	35.7	38.0	37.8	36.2	29.7	25.1	24.3

积累在最终产品中所占比例的大小反映社会再生产能力的大小。要加速发展经济，就必须保证必要的积累率。经济起飞过程中，积累率不能低于 10%。但从长远的角度看，积累率过大，不利于社会需求的增长，一般来说积累率保持在 30%左右比较合适。

3.5.1.4 资本产出率变化

对于资本产出率参考钱纳里多国模型中的有关数据，结合当地的实际情况进行预测（见表 3-8）。

表 3-8 钱纳里多国模型中资本产出率变化

部门	不同人均收入(美元，1972 年价格)资本产出率(%)						
	140	280	560	1 120	2 100	2 360	5 040
农业	1.00	0.83	0.69	0.58	0.49	0.46	0.43
采掘业	1.43	1.16	0.94	0.76	0.63	0.59	0.55
制造业	1.59	1.52	1.45	1.41	1.35	1.33	1.32
食品加工	2.22	2.22	2.22	2.22	2.22		
消费资料	1.43	1.43	1.43	1.43	1.43		
生产资料	1.00	1.00	1.00	1.00	1.00		
机械	1.54	1.54	1.54	1.54	1.54		
社会基础设施	0.23	0.26	0.29	0.32	0.33	0.34	0.35
服务业	0.77	0.79	0.81	0.83	0.84	0.84	0.84
综合生产资料	0.69	0.69	0.70	0.73	0.76	0.76	0.76

从表 3-8 给出的各部门资本产出率随着收入增长的变化趋势可见,变化最明显的是农业和采掘业,即资本产出率随着经济发展而降低;社会基础设施和服务业则相反,但变化幅度不大;制造业内部各主要部门基本不变,这个变化趋势可以作为预测资本产出率变化的依据。

3.5.2　产业结构预测

产业发展的过程也是经济结构变化的过程。从各产业的发展速度来看,增长速度最快的为第三产业,其次是第二产业,最慢的为第一产业。宁夏未来产业结构调整的方向为:第一产业持续下降,第二产业先小步上升、后期下降,第三产业则稳步上升。2000 年产业结构比重(第一产业:第二产业:第三产业)为 17.3:45.2:37.5,2010 年调整为 11.5:46.9:41.6,2020 年为 7.5:47.8:44.7,2030 年为 4.5:47.9:47.6。据宁夏发展规划,计划到 2008 年全区国内总产值比 2000 年翻一番,2010 年人均国内生产总值比 2000 年翻一番,目前宁夏发展的速度已经超过这一速度,人均 GDP 预测基本能实现。各产业结构及人均 GDP 预测见表 3-9。

表 3-9　各产业结构及人均 GDP 预测

水平年	总人口(万人)	GDP(亿元)					结构(%)			人均 GDP		
		一产	二产	三产	总计	发展速度(%)	一产	二产	三产	人民币	美元	增长速度(%)
2000	554.32	46	120	100	266		17.3	45.2	37.5	4 799	592	
2010	644.49	73	297	264	634	9.07	11.5	46.9	41.6	9 837	1 214	7.44
2020	732.49	111	703	658	1 472	8.79	7.5	47.8	44.7	20 096	2 481	7.40
2030	809.97	150	1 586	1 574	3 310	8.44	4.5	47.9	47.6	40 866	5 045	7.36

3.5.3　最优产业结构的确定[33]

美国多夫曼、萨谬尔森和索洛等人发现,在一定经济发展水平下,当资源配置最优时,存在着最优经济均衡增长途径,即大道定理,并可以证明均衡增长率由结构关联技术水平矩阵(即直接消耗系数矩阵)A 所决定,均衡增长的增长率和均衡增长产出结构分别等于非负矩阵的 A 的弗罗比尼斯特征根(即最大特征根)和相对应的弗罗比尼斯向量(最大特征根所对应的特征向量)。据此,可以构造产业结构偏离度

$$K_i = 1 - \min(x_i, u_j)/\max(x_i, u_i) \tag{3-19}$$

式中:x_i 是实际的生产结构;u_i 是最优的生产结构(弗罗比尼斯向量)。

K_i 越大,i 部门偏差越大。产业结构的总体协调情况可以用实际的生产结

构向量与最优的生产结构向量之间夹角余弦表示，即

$$k = \cos a = \frac{\sum_{i=1}^{n} x_i \times u_i}{\sqrt{\sum_{i=1}^{n} x_i^2 \times \sum_{i=1}^{n} u_i^2}} \tag{3-20}$$

k 越大，结构优化协调性越好。

根据宁夏 2002 年投入产出表，计算宁夏 2002 年各部门的产业结构偏离度及总的结构优化协调度。

结构关联技术矩阵

$$A = \begin{bmatrix} 0.2365 & 0.0331 & 0.0013 & 0.0001 & 0.0161 & 0.0013 \\ 0.0966 & 0.4569 & 0.6398 & 0.3389 & 0.1211 & 0.1894 \\ 0 & 0.0118 & 0.0156 & 0.0950 & 0.0033 & 0.0337 \\ 0.0174 & 0.1239 & 0.0144 & 0.0950 & 0.0635 & 0.0447 \\ 0.0704 & 0.0450 & 0.0332 & 0.0294 & 0.0101 & 0.0328 \\ 0.0079 & 0.0535 & 0.0680 & 0.0683 & 0.2316 & 0.0563 \end{bmatrix}$$

其特征向量矩阵

$$v = \begin{bmatrix} 0.0819 & 0.8787 & -0.0471 & 0.0049 & -0.0793-0.0338i & -0.0793+0.0338i \\ 0.9452 & -0.3835 & 0.3656 & 0.0969 & 0.7028 & 0.7028 \\ 0.0641 & -0.0337 & -0.0518 & -0.1810 & -0.2896+0.3130i & -0.2896-0.3130i \\ 0.2435 & -0.0916 & 0.2446 & -0.1829 & -0.3372-0.4236i & -0.3372+0.4236i \\ 0.0997 & 0.2132 & -0.1795 & -0.3476 & -0.0085-0.0356i & -0.0085+0.0356i \\ 0.1629 & 0.1606 & -0.8771 & 0.8964 & -0.0836+0.1241i & -0.0836-0.1241i \end{bmatrix}$$

其特征根组成矩阵

$$d = \begin{bmatrix} 0.6414 & 0 & 0 & 0 & 0 & 0 \\ 0 & 0.2261 & 0 & 0 & 0 & 0 \\ 0 & 0 & 0.0668 & 0 & 0 & 0 \\ 0 & 0 & 0 & -0.0554 & 0 & 0 \\ 0 & 0 & 0 & 0 & -0.0043+0.1033i & 0 \\ 0 & 0 & 0 & 0 & 0 & -0.0043-0.1033i \end{bmatrix}$$

其最大特征根 0.641 4 对应的弗罗比尼斯向量为(0.081 9,0.945 2,0.064 1,0.243 5,0.099 7,0.162 9)，规一化处理得(0.051,0.592,0.040,0.152,0.062,0.102)。

宁夏经济总体协调性较好,但具体部门的偏离度差别大,尤其是农业与建筑业偏离度较大,农业和建筑业在产业结构中占的比例过高(见表3-10)。

表3-10　宁夏产业结构优化分析

部门	农业	工业	建筑业	交通邮电业	商业饮食	服务业	总协调度
优化生产结构	0.051	0.592	0.040	0.152	0.062	0.102	—
实际生产结构	0.103	0.463	0.178	0.076	0.051	0.129	—
K	0.502	0.217	0.774	0.500	0.186	0.210	0.9463

3.5.4　经济最大可能发展速度的确定

经济发展速度取决于很多因素,在资源供应有保障的前提下,投资强度越大,发展速度越快。当产业结构协调时,投资的作用可以得到充分发挥,此时的经济发展速度为

$$v = t/\lambda \tag{3-21}$$

式中:v为经济发展速度;t、λ分别为投资率和直接消耗系数矩阵A的弗罗比尼斯特征根。

式(3-21)说明,经济最大可能发展速度是由投资率和直接消耗系数矩阵A的弗罗比尼斯特征根决定的,与投资率成正比,与直接消耗系数矩阵A的最大特征根成反比。与投资率成正比意味着投资越多,发展越快。与A最大特征根成反比,则可以从以下方面分析:从数学含义上讲,矩阵特征根反映的是矩阵的结构,即最大特征根越大,矩阵的集中性越强,多样性越差,结构越单一;反之,矩阵特征根越小,矩阵的多样性越强,结构越复杂。对于矩阵A来说,前者(最大特征根越大)的乘数效应差,后者(最大特征根越小)的乘数效应强。

宁夏2002年投资率达到70.10%,弗罗比尼斯特征根为0.641 4,最大可能发展速度为10.93%,与目前发展水平大致相当。

3.5.5　GDP与总产出预测

宁夏宏观经济发展预测,是用所建的宏观经济模型进行计算完成的。宁夏国民经济行业发展预测的主要结果见表3-11。需要指出的是,在这里国民经济发展指标价值采用2000年可比价进行统计和计算。从表3-11可以看出,宁夏社会经济总产出2010年为1 720亿~1 902亿元,GDP为605亿~678亿元,2020年经济总产出为3 982亿~4 837亿元,GDP为1 323亿~1 653亿元,2030年经济总产出为9 608亿~13 276亿元,GDP为2 869亿~3 961亿元。“九五”计划末,全区国内生产总值达到265亿元,比“八五”计划末增长54%,年均增长9%,增速连续3年超过全国平均水平,经济增量上了一个新台阶。农业增加值

年均增长 6.3%。工业经济在调整中前进，产业、产品结构出现了积极变化，增加值年均增长 9.1%。国有工业企业实现了整体扭亏为盈，涌现出一批具有较强竞争力的优势产业、强势企业和特色产品。第三产业持续快速发展，年均增长 9.4%，商贸、电信、金融、保险、信息、咨询、社区服务、房地产和旅游业等呈现出良好的发展势头。经综合考虑与分析，可以认为中方案较合适。

表 3-11　国民经济行业发展预测的主要结果

方案	经济部门	水平年总产出(亿元)				年均增长率(%)			GDP(亿元)				年均增长率(%)		
		2000	2010	2020	2030	1～10	11～20	21～30	2000	2010	2020	2030	1～10	11～20	21～30
高方案	农业	78	139	244	416	6.00	5.75	5.50	46	78	121	174	5.45	4.50	3.70
	工业	329	909	2 303	6 217	10.69	9.74	10.44	93	243	592	1 364	10.10	9.30	8.70
	建筑业	114	326	786	2 292	11.10	9.20	11.30	27	72	180	480	10.30	9.60	10.30
	交通邮电业	46	149	397	1 159	12.36	10.32	11.30	19	61	175	471	12.10	11.20	10.40
	商业饮食业	41	121	359	1 049	11.50	11.49	11.32	22	64	171	448	11.40	10.40	10.10
	服务业	82	258	747	2 142	12.10	11.22	11.10	59	161	413	1 023	10.60	9.90	9.50
	合计	690	1 902	4 837	13 276	10.67	9.78	10.62	266	678	1 653	3 961	9.83	9.31	9.13
中方案	农业	78	136	232	387	5.75	5.5	5.25	46	73	111	150	4.70	4.30	3.10
	工业	329	862	2 136	5 591	10.10	9.50	10.10	93	228	536	1 167	9.40	8.90	8.10
	建筑业	114	314	741	2 011	10.69	8.96	10.50	27	69	168	419	9.80	9.30	9.60
	交通邮电业	46	138	361	994	11.49	10.11	10.67	19	57	153	386	11.40	10.40	9.70
	商业饮食业	41	114	318	896	10.83	10.83	10.90	22	58	147	363	10.40	9.70	9.50
	服务业	82	240	634	1 659	11.27	10.22	10.10	59	149	358	825	9.74	9.20	8.70
	合计	690	1 803	4 423	11 539	10.08	9.39	10.07	266	634	1 472	3 311	9.08	8.80	8.45
低方案	农业	78	130	211	336	5.25	5.00	4.75	46	71	101	130	4.40	3.60	2.60
	工业	329	827	1 897	4 490	9.64	8.66	9.00	93	222	484	1 026	9.10	8.10	7.80
	建筑业	114	290	655	1 653	9.80	8.50	9.70	27	66	154	372	9.30	8.90	9.20
	交通邮电业	46	133	330	839	11.1	9.50	9.80	19	52	130	313	10.5	9.50	9.20
	商业饮食业	41	111	304	826	10.53	10.63	10.50	22	54	131	311	9.60	9.30	9.00
	服务业	82	230	585	1 463	10.80	9.80	9.60	59	140	323	717	9.10	8.70	8.30
	合计	690	1 720	3 982	9 608	9.56	8.76	9.21	266	605	1 323	2 869	8.59	8.14	8.05

3.5.6　宁夏国民经济用水分析[25,34]

根据宁夏 1985 年、1987 年、1992 年、1997 年的投入产出表推求 2002 年各部门直接消耗系数表,从而对宁夏 2002 年国民经济各部门用水进行分析,分析结果见表 3-12～表 3-14。

表 3-12　宁夏 2002 年国民经济行业用水量统计

项目	农业	工业	建筑业	交通邮电业	商业饮食业	非物质生产部门
用水量(亿 m^3)	76.032	3.156	0.61	0.32	0.21	0.547

表 3-13　宁夏 2002 年国民经济行业用水投入产出系数

项目		农业	工业	建筑业	交通邮电业	商业饮食业	非物质生产部门
投入系数	Q^x (m^3/万元)	8 219.68	102.85	38.2	46.7	46.02	47.18
	BQ^x (m^3/万元)	10 954	1 022	765	557	468	341
	Q^N (m^3/万元)	14 389.1	274.91	167.77	125.1	83.04	73.51
	BQ^N (m^3/万元)	19 175.72	3 704.3	3 359.39	1 492.01	844.4	531.37
	MW	1.33	13.47	20.02	11.98	10.17	7.23
产出系数	O^x (元/m^3)	1.22	131.84	261.75	214.13	217.29	211.97
	BO^x (元/m^3)	59.2	1 145.5	338	442.9	314.3	423.6
	O^N (元/m^3)	0.69	36.38	59.61	79.94	120.43	136.03
	BO^N (元/m^3)	33.82	316.04	76.97	165.34	174.2	271.84
	MO	48.66	8.69	1.29	2.07	1.45	2.00

表 3-14　宁夏 2002 年国民经济行业用水综合分析

项目	耗用水特性分析					产出特性分析			
	RQ^N	RS	RMW	直接耗用水程度	潜在耗用水程度	RO^N	RMO	直接产出程度	潜在产出程度
农业	5.86	5.64	0.12	高	一般	0.17	4.55	一般	高
工业	0.11	0.23	1.26	一般	高	8.94	0.81	高	一般
建筑业	0.07	0.05	1.87	一般	高	14.64	0.12	高	一般
交通邮电业	0.05	0.02	1.12	一般	高	19.63	0.19	高	一般
商业饮食业	0.03	0.02	0.95	一般	一般	29.58	0.14	高	一般
非物质生产部门	0.03	0.04	0.68	一般	一般	33.41	0.19	高	一般

在表 3-14 中,相对用水结构系数或相对用水系数大于 1 的行业为高用水行业,相对用水结构系数大于 1,同时也表明该行业用水水平大于系统的平均水平;相对用水系数大于 1,表明该行业生产单位产品所用水量大于经济系统的平均水平,这些行业为高用水行业。

一般用水行业:相对用水乘数和相对用水系数均小于 1 的行业可以定义为一般用水行业。

潜在高用水行业：相对用水乘数大于 1 的行业为潜在高用水行业。

潜在一般用水行业：相对用水乘数小于 1 的行业。

3.6 结果分析

3.6.1 用水效率评价

3.6.1.1 完全用水系数

农业每增加 1 万元产值，使整个经济系统每万元产值新增 10 954.0m^3 用水量，其中农业本身增加 8 219.68m^3 用水量，2 734.32m^3 的用水量为间接用水量。从比较角度讲，完全用水系数大的部门，其生产发展需新增的用水量也相应要大，反之则小。在宁夏，如农业每新增 1 万元产值，经济系统需新增10 954.0 m^3 的用水量，而工业每新增 1 万元产值，系统需要增加 1 022.0m^3 用水量，建筑业、商业相应值分别为 765.0m^3、468.0m^3。

3.6.1.2 用水乘数

农业万元产值和增加值用水量在所有行业中均是最大，但其用水乘数仅 1.33，建筑行业万元产值和增加值用水量分别为 38.20m^3 和 167.77m^3，分别仅为农业的 0.46% 和 1.17%，但用水乘数却是农业的 15.05 倍，是所有行业的最高值。这表明宁夏农业每增加 1m^3 用水量，经济系统则增加 1.33m^3 用水量，而建筑业每增加 1m^3 用水量，经济系统则增加 20.02m^3 用水量，这说明用水乘数大的部门新增用水量对带动整个经济系统总用水量的增加影响最大，这种工业结构需要调整。

3.6.2 用水效益评价

3.6.2.1 完全产出系数

宁夏农业直接产出系数为 1.22 元/m^3，完全产出系数为 59.2 元/m^3；工业直接产出系数为 131.84 元/m^3，完全产出系数为 1 145.5 元/m^3，分别是农业的 108.06 倍和 19.34 倍。显然，完全产出系数高的行业，其用水的经济效益高，对经济系统总的产出量贡献率大，反之其用水效益低。

3.6.2.2 产出乘数

宁夏农业直接产出系数、完全产出系数在整个国民经济系统较小，但农业产出乘数却为 48.66，在各部门中最高。这说明宁夏工业还处在初级阶段，国民经济系统中尤其是农副产品加工业占有相当大的比重。2002 年宁夏工业总产值 300.7 亿元，食品加工业、食品制造业、饮料制造业及烟草加工业的合计产值达到 215.8 亿元，占工业总产值的 71.8%。

3.6.3 行业用水综合分析

综合分析表3-14可见,农业直接耗用水程度高,潜在耗用水程度一般,直接产出程度一般,但潜在产出程度较高,这也说明了农业在宁夏国民经济中的基础地位。由于工业直接产出程度高、直接耗用水程度一般,第三产业直接产出程度高、直接耗用水程度一般,调整产业结构,大力发展工业尤其是第三产业,并对工业内部结构进行调整应是宁夏国民经济发展的重点。

3.6.4 结论

(1)宁夏农业用水效率及用水效益都远低于其他部门,调整农业产业结构和规模势在必行,尤其应适当压缩传统的水稻种植面积、改变小麦套种玉米高耗水生产方式,这是结构调整的重要部分,但农业基础地位不会动摇。

(2)水资源行业的公益性特性决定了直接构造价值型水资源投入产出表的失败。通过将传统的价值型投入产出表和水资源利用的实物型投入产出分析相结合,解决了这个问题。

(3)用水资源投入产出乘数分析方法可以定量描述各产业水资源产出边际效应,这给水资源贫乏地区区域产业布局、结构调整提供了对策分析。

参考文献

[1] L. Taylor.结构主义宏观经济学.北京:经济科学出版社,1990
[2] 盛洪.现代制度经济学.北京:北京大学出版社,2003
[3] 德布拉吉·瑞.发展经济学.北京:北京大学出版社,2004
[4] 卢现祥.西方新制度经济学.北京:中国发展出版社, 2003
[5] Elinor Ostorm.公共事物的治理之道.上海:三联出版社, 2000
[6] 吴殿廷.区域经济学 .北京:科学出版社,2003
[7] 钱纳里,塞尔昆.发展的型式.北京:经济科学出版社,1988
[8] 钱纳里,塞尔昆.发展的格局.北京:中国财政经济出版社,1989
[9] 钱纳里.结构变化与发展政策.北京:经济科学出版社,1991
[10] 钟契夫,陈锡康.投入产出分析.北京:中国财政经济出版社,1986
[11] 陈锡康.中国城乡投入占用产出分析.北京:科学出版社,1992
[12] 胡国强,于向英.投入产出法.北京:中国科学技术出版社,2003
[13] 何其祥.投入产出分析.北京:科学出版社,1999
[14] 陈锡康,等.经济数学方法与模型.北京:中国财政经济出版社,1985
[15] R.欧考纳,E.W.亨利.投入产出分析及应用.北京:清华大学出版社,1984
[16] 钟契夫,陈锡康,刘起运,等.投入产出分析(修订本).北京:中国财政经济出版社,1993
[17] 王小波.投入产出分析.北京:中国统计出版社,1996

[18] 许宪春,刘起运.中国投入产出分析应用论文精萃.北京:中国统计出版社,2004
[19] Chen Xikang. Input－output Techniques in China. Economic Systems Research,1989(1)
[20] 王玉潜.投入产出分析的理论与方法.广州:广东高等教育出版社,2002
[21] 刘小瑜.中国产业结构的投入产出分析.北京:经济管理出版社,2003
[22] 中国科学院数学与系统科学研究所,等.水利投入占用产出模型及其应用研究.水利部重大科技项目,2002
[23] 高鸿业.西方经济学.北京:中国人民大学出版社,2003
[24] 汪党献.水资源需求分析理论与方法研究:[博士论文].北京:中国水利水电科学研究院,2002
[25] 黄晓荣,汪党献,裴源生.宁夏国民经济用水投入产出分析.资源科学,2005,27(3)
[26] 李智慧,杨金海,薛凤海.投入产出方法在研究山西国民经济用水中的应用.水利学报,1997(5)
[27] 倪红珍.基于绿色核算的水资源价值与价格研究.北京:中国水利水电科学研究院,2004
[28] 秦长海.张掖市社会经济发展预测及投资管理研究:[硕士论文].北京:北京工业大学,2004
[29] 谢新民,赵文骏,裴源生.宁夏水资源优化配置与可持续利用战略研究.郑州:黄河水利出版社,2002
[30] 许新宜,王浩,甘泓,等.华北地区宏观经济水资源规划理论与方法.郑州:黄河水利出版社,1997
[31] 翁文斌,王忠静,赵建世.现代水资源规划——理论、方法和技术.北京:清华大学出版社,2004
[32] 黄晓荣.宁夏经济用水与生态用水合理配置研究:[博士论文].成都:四川大学,2005
[33] 黄晓荣,裴源生,梁川.基于宏观经济结构合理化的宁夏水资源合理配置研究.水利学报,2006,37(3)
[34] 黄晓荣,裴源生,梁川.宁夏虚拟水贸易计算的投入产出方法.水科学进展,2005,16(4)

第 4 章　流域生态环境需水量研究

4.1　生态需水的概念及界定

4.1.1　生态需水的概念[1~13]

从广义上讲，维持全球生物地球化学平衡如水热平衡、水沙平衡、水盐平衡等所消耗的水分都是生态环境需水（刘昌明等，1996）。对生态环境脆弱区，生态需水应当指维护生态环境不再进一步恶化且逐渐改善所需的地表水和地下水资源。对荒漠绿洲来说，生态需水是指对绿洲景观的稳定和发展及绿洲环境质量维持和改变起支撑作用的系统所消耗的水量（贾宝全，1998）。干旱、半干旱区的生态需水，是指符合生态保护目标且对景观维持及环境状况改善起支撑作用的系统，为维持其平衡所要消耗的水分（王芳，1999）。“九五”国家重点科技攻关项目“西北干旱区水资源与生态环境评价研究”第一次明确提出了“生态环境需水”可操作性的计算方法。生态需水量是指为维持地表水体特定的生态环境功能，天然水体必须储存和消耗的最小水量。在实际计算中，生态环境需水量分为三部分：①河流基本生态环境需水量，指为维持河流系统最基本的生态环境功能所需要的最小水量；②河流输沙排盐需水量，指为维持河流形态和盐分的动态平衡，在一定输沙排盐要求下所需要的水量；③湖泊洼地生态环境需水量，指为维持湖泊洼地的水体功能而消耗于蒸发的水量（李丽娟，2000）。但迄今为止，由于国内对生态需水的研究起步较晚，理论和方法还不够完善，且由于生态需水量研究涉及到的学科较多，问题极其复杂，因此目前还没有一个明确的生态需水定义，同时，生态需水与生态用水、生态耗水、环境需水概念常容易混淆，对生态需水概念的外延理解争议还较多。因此，在干旱、半干旱地区研究中严格界定相关的概念是十分重要的。

4.1.2　生态需水外延的界定

干旱区植被消耗水量因供水条件的差异具有很大的可塑性。有些学者把干旱地区生态需水量划分为临界需水量、最适宜需水量和饱和需水量。在此观点及理论支撑下，宋郁东等又提出把满足干旱区非地带性天然植被生长需要的地下水位埋藏深度称为生态地下水位。在干旱区影响植物生长的主要因素是土壤盐分和水分，两者都与地下水位高低有关。为此，有关学者从不同角度提出了适宜水位、最佳水位、盐渍临界深度、生态警戒水位等。

沈国舫认为“计算生态用水的主要目的是为了流域和区域水资源优化配置，用以保障水资源开发利用与生态环境保护和经济建设同步发展”。在不产流的绿洲区，生态需水量可以认为是为维持一定规模绿洲所需外区域补给的水量。若补给小于这一水量，将导致绿洲生态退化。如果这一规模是可持续发展的，那么这一生态需水量就是维持该绿洲的最适宜生态需水量(杨国宪，2003)。对于干旱、半干旱地区而言，生态需水量主要是指生态防护林用水和为沙湖等湖泊补水，防止其自然景观恶化等所需要的水量，即面向可持续生态保护与生态建设模式，保持生态系统相对稳定，以维护天然植被生态格局为基本要求，保持完整食物链的最小极限，探讨干旱、半干旱区天然绿洲承载的适宜开发强度，让保留下来的天然植被发挥其生态系统的基础作用所需要的水量。

4.2 流域生态环境需水量

流域生态环境需水量包括天然生态环境需水量和人工生态环境需水量，其计算有河道内和河道外之分。

4.2.1 河道内生态环境需水研究[14~20]

4.2.1.1 河道内生态环境需水的概念

维持河流生态健康的流量常被称为环境流量(Environmental Flow)，但不同国家却赋予环境流量不同的内涵。在欧美国家，环境流量常常与生态需水量是同义词，其含义是维持河流生物栖息地所需要的水量。国外对生态环境需水流量的研究主要集中在河流生态系统。最初，以满足航运需求为目标开展了河流流量研究；随后，以保护水生生物为目标进行了河流流量研究；近年来，世界上许多河流出现了空前的健康危机，包括河道萎缩、河床干枯、水质恶化、生态退化、海水入侵、土地盐碱化、地下水位下降等，影响河流生态系统的良性运行，更直接影响了人类健康和经济社会发展，在这样的背景下，关于生态环境需水量的相近概念如河道枯水流量(Low－flow)、最小可接受流量(Minimum acceptable flow)、环境河道内需水(Environmental instream flow requirements)相继被提出。相应出现了多种计算方法，从单纯的水文分析方法发展到水力学参数法，进一步发展到综合分析法如生境模拟法和生物完整性方法等。

由于河道内生态环境需水是适应可持续发展的一个新概念，目前尚未有统一的定义。刘昌明等(2002)认为，河流系统生态环境需水量是为了维护生态环境的天然结构与功能所需的水量，主要应该包括：①河流系统中天然和人工植被，包括水源涵养林、水土保持措施及天然植被和绿地防护林带的耗水量；②维持水生生物栖息地所需要的水量；③维持河口地区生态平衡所需水量；④维持河流系统水沙平衡的输沙入海水量；⑤维持河流河口地区生态平衡所需水量；⑥保持河道系统一定的稀释净化能力的水量；⑦保持水体调节气候、美化景观等功能所损耗的蒸发量；⑧维持合理地下水位所必需的补给水量等。河流生态需水量不是上述各分项的简单相加，而是根据它们之间的相互关系来分析确定。如对于大多数河流而言，在基本生态环境需水量和输沙水量得到保证的前提下，河流系统同样也能完成排盐的功能(王西琴等,2002;倪晋仁等,2001)。

综合分析研究得出，河道内生态环境需水指为维持河流生态系统一定形态和一定功能所需要保留在河道内的水(流)量，按维持河道一定功能的需水量和河口生态环境需水量分别计算。维持河道一定功能的需水量包括生态基流和输沙需水量等。

4.2.1.2　河道内生态环境需水量计算方法

根据保护目的和保护目标，国外发展了多种确定河流流量的方法。从计算原理综合分析各种方法，水文学方法是必不可少的最基本的处理途径。从方法的观点出发进行分类，可分为统计学方法、形态学方法以及生态学方法。

统计学方法：天然流量的百分比或者在某一保证率下的流量作为河道生态流量的推荐值。主要关注最小流量和水位的保持，是根据简单的水文指标对河流流量进行设定，例如平均流量的百分率或天然流量频率曲线上的保证率。具有代表性的方法有 Tennant 法(Montanna 法)、7Q10 法、流量历史曲线法(Flow duration curve method)、月(年)保证率设定法。由于水文规律本身的不确定性，且河流形态随地理带不同而出现区域差异，该法在时间和空间尺度上没有充分考虑河道生态流量的动态变化性，这种脱离成因和机理分析的方法常作为其他方法的一种参考比照。

形态学方法：在计算河道生态流量的方法中，有许多都直接或间接属于形态学观点的范畴。基于河道水力参数(如河宽、水深、断面面积、流速和湿周等)来确定河道生态流量的计算方法，都在某种程度上考虑了河道的特性，即水力学方法。以河道湿周法、R2Cross 法最具有代表性，但这些方法也易受复杂水文信息影响，导致研究者个人偏好出现，从而降低方法的客观性。

生态学方法：从保护水生生物出发，以现存或期望生物对水量的需求与分配为研究出发点和思路，建立河道流量与生物量或种群变化的关系。其中代表方法有 IFIM 法、生物完整性方法。这种方法较复杂，要求相当多的时间、资金和专门技术的投入，应用难度较大。

下面介绍几个常用方法。

1)Tennant 法

Tennant 法也叫 Montana 法。该方法是美国的 Donald Leroy Tennant 对大西洋与 Rocky 山之间 Mason－Dixon 一带上百条河流，经过 17 年的研究总结出来的。

从 1964～1974 年，在 3 个州 11 条河流上，对 196km 长河流 58 个断面 38 个不同流量进行物理、化学和生物分析，包括对美国地理调查局(USGS)记录的日、月或年流量的过程进行分析，然后去实地检查水尺，直到能够观测到接近年均流量的 10％、30％和 60％的天然流量。经分析得出了流量与鱼类(这些河流分别生存着冷水和热水鱼类)生长发育的相关关系。经过总结，得出以下结论。

(1)10％的年平均流量：这是对大多数水生生物物种维持短期生存生境推荐的最小瞬时流量。

(2)30％的年平均流量：这是维持多数水生生物物种良好生存生境所推荐的基本流量。

(3)60％的年平均流量：这是为多数水生生物物种最初开始生长所需要优良生境所推荐的基本流量。

在以上研究的基础上，提出了现在广泛使用的 Tennant 法。它是一种更多地依赖于统计的方法，建立在历史流量记录的基础上并以平均每年自然流量的简单百分比作为基流，更适宜于季节性为基础的需求。该法具有简单、快速的特点，不需要现场测量。在有水文站点的河流，年平均流量的估算可以从历史资料中获得。一般将多年平均流量的 10％作为最小的河流生态需水量(见表 4-1)，在没有水文站点的河流，可通过可以接受的水文技术来获得。

表 4-1　保护水生生态等有关环境资源的河流流量状况标准

流量描述	推荐的基流(10 月～3 翌年月) 占年平均流量百分比(％)	推荐的基流(4～9 月) 占年平均流量百分比(％)
最大	200	200
最佳范围	60～100	60～100
极好	40	60
非常好	30	50
好	20	40
中或差	10	30
差或最小	10	10
极差	0～10	0～10

该方法具有简单、快速的特点，较适合于确定大河流的流量；缺点是缺乏考虑流量的时间变化，没有区分丰水年、平水年、枯水年的差异，没有考虑河流形状。

2）河道湿周法

该方法利用湿周（过水断面上，河槽被水流浸湿部分的周长称为湿周）作为栖息地的质量指标来估算河道内流量的最小值，其思路及出发点在于只要保护好作为水生生物栖息地的临界湿周区域，也就基本满足了非临界区域水生生物栖息保护的最低需求。该法首先建立河道断面湿周和流量的关系曲线，依据该曲线变化点的位置，估算最小需水量推荐值。湿周法河道内流量推荐值是依据湿周—流量关系图影响点的位置而确定的，见图 4-1。

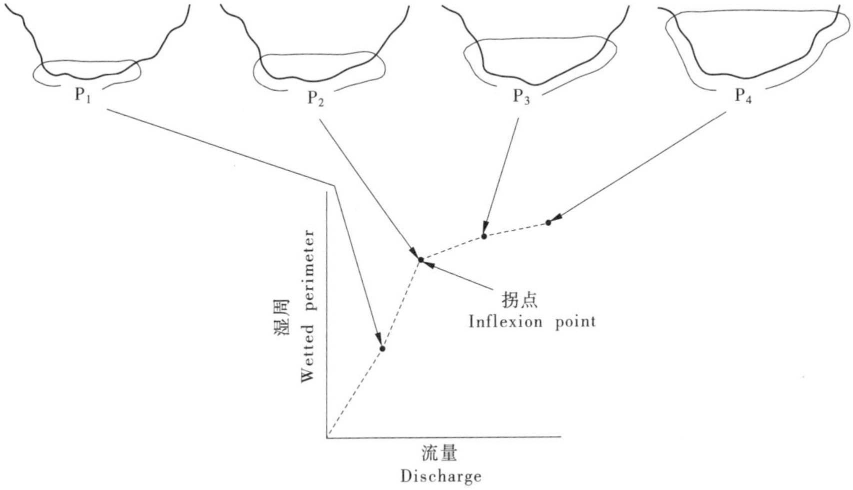

图 4-1　计算河道内流量的湿周法示例（Nelson，1980）

通常，湿周随着河流流量的增大而增加，当湿周超过某临界值后，河流流量的巨幅增加也只能导致湿周的微小变化。宽浅矩形河道和抛物线形河道都具有明显的湿周—流量关系增长变化点，所以该法适用于这两种河道，同时要求河床形态稳定，否则既没有稳定的湿周—流量关系曲线，也没有固定的增长变化点。该方法忽视了水流流速的变化，未能考虑河流中具体的物种或生命阶段的需求。

3）R2Cross 法

R2Cross 法对河流生态需水的确定基于这样的假设，即浅滩是最临界区的河栖息地类型，保护浅滩栖息地也就基本保护了其他水生栖息地。维持浅滩包括满足基于河宽改变的 3 个参数标准，分别是平均水深、齐岸的（bank – full）湿周率以及平均速度（见表 4-2）。平均水深与湿周率标准分别是河流顶宽和河床总长与湿周长之比的函数，所有河流的平均流速推荐采用 1ft/s（1ft＝0.304 8m）

的常数,这 3 个参数是反映与河流栖息地质量有关的水流指示因子。该法适用于一般浅滩式的河流栖息地类型。

表 4-2　采用 R2Cross 单断面法确定最小流量的标准

河流顶宽(ft)	平均水深(ft)	湿周率(%)	平均流速(ft/s)
1～20	0.2	50	1.0
21～40	0.2～0.4	50	1.0
41～60	0.4～0.6	50～60	1.0
61～100	0.6～1.0	≥70	1.0

4)栖息地法

该法是对水力学方法的进一步发展,其根据指示物种所需的条件确定河流流量,目的是为水生生物提供一个适宜的物理生境。因为该法可量化,并且基于生物原则,所以目前被认为是最可信的评价方法,代表方法是流量增加法(IFIM)。美国鱼和野生动物机构在 20 世纪 70 年代末(Bovee, 1982)开发了这个方法。该法把大量的水文水化学实测数据与特定的水生生物物种在不同生长阶段的生物学信息相结合,进行流量增加的变化对栖息地影响的评价。考虑指标有河水流速、最小水深、河床底质、水温、溶解氧、总碱度、浊度、透光度等。IFIM 法包括将指定地点河流流量和生境数据放入一组模型,PHABSIM (自然生境模拟,Physical Habitat Simulation)。在 IFIM 法内模型是一组受水力学影响的鱼类生境模型。最常用的模型是 IFG4,鱼的生境在计算机模型里是通过速度、水深、基质和(或)表面的变量来定义的。如图 4-2 所示为几种不同流速集模板所产生的鲑鱼幼鱼栖息地。

该方法的优点是能将生物资料与河流流量研究相结合,使其更具有说服力,同时它可与水资源规划过程相结合,在水资源配置框架中直接应用。其不足之处是生境模拟方法要考虑到指示生物在不同生活期对生境要求的变化,尚不适用于无脊椎动物和植物物种,且没有明确考虑泥沙运输和河道形状变化,需要大量资料,不适合于快速使用。

5)水力半径法

刘昌明院士(2006)根据南水北调一期工程调水区属于缺资料地区的实际情况,提出了一种同时考虑河道本身信息(水力半径、糙率、底坡比降)和水生生物信息的估算生态需水量的方法。这种方法以谢才公式为基础,假设天然河道的流态属于明渠均匀流,且流域分布均匀,通过生物学调查得到水生生物适宜的流速,即生态流速 $v_{生态}$,然后根据该流速计算其对应的水力半径 $R_{生态}$

$$R_{生态} = n^{3/2} . v_{生态}{}^{3/2} . J^{-3/4} \tag{4-1}$$

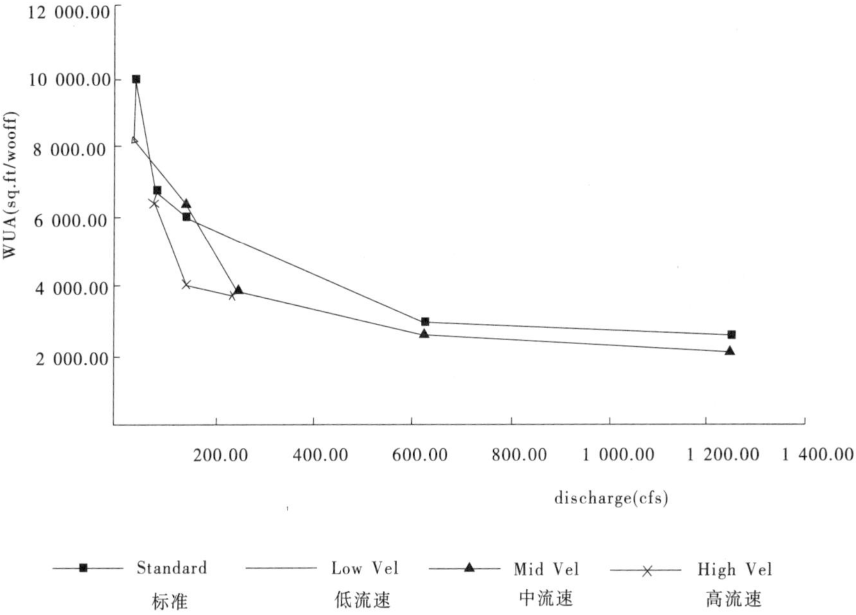

图 4-2　几种不同流速集模板所产生的鲑鱼幼鱼栖息地

用该水力半径计算求得的对应流量即为含有水生生物信息和河道断面信息的生态流量。与湿周法相比，水力半径法包含了多个水力要素，而且更具有理论基础。

4.2.2　河道外生态环境需水量计算方法

按《全国水资源综合规划技术细则》要求，河道外生态环境需水分城镇生态环境需水和农村生态环境需水。城镇生态环境需水包括城镇绿化用水、河湖补水和环境卫生用水（街道洒水、公共厕所用水）等；农村生态环境需水包括湖泊补水、湿地补水、地下水回灌用水和人工生态林草建设用水等。不同类型的生态环境需水量计算方法不同。城镇绿化用水、防护林草用水等以植被需水为主体的生态环境需水量，可采用定额预测方法；湖泊、湿地、城镇河湖补水等，以规划水面面积的水面蒸发量与降水量之差为其生态环境需水量。目前蒸发能力的计算，主要采用 Penman - Monteith 公式得到潜在蒸散量，进而得到植被的蒸散发量。对于干旱、半干旱地区，利用半经验潜水蒸发公式如阿维里杨诺公式和潜水蒸腾公式估算河道外生态需水（王根绪，2002）。对以植被为主的生态需水量，要求对地下水水位提出控制要求。部分学者基于植被与潜水水位之间的关系，在试验的基础上获得某一地下水水位条件下的潜水蒸发量，然后以该潜水蒸发量乘以相应的植被系数和面积，求得区域的实际蒸散发量，作为河道外生态需水估计(贾宝全,2000)。下面就具体分类计算进行探讨。

4.2.2.1 城镇绿化用水量

城镇绿化用水量一般指公园、街道、工厂企业、机关单位绿化美化所需的水量,居民绿化用水包括在生活用水中。城镇绿化用水量计算公式如下

$$W = 0.001P_{人口}BE \tag{4-2}$$

式中:W 为城镇绿化用水量,万 m^3;$P_{人口}$ 为城镇人口,万人;B 为人均绿地面积,m^2/人;E 为植被蒸散发量,mm。

4.2.2.2 河湖补水量

以降水蒸发量差值法计算河湖补水量。计算公式如下

$$W = 0.1(E_{水} - P)F \tag{4-3}$$

式中:W 为河湖补水量,万 m^3;$E_{水}$ 为水面蒸发量,mm;P 为降水量,mm;F 为河湖水面面积,km^2。

4.3 黄河流域生态环境需水量

4.3.1 黄河流域河道内生态环境需水量

输入泥沙是黄河流域河道内生态环境需水量首要关注的问题。黄河的河道内生态环境流量应是以下需水的耦合:维持重点河段主槽一定排洪输沙功能所需的洪水条件、维持河道良好水质所需要的自净流量、保护河道和滨海水生生物关键物种正常繁衍所需要的河川径流条件、满足河道和河口一定规模淡水湿地所需要的水量、维持河口岸线动态平衡所需要的径流条件、维持重要娱乐景观对河川流量的要求等。其中,保护河道和滨海水生生物关键物种繁衍、满足河道和河口一定规模淡水湿地所需要的水量可统称为生态需水。

根据黄河流域干支流水资源量及其开发利用情况,并考虑水资源配置的需要,共选择 6 个断面作为河道内生态环境需水计算断面,其中干流有河口镇、利津等 2 个断面,支流有渭河的华县、汾河的河津、伊洛河的黑石关、沁河的武陟等 4 个断面。其中对黄河水资源配置起关键作用的为干流利津、河口镇和渭河华县断面。黄河流域河道内生态需水计算断面基本情况见表 4-3。

4.3.1.1 利津断面生态环境需水量

利津断面河道内生态环境需水主要包括汛期输沙用水和非汛期生态基流。

根据《黄河水资源利用》(1986)研究成果,基于 2000 年水平的来水来沙情况,进入黄河下游泥沙 13 亿~14 亿 t,经过三门峡水库调节,集中在汛期下排。在下游河道淤积 4 亿 t 左右的情况下,黄河下游输沙用水量应保持利津年平均入海水量 240 亿 m^3,其中汛期 150 亿 m^3,最小年平均入海水量不小于 200 亿

m^3,汛期不小于 120 亿 m^3。

表 4-3　黄河流域河道内生态需水计算断面基本情况

河流名称	河流长度(km)	流域面积(km^2)	断面名称	控制河长(km)	控制面积(km^2)	年均径流量(亿 m^3)	年均含沙量(kg/m^3)
黄河干流	5 464	795 000	河口镇	3 471.6	385 966	331.75	4.99
			利津	5 362.6	751 871	534.79	25.2
渭河	818	134 766	华县	744.8	106 498	80.93	50.5
汾河	693.8	39 471	河津	671.8	38 728	18.47	19.9
伊洛河	446.9	18 881	黑石关	426.3	18 563	28.32	4.47
沁河	485.1	13 532	武陟	472.8	12 894	13.00	5.65

1)汛期输沙用水量

据 1919～1969 年统计,多年平均进入黄河下游的泥沙为 16 亿 t。20 世纪 70 年代以来,大规模水土保持工作的开展,起到了减少入黄泥沙的作用。据分析,2000 年水平水土保持减沙量为 3 亿 t。根据对未来不同时期水利水保工程可能的减沙作用分析,2010 年、2020 年、2030 年水平水土保持减沙量分别为 5 亿 t、6 亿 t、7 亿 t,进入下游河道的泥沙分别为 11 亿 t、10 亿 t、9 亿 t。

从 20 世纪 50 年代以来,对黄河输沙水量进行了持续性的研究,取得了多项研究成果。黄河水利科学研究院《黄河输沙水量研究》结合小浪底水库运用、塑造和维持下游中水河槽等方面进行了较深入的研究。据此项研究成果,考虑小浪底水库运用的不同阶段,将未来 30 年划分为 2000～2014 年(下游河道连续冲刷期)、2015～2020 年(下游河道回淤至冲淤平衡时期)、2021～2030 年(小浪底水库高滩深槽形成时期)三个时段分别进行汛期输沙需水预测。

(1)下游河道连续冲刷期汛期输沙用水。小浪底水库投入运用后,在拦沙期水库除通过异重流排泄部分细泥沙外,基本为清水下泄,下游河道发生冲刷,该阶段的主要目标是冲刷泥沙、扩大河槽的排洪能力。依据小浪底水库运用方式研究有关成果,下游河道累计最大冲刷量约 16 亿 t,下游冲刷所需年均水量利津断面约 230 亿 m^3,其中汛期约 155 亿 m^3。

(2)下游河道回淤至冲淤平衡时期汛期输沙用水。根据小浪底水库运用方式有关研究成果,下游河道在达到最大累计冲刷量后逐渐回淤,至 2020 年回淤至冲淤平衡。按 2014 年下游最大累计冲刷量达到 16 亿 t,2020 年回淤至冲淤平衡,则第 15～20 年年均淤积量在 2.6 亿 t 左右;预测第 15～20 年年均来沙量在 10 亿 t 左右,在上述条件下利津断面汛期输沙需水量约为 150 亿 m^3。

(3)小浪底水库高滩深槽形成时期汛期输沙用水。该时期输沙水量的确定主要以黄河下游河道输沙规律为基础。据分析,在预测来沙量约 9.0 亿 t 条件下,黄河下游河道不同淤积水平需要的输沙水量不同,在下游河道年淤积量为 2.0 亿 t 左右时,利津断面汛期输沙需水量为 143 亿 m^3;在下游河道年淤积量为 1.5 亿 t 左右时,利津断面汛期输沙需水量为 163 亿 m^3;在下游河道年淤积量为 1.0 亿 t 左右时,则利津断面汛期输沙需水量为 184 亿 m^3(见表 4-4)。

表 4-4　黄河下游河道不同淤积水平利津断面汛期输沙需水量

时　段	下游年来沙量(亿 t)	下游年冲淤量(亿 t)	输沙水量(亿 m^3)		
			全年	汛期	非汛期
小浪底水库高滩深槽形成时期	9	2.0	193	143	50
	9	1.5	213	163	50
	9	1.0	234	184	50

黄河下游输沙用水量的确定,应本着统筹兼顾、除害兴利的原则综合考虑。一方面,考虑到黄河下游河道冲淤变化的复杂性,为尽量减少下游河道淤积,保持河道的行洪排沙功能,应最大程度地满足河道输沙用水需求;另一方面,考虑到黄河水资源量的减少及各省(区)用水需求的增加,为满足经济社会发展的用水需求,应协调好生产用水和生态用水的关系。

综合分析,黄河下游河道多年平均输沙用水量应在 220 亿 m^3 左右,其中汛期在 170 亿 m^3 左右;考虑国民经济发展对黄河水资源的需求和黄河水资源的供需形势,黄河下游年平均输沙用水量不宜小于 200 亿 m^3,其中汛期不宜小于 150 亿 m^3。

另外,根据“十五”国家科技攻关课题《维持黄河下游排洪输沙基本功能的关键技术研究》成果,在利津汛期输沙用水量不小于 150 亿 m^3 条件下,依据下游河道的输沙及冲淤规律,通过小浪底水库的合理调节,利用洪水排沙,基本可塑造并维持下游河道 4 000m^3/s 过流能力的中水河槽。

若 2020 年古贤水库建成并与小浪底水库联合运用,在上述输沙用水量的条件下,将进一步减缓下游河道的淤积态势,也更有利于维持下游河道的中水河槽。

2)非汛期生态需水量

20 世纪 80 年代以来,围绕河道不断流、河口生态、水质等方面相继开展了多项研究,取得了一系列成果。

(1)《黄河流域生态环境需水研究》(南京水利科学研究院)。在考虑下游河道不断流、维持一定的河流规模(包括湿周、水面宽度、过水水面面积、河流纵比降、水力半径等参数)的情况下,利津断面最小生态流量为 162m^3/s,相应的非汛期径流量为 34 亿 m^3；从考虑河流水生生物的栖息环境、维持河道内生物多样性等方面分析，利津断面适宜的生态流量为 $371m^3/s$，相应的非汛期径流量为 78 亿 m^3。

(2)《黄河河道内环境需水研究》(黄委国际合作与科技局)。从河道不断流、水体自净需水(按 2003 年纳污规模考虑)等方面考虑，利津断面非汛期 11 月～翌年 6 月环境流量分别为 $280m^3/s$、$150m^3/s$、$100m^3/s$、$100m^3/s$、$150m^3/s$、$300m^3/s$、$280m^3/s$、$250m^3/s$，利津断面非汛期河道内生态环境需水量为 42 亿 m^3。

(3)《三门峡以下非汛期水量调度系统关键问题研究》("九五"国家重点科技攻关计划项目，黄委勘测规划设计研究院)。该成果对河口地区非汛期生态环境需水量进行了分析，主要包括三角洲湿地生态需水量 7.36 亿 m^3、河口近海生物需水量 24 亿～40 亿 m^3、河口景观环境需水量 18.3 亿 m^3、非汛期河口地区生态环境需水量 42.3 亿～58.3 亿 m^3。

经对各项成果的综合分析，并考虑到黄河水资源现状利用情况及未来水资源供需形势，利津断面非汛期生态环境需水量宜在 50 亿 m^3 左右。

4.3.1.2 河口镇断面生态环境需水量

1)汛期输沙塑槽用水量

宁蒙河段受两岸地形的控制，形成峡谷河段与宽河段相间出现的格局，各河段的冲淤特性也有所差异。刘家峡水库投入运用以前，宁蒙河段有缓慢淤积的趋势，年均淤积厚度在 0.01～0.02m。龙羊峡水库投入运用后，受来水来沙及龙羊峡、刘家峡水库调节的影响，汛期水量占来水比例及大流量出现几率减小，宁蒙河段淤积加重。淤积主要发生在内蒙古河段，其中又以巴彦高勒—河口镇河段淤积为甚。因此，在分析宁蒙河段输沙塑槽用水量时，主要分析研究巴彦高勒—河口镇河段的输沙塑槽用水量。

河口镇断面的输沙塑槽用水量主要依据宁蒙河段输沙及冲淤规律，利用实测水沙及河道冲淤资料分析确定。根据 1966 年 11 月～2000 年 10 月实测资料，并考虑支流来水来沙、引水引沙及孔兑来沙对河道冲淤影响，建立了河口镇输沙塑槽用水量关系式

$$W_{汛} = 112.3W_{S汛} + 11.3\Delta W_{汛} + 28.9 \tag{4-4}$$

式中：$W_{汛}$ 为河口镇汛期输沙塑槽水量，亿 m^3；$W_{S汛}$ 为河口镇汛期沙量，亿 t；$\Delta W_{汛}$ 为汛期巴彦高勒—河口镇河段的冲淤量，亿 t。

预测未来巴彦高勒年沙量为 0.8 亿 t，其中汛期 0.62 亿 t；巴彦高勒—河口镇河段区间汛期来沙量为 0.322 亿 t。根据沙量平衡关系，在河道汛期淤积为 0.077 亿 t 时，河口镇汛期输沙量为 0.866 亿 t，根据式(4-4)计算，河口镇汛期输沙塑槽水量为 127 亿 m^3。

另根据《黄河输沙水量研究》成果，在宁蒙河段汛期淤积 0.13 亿 t 的条件下，河口镇汛期输沙塑槽水量为 119 亿 m^3。

综合上述分析，为恢复宁蒙河段（主要为内蒙古河段）主槽的行洪排沙能力，减少宁蒙河段的淤积，河口镇断面汛期输沙塑槽水量应在 120 亿 m^3 左右。

2）非汛期生态基流

（1）《黄河流域生态环境需水研究》（南京水利科学研究院）。在考虑下游河道不断流、维持一定的河流规模的情况下，河口镇断面最小生态流量为 96.3m^3/s，相应的非汛期径流量为 20 亿 m^3；从考虑河流水生生物的栖息环境、维持河道内生物多样性等方面分析，河口镇断面适宜的生态流量为 244m^3/s，相应的非汛期径流量为 51 亿 m^3。

（2）《黄河河道内环境需水研究》（黄委国际合作与科技局）。从河道不断流、水体自净需水（按 2003 年纳污规模考虑）等方面考虑，河口镇断面非汛期 11 月～翌年 6 月环境流量为 250m^3/s，河口镇断面非汛期河道内生态环境需水量为 52 亿 m^3。

（3）《黄河黑山峡河段开发方案补充论证报告》（黄河勘测规划设计有限公司）。该成果对宁蒙河段防凌流量进行了研究，提出 11 月～翌年 3 月防凌流量分别为 500m^3/s、510m^3/s、430m^3/s、380m^3/s、370m^3/s，宁蒙河段 11 月～翌年 3 月共需水量 57 亿 m^3；宁蒙河段 4～6 月生态流量按 250m^3/s 考虑，生态需水量为 20 亿 m^3；河口镇断面非汛期 11 月～翌年 6 月生态需水量为 77 亿 m^3。

综合上述计算分析，在满足防凌要求和生态环境要求的情况下，河口镇断面非汛期生态需水量为 77 亿 m^3。

4.3.1.3 渭河华县断面河道内生态环境需水量

渭河华县断面河道内生态环境需水主要指输沙需水和非汛期河道内生态环境需水。

1）输沙用水

第一步，分析计算条件。

渭河下游不同水平年来沙量采用黄河及渭河流域重点治理规划成果，渭河下游（咸阳 + 张家山）现状 2000 年汛期和非汛期 6 月份来沙量分别为 3.18 亿 t、0.35 亿 t；2010 年水平分别为 2.85 亿 t、0.31 亿 t；2020 年水平分别为 2.77 亿 t、0.29 亿 t；2030 年水平分别为 2.69 亿 t、0.29 亿 t。

考虑渭河下游中常洪水不漫滩、与河道治理工程标准衔接、与防洪续建工程配套等多方面因素，渭河下游中水河槽的标准按华县断面流量 3 000m^3/s 考虑。

根据渭河下游的河道特性及冲淤规律，逐步恢复并最终维持渭河下游中水河槽治理目标，以及渭河流域国民经济不断增长的用水需求等，选定渭河下游河道多年平均淤积 0.14 亿 t。

第二步，汛期输沙需水计算。

渭河下游来水来沙集中在汛期，水量占年水量的 60% 以上，沙量占年沙量的 90% 以上。汛期和非汛期不同的水沙条件及输沙特性不同，决定了两者输沙用水量的不同。因此，在确定输沙用水量时，需要对汛期和非汛期的输沙用水量分别考虑。

汛期(7～10 月)输沙，根据一维恒定流输沙方程，充分考虑影响输沙用水量的主要因素，采用 1974～2003 年渭河下游汛期实测资料，建立渭河下游汛期输沙用水量的计算公式

$$W_{汛} = (18.7W_S - 66.1\Delta W_S) \times [1 - \exp(-1.35 \times 10^{-3} Q_{平})] \quad (4\text{-}5)$$

式中：$W_{汛}$ 为汛期输沙用水量，亿 m^3；W_S 为咸阳 + 张家山来沙量，亿 t；ΔW_S 为汛期河道冲淤量，亿 m^3；$Q_{平}$ 为汛前平滩流量，m^3/s。

第三步，非汛期输沙需水计算。

1974～2000 年华县站 6 月份平均水量 4.2 亿 m^3，沙量 0.2 亿 t，占非汛期沙量的 63%，平均含沙量为 $48kg/m^3$，远远高于非汛期其他月份的含沙量。渭河下游 6 月份常常发生高含沙小洪水，对河道冲淤产生较大的影响，因此需要分析 6 月份的输沙水量。11 月～翌年 5 月份沙量极少，可以不考虑输沙水量。

采用 1974～1990 年历年 6 月份渭河下游的实测资料，建立相关关系，得出 6 月份输沙用水量计算公式

$$W = \sqrt{\frac{25.92 \times W_S}{0.247 \times e^{15.9\Delta W_S}}} \quad (4\text{-}6)$$

式中：W 为 6 月份输沙用水量，亿 m^3；W_S 为 6 月份来沙量，亿 t；ΔW_S 为冲淤量，亿 t。

第四步，输沙需水计算成果。

根据上述计算条件，利用推导的汛期及非汛期 6 月份的输沙用水量计算公式，分别求得不同水平年渭河下游汛期(7～10 月)及非汛期 6 月份的输沙用水量。其中，2000 年水平汛期和非汛期 6 月份输沙用水量分别为 51.9 亿 m^3 和 6.1 亿 m^3；2010 年水平分别为 45.9 亿 m^3 和 5.7 亿 m^3；2020 年水平分别为 44.4 亿 m^3 和 5.5 亿 m^3；2030 年水平分别为 42.9 亿 m^3 和 5.5 亿 m^3。

由于渭河下游来水来沙有不同的搭配，因此对输沙水量的理解不能仅仅局限于输沙水量的总量上，还必须考虑对流量级、含沙量及水沙过程的要求。

2)非汛期河道内低限生态环境水量

随着流域经济社会的发展和国民环境意识的不断提高，特别是多年来渭河水体严重污染所产生的一系列生态环境问题，使人们越来越认识到，保证一定的渭河河道内生态环境用水量，尤其是在非汛期维持一定的河道基流，对支撑渭河

流域经济社会的可持续发展，保护渭河水环境至关重要。

结合渭河的实际情况，确定渭河下游河道内低限生态环境水量时，主要考虑了维持渭河河道基本形态、保证一定基流量、维持渭河一定的稀释自净能力、维持渭河基本的生态环境和满足景观用水等方面，根据渭河生态环境基本需要，初步确定非汛期(11月～翌年5月)渭河河道内低限环境生态环境水量6.13亿m^3。

3)综合分析结论

综合以上分析，渭河下游(华县断面)汛期和6月份以输沙水量、11月～翌年5月以河道内生态环境需水量作为河道内低限生态环境需水量要求，2000年、2010年、2020年和2030年水平分别为64.1亿m^3、57.7亿m^3、56.0亿m^3和54.5亿m^3，11月～翌年5月最小流量为20m^3/s，成果详见表4-5。

表4-5 不同水平年华县断面生态环境需水量 (单位:亿m^3)

水平年	汛期输沙水量	6月份输沙水量	11年～翌年5月低限生态环境需水量	合计
2000	51.9	6.1	6.13	64.13
2010	45.9	5.7	6.13	57.73
2020	44.4	5.5	6.13	56.03
2030	42.9	5.5	6.13	54.53

4.3.1.4 其他断面

在所选的6个断面中，除上述利津、河口镇、渭河华县断面外，其余3个断面没有输沙水量要求，河道内生态需水量按Tennant法和分项计算法计算。

Tennant法计算河道内生态环境需水量，按多水期和少水期分别计算，结合黄河水资源的特性，多水期选择7～10月4个月，少水期选择11月～翌年6月8个月。河道内生态环境状况选择“好”，即多水期选取多年平均流量的40%，少水期选择多年平均流量的20%。

分项计算法计算河道内生态环境需水量，主要包括生态基流和输沙用水。生态基流主要考虑维持河流的基本功能，如河道不断流、避免河流水体生物群落遭到无法恢复的破坏等。计算方法采用最枯10年最小月平均流量法、$Q_{年95}$法、$Q_{月95}$法等。输沙用水采用专题研究成果。

在确定断面河道内生态需水时，综合考虑Tennant法和分项计算法的计算成果，每月均取各种成果中的最大值作为该月河道内生态环境需水量。黄河流域干支流主要断面河道内生态环境需水量见表4-6。

表 4-6　黄河流域干支流主要断面河道内生态环境需水量（单位：亿 m^3）

河流	断面名称	河道内生态需水			说　明
		全年	汛期	非汛期	
黄河干流	河口镇	197	120	77	
	利津	200～220	150～170	50	
渭河	华县	54～64	43～52	11～12	非汛期需水含6月份输沙水量
汾河	河津	5.7	4.0	1.7	
伊洛河	黑石关	8.9	6.5	2.4	
沁河	武陟	4.1	3.0	1.1	非汛期最小流量 3.0m^3/s

4.3.2　黄河流域河道外生态需水量

4.3.2.1　生态环境指标预测

1) 城镇生态环境指标

参照调查评价阶段相关资料及省(区)预测成果，黄河流域城镇生态环境指标(绿化、河湖需水、环境卫生指标)预测成果见表 4-7，2000 年、2010 年、2020 年、2030 年水平黄河流域城镇生态环境绿化面积分别为 31 万亩、53 万亩、80 万亩、110 万亩；河湖面积分别为 5 万亩、10 万亩、14 万亩、20 万亩；环境卫生面积分别为 25 万亩、41 万亩、62 万亩、83 万亩。

表 4-7　黄河流域城镇生态环境指标预测成果

省(区)	水平年	城镇面积(km^2)	城镇人口(万人)	预测指标(万亩)			人均指标(m^2/人)		
				绿化	河湖需水	环境卫生	绿化	河湖需水	环境卫生
青海	2000	241.86	148.14	0.741 2	0.007 5	1.086 1	3	0	5
	2010	333.15	208.1	1.632 6	0.015	1.474 4	5	0	5
	2020	385.21	263.79	2.787 3	0.022 5	1.803 5	7	0	5
	2030	416.9	315.93	4.157 4	0.03	2.077 3	9	0	4
四川	2000	42.2	1.59	0	0	0	0	0	0
	2010	68.78	2.49	0	0	0	0	0	0
	2020	103.05	3.12	0	0	0	0	0	0
	2030	148.24	3.75	0	0	0	0	0	0

续表 4-7

省(区)	水平年	城镇面积(km²)	城镇人口(万人)	预测指标(万亩)			人均指标(m²/人)		
				绿化	河湖需水	环境卫生	绿化	河湖需水	环境卫生
甘肃	2000	631.61	432.3	2.834 6	0.102 6	2.988 6	4	0	5
	2010	885.48	628.35	5.682 7	0.165 3	5.851	6	0	6
	2020	1 116.58	846.66	10.359 3	0.317 2	9.881 4	8	0	8
	2030	1 267.48	1 024.71	14.777 2	0.523	13.493 2	10	0	9
宁夏	2000	299.97	180.39	1.023 4	1.154	1.126 8	4	4	4
	2010	420.5	258.52	2.083 5	2.544 5	2.042 2	5	7	5
	2020	502.8	321.65	3.490 9	3.276 4	3.087 4	7	7	6
	2030	574.6	384.88	5.114	4.009 8	4.273 7	9	7	7
内蒙古	2000	585	420.53	3.928 9	0.433 5	1.692 5	6	1	3
	2010	726	538.43	5.822 3	1.020 9	3.172 2	7	1	4
	2020	795	621.71	7.598 2	1.693 2	4.475 7	8	2	5
	2030	845	689.52	9.416 8	2.207 5	5.849 2	9	2	6
陕西	2000	1 291.11	974.42	10.904 8	1.987 8	7.156 2	7	1	5
	2010	2 068.72	1 424.22	17.844 2	3.408 1	12.595 1	8	2	6
	2020	2 611.9	1 777.06	24.818 6	5.023 1	18.382 9	9	2	7
	2030	2 994.2	2 093.75	31.949 7	7.122 8	23.425 8	10	2	7
山西	2000	105 3.26	722.99	6.110 1	0.695 5	4.851 4	6	1	4
	2010	136 2.17	916.18	9.334	1.454 9	7.256 1	7	1	5
	2020	1 730.69	1 135.91	13.702 5	2.242 5	11.081 4	8	1	7
	2030	2 389.06	1 425	19.800 9	3.723 4	15.501 8	9	2	7
河南	2000	499.3	396.63	2.930 9	0.664 2	3.924 3	5	1	7
	2010	791.52	616.15	6.335 4	1.071 4	6.585 8	7	1	7
	2020	1 036.66	843.89	11.003 2	1.500 1	10.229 7	9	1	8
	2030	1 237.27	1 069.61	16.798 7	2.084 2	14.271 8	10	1	9
山东	2000	179	316.33	2.555	0.133 7	1.843 7	5	0	4
	2010	232.5	399.77	4.136 3	0.163 8	2.452 1	7	0	4
	2020	289.7	481.79	5.824 9	0.205 2	3.109 2	8	0	4
	2030	351.41	562.06	8.051 3	0.256 3	3.881 4	10	0	5
流域合计	2000	4 823.3	3 593.32	31.029	5.179	24.669 6	6	1	5
	2010	6 888.82	4 992.22	52.871	9.843 9	41.429 1	7	1	6
	2020	8 571.59	6 295.58	79.584 9	14.280 3	62.051 1	8	2	7
	2030	10 224.15	7 569.2	110.066 2	19.957	82.774 1	10	2	7

2)农村生态环境指标

根据黄河流域情况,对人工补水的湖泊仅考虑宁夏的沙湖(31.69km²)、星海湖(21.45km²),内蒙古的哈素海(30km²)、乌梁素海(296km²);对流域内地下水超采区,今后将采取限制开采措施,使地下水位逐步自行恢复,不规划专门的人工回补地下水措施。人工生态林草建设指标的预测,参考省(区)意见,结合黄河流域的实际情况,预测2010年、2020年、2030年水平黄河流域人工生态林草面积分别为26.20万亩、40.78万亩、61.55万亩。黄河流域农村生态环境指标见表4-8。

表4-8　黄河流域农村生态环境指标　(单位:万亩)

省(区)	2000年		2010年		2020年		2030年	
	湖泊面积	林草面积	湖泊面积	林草面积	湖泊面积	林草面积	湖泊面积	林草面积
青海	0	0	0	3.55	0	4.81	0	6.55
四川	0	0	0	0	0	0	0	0
甘肃	0	0	0	8.34	0	11.75	0	19.25
宁夏	0	0	9.15	7.50	9.15	12.40	9.15	15.90
内蒙古	48.90	0	48.90	4.78	48.90	8.59	48.90	15.21
陕西	0	0	0	2.03	0	3.23	0	4.64
山西	0	0	0	0	0	0	0	0
河南	0	0	0	0	0	0	0	0
山东	0	0	0	0	0	0	0	0
流域合计	48.90	0	58.05	26.20	58.05	40.78	58.05	61.55

4.3.2.2　需水定额

1)城镇绿化需水定额

宁夏、内蒙古城镇绿化定额取280～290m³/亩,青海、甘肃、陕西、山西、河南、山东城镇绿化定额取200～250m³/亩。

2)城镇河湖需水定额

城镇河湖需水定额依据其蒸发、降水资料,并考虑渗漏等因素拟定,不考虑换水。城镇河湖需水定额一般取当地蒸发能力与降水量差值的1.5~1.8倍。

3)城镇环境卫生需水定额

城镇环境卫生用水这里主要是指马路洒水、公共厕所用水等。根据干旱区典型调查,每平方米马路洒水一次大体需水1L,若一年洒水150天、每天洒水一次,城镇环境卫生用水定额为100m³/亩。考虑黄河流域上下游降水量等因素的差异以及用水习惯的不同，结合省(区)意见，城镇环境卫生需水定额取 15～100m³/亩。

4)农村生态林草需水定额

农村生态林草需水定额参照省(区)意见和农业林草需水定额拟定，一般为农业林草需水定额的 70%～80%。

农村河湖补水定额参照现状补水实际拟定。

黄河流域城镇、农村生态环境需水定额详见表 4-9。

表 4-9 黄河流域城镇、农村生态环境需水定额 （单位：m³/亩）

省(区)	水平年	城镇生态环境需水定额			农村生态环境需水定额
		绿化	河湖需水	环境卫生	林草
青海	2000	200	246	53	0
	2010	200	246	53	176
	2020	200	246	53	153
	2030	200	246	53	146
四川	2000	0	0	0	0
	2010	0	0	0	0
	2020	0	0	0	0
	2030	0	0	0	0
甘肃	2000	253	395	67	0
	2010	251	403	67	173
	2020	248	387	67	173
	2030	247	376	67	172
宁夏	2000	290	665	67	0
	2010	289	665	67	220
	2020	287	665	67	220
	2030	287	665	67	220
内蒙古	2000	288	697	100	0
	2010	287	679	100	202
	2020	287	674	100	190
	2030	287	695	100	172

续表 4-9

省(区)	水平年	城镇生态环境需水定额			农村生态环境需水定额
		绿化	河湖需水	环境卫生	林草
陕西	2000	223	267	100	0
	2010	224	276	100	181
	2020	224	277	100	153
	2030	224	281	100	136
山西	2000	224	387	100	0
	2010	224	399	100	0
	2020	225	406	100	0
	2030	225	409	100	0
河南	2000	221	175	33	0
	2010	223	183	33	0
	2020	223	183	33	0
	2030	224	182	33	0
山东	2000	200	133	15	0
	2010	200	135	15	0
	2020	200	136	15	0
	2030	200	136	15	0
流域合计	2000	234	395	75	0
	2010	234	426	76	193
	2020	233	424	76	187
	2030	233	418	76	179

4.3.2.3　需水量计算

黄河流域 2000 年、2010 年、2020 年、2030 年水平城镇生态环境需水量分别为 1.12 亿 m^3、1.97 亿 m^3、2.94 亿 m^3、4.03 亿 m^3；农村生态环境需水量分别为 2.41 亿 m^3、3.55 亿 m^3、3.81 亿 m^3、4.15 亿 m^3；河道外生态环境需水量分别为 3.53 亿 m^3、5.52 亿 m^3、6.75 亿 m^3、8.18 亿 m^3，详细成果见表 4-10。

表 4-10　黄河流域河道外生态环境需水量　　（单位：亿 m^3）

省(区)	2000 年		2010 年		2020 年		2030 年	
	城镇生态	农村生态	城镇生态	农村生态	城镇生态	农村生态	城镇生态	农村生态
青海	0.02	0	0.04	0.06	0.07	0.07	0.09	0.10
四川	0	0	0	0	0	0	0	0
甘肃	0.10	0	0.19	0.14	0.33	0.20	0.47	0.33
宁夏	0.11	0	0.24	0.80	0.34	0.91	0.44	0.99
内蒙古	0.16	2.41	0.27	2.51	0.38	2.57	0.48	2.67
陕西	0.37	0	0.62	0.04	0.88	0.05	1.15	0.06
山西	0.21	0	0.34	0	0.51	0	0.75	0
河南	0.09	0	0.18	0	0.31	0	0.46	0
山东	0.06	0	0.09	0	0.12	0	0.17	0
流域合计	1.12	2.41	1.97	3.55	2.94	3.81	4.03	4.15

4.4　宁夏干旱、半干旱地区河道外生态需水研究

宁夏地处西北干旱、半干旱地区，降水稀少，多年平均降水量 149.491 亿 m^3，折合降水深 289mm。除六盘山、贺兰山外，干旱指数大于 3.0 的干旱、半干旱区面积占全区总面积的 75%。2005 年全国人大十届三次会议将宁夏列为全国节水型社会建设第一家省级试点重点示范区。随着节水力度加大，宁夏大引大排灌溉模式逐渐转变，未来区域水循环的强度将明显减弱，地表水、土壤水和地下水的交换量减弱，地下水水位降低，潜水蒸发减少，天然生态耗水有下降的趋势。虽然可以通过人工供水的方式补给湖泊和部分植被，但改变不了区域生态可消耗潜水的减少，其中，荒地和草地的潜水蒸发消耗减少十分明显。未来社会经济对水的需求量增加以及地下水水位的下降会导致生态稳定性逐渐下降，宁夏绿洲生态稳定性则会向一般状态甚至不良状态发展，宁夏引黄灌区分别受到腾格里沙漠、毛乌素沙地、乌兰布和沙漠持续的侵袭和严重的威胁。为此建立与宁夏水资源条件相适应的合理生态保护格局，有必要对宁夏天然绿洲生态需水量进行研究。

4.4.1　绿洲生态需水计算方法讨论

河道外生态需水针对天然植被和人工植被的生态需水研究较多。国外在对

农作物需水进行研究的基础上，建立了不同条件下天然森林、草地生态需水的计算和预报模型，可完成模拟土壤水分变化、植被生长需水过程的水平衡问题和需水预测，并取得丰硕成果。代表性研究有新西兰森林研究所 A.J.PEARCE 和 L.K.ROW 以及印度 GUPTA、罗马尼亚MITA、美国 Garczynski，他们以小流域为研究对象，在不同下垫面条件下，对不同盖度的森林蒸散发量以及对径流影响做了大量的实验，从而可根据植被群落和蒸腾发量，确定天然生态系统最小水分需求深度和适宜水分需求深度。国内关于生态环境需水研究始于 20 世纪 80 年代末，1989 年，汤奇成在分析塔里木盆地水资源与绿洲建设问题时首次提出了生态用水问题，即为保证塔里木盆地各绿洲的存在与发展，必须保护各绿洲的生态环境，而生态环境的保护离不开水，这部分水通称为生态用水[21]。1993 年由水利部组织编制的《江河流域规划环境影响评价》(SL45—92)行业标准中，将生态环境用水正式作为环境脆弱地区水资源规划中必须予以考虑的用水类型，但该阶段，生态环境需水的概念、理论和计算方法等都处于萌芽状态。对生态环境用水开展全面研究始于“九五”、“十五”时期，研究重点是面向西北干旱、半干旱地区林草植被建设的生态需水问题。如“九五”国家科技攻关项目“西北地区水资源合理开发利用及生态环境保护研究”(96－912)，对西北干旱地区的生态需水开展了研究，代表着我国生态环境用水研究真正开始，并提出了相应的生态保护准则与生态需水计算方法[22]。“十五”国家科技攻关重大项目“水安全保障技术研究”的第二课题“黑河流域水资源调配管理信息系统研究”(2001BA610A－02)，按照黑河流域综合治理规划提出的要将黑河生态恢复到 20 世纪 80 年代水平目标要求，以景观生态学和生态动力学为理论指导，进行了流域生态空间决策，提出了未来生态恢复目标，然后从不同生态系统的水分支持条件出发，结合区域地下水模拟模型，计算出不同阶段黑河下游地区生态需水。2001 年中国工程院组织完成的“21 世纪中国可持续发展水资源战略研究”项目对生态用水的概念、范畴及分类进行了界定。将广义生态环境用水定义为“维持全球生物地理生态系统水分平衡所需用的水，包括水热平衡、水沙平衡、水盐平衡等，都是生态环境用水”，狭义生态环境用水定义为“维护生态环境不再恶化并逐渐改善所需要消耗的水资源总量”。中国工程院于 2001 年 5 月启动并于 2003 年 2 月完成了《西北地区水资源配置、生态环境建设和可持续发展战略研究》咨询项目，进一步阐明在西北地区经济发展过程中要进行生态保护和建设，确立人与自然和谐共存的发展方针。该成果对我国水资源规划及其合理配置具有十分重要的指导意义，标志着生态环境需水的研究在我国全面展开。

国内一些科学工作者也结合西北干旱地区对生态需水概念、计算方法进行了深入研究和广泛探讨。代表性研究有：汤奇成等(1995)在分析塔里木盆地水资源与绿洲建设问题时提出了生态环境用水的概念[23]；贾宝全等(1998，2000)

在对干旱地区生态用水概念和分类界定的基础上，采用生态用水定额方法对新疆1995年生态用水量作初步估算[24,25]；沈国舫(2001)科学阐述了生态环境建设的概念和内涵，辩证地分析了植被建设、水土保持、综合治理、荒漠化防治等与水资源保护和利用的关系[1]；王让会等(2001)根据塔里木河流域地下水、土壤水、植物生长与生态环境状况之间的定量关系研究，界定合理的生态水位，应用植被耗水及定额法估算了塔里木流域“四源一干”生态需水量[26]；王芳等(2002)在建立植被需水的地带性和非地带性理论基础上，分析国内外干旱区特别是中亚地区相关研究成果和经验公式，参考有关农业灌溉和林草耗水 *ET* 试验分析资料，并基于GIS和遥感技术计算了西北干旱、半干旱地区的植被需水量[12,27]。通过上述研究，已经形成了较为完善的面向西北干旱地区生态需水的理论计算方法，并且这些研究成果已经应用到西北各省(区)及一些河流的水利规划项目中。

总体而言，目前国内对河道外生态环境需水的概念和理论计算方法研究还较少，研究的目标还多是进行干旱、半干旱区水资源的宏观调控，“3S”技术的应用还较少，计算的方法和理论多为水量平衡理论、面积定额法等，多以植被耗水量(植被蒸腾量)代替生态需水量[28]。基本思想是：研究某一区域的生态需水时，首先确定其植被种类及各自面积，再确定各类植被的需水定额，进而算出该区域的生态需水量。这种“直接”法目前应用较广泛，然而它存在诸多问题：第一，“定额”确定问题。植被的生理需水本身是一个复杂的植物学难题，使得各类植被需水定额不易准确确定，目前一般多采用联合国粮农组织推荐的彭曼公式进行计算，参数值通过试验得到。第二，尺度问题。即使植被需水“定额”能较准确测定，但由于下垫面因素、水文参数等的空间变异性，不同尺度的生态需水规律存在差异，以及同类植被在不同地理环境的需水特点各异，“定额”的选用也较难，而在同一个区域都进行“定额”而又不可能，并且这种规律不是简单的线性外延或叠加。如何把小尺度的研究成果应用到大尺度上，以及生态需水的机理、不同尺度研究成果的转化目前一直还未得到有效深入研究，多数成果仍为定性方面的结论。第三，“实用价值”问题。生态需水量是一个变量，随着时间和地点的不同而不同，从国内生态需水研究上看，定性描述较多，机理研究较少。特别是干旱、半干旱地区，研究生态系统受水分胁迫最大的时段和在这一时段生态系统对水分需求的特性，来合理地计算维持生态系统的需水量更具有实用价值；否则，对干旱、半干旱地区经济用水与生态用水合理配置研究指导性不强，意义不大。目前国内研究还处于个案状态，在理论和实践方法都有待突破。

由于宁夏干旱、半干旱地区水循环受人类活动强烈干扰，是典型的人工水循环系统[29]，其表现特征为地表水经主干渠道进入分支渠道，以农田为排泄区，而不同于天然产汇流和天然径流通过支流汇集水分到干流，以湖泊或海洋为排泄终点的逆汇流过程。此后一部分地表水经过转化通过分支排沟汇集到主干排沟后进入河道，最后重新进入自然循环过程。因此，在干旱、半干旱平原区的水循环过程中，产汇流不再是水循环的主要过程，自然水循环过程就处于次要地位。所以，干旱、半干旱地区水资源的调控必须考虑规避两个方面的风险，一是农作物缺水和生态缺水；二是防止土地盐碱化，故土壤墒情和地下水埋深应该成为首要关注的目标。从人工水循环系统与天然水循环系统相互转化共同支撑天然生态入手，通过细致地刻画土壤墒情的变化与分布、地下水流场变化与分布以及天然绿洲景观斑块变化与分布的耦合关系来计算宁夏干旱、半干旱地区天然绿洲生态需水量将有别于以前研究方法。对宁夏干旱、半干旱地区天然绿洲生态需水的研究，无论从理论学术上还是从实际宁夏生态保护建设方面都具有重要意义。

4.4.2　宁夏生态需水计算思路

生态需水总体的思路是首先利用2000年30m分辨率TM遥感信息获得1∶10万土地利用图，从而识别和分离出宁夏不同生态系统类型（林、灌、草、湖泊、湿地等）。由于数字地图本身可能包含来自初始化的错误，参考宁夏地区统计结果，对遥感资料各种类别面积进行适当修正，按照4.4.1节确定的生态保护和生态建设规模，根据不同试验资料和气象资料，确定以彭曼公式为主的各种林草、水域蒸发腾量模型计算参数，从而估算宁夏的生态需水量。宁夏生态环境需水量计算流程图见图4-3，宁夏水系见图4-4。

4.4.3　基于RS、GIS的宁夏生态演变剖析

RS（Remote Sensing）、GIS（Geographical Information System）是集信息科学、计算机科学、地理学、几何学、测绘遥感学、环境科学、空间科学和管理科学于一体的一门新兴边缘学科，它把各种信息同地理位置和有关的视图结合起来提供给用户，其最大特点在于把社会生活中的各种信息与反映地理位置的图形信息有机地结合在一起，并可根据用户需要对这些信息进行分析，把结果提供给部门作为决策参考和依据。RS、GIS在水资源评价和生态环境评价领域已得到了越来越广泛的应用。空间数据的基本特征见图4-5。

生态演替原理同人类与自然之间的关系密切相关，是解决当代人类环境危机的基础。要分析绿洲规模与水的时空对应关系，最好的方法就是利用GIS空间分析功能。采用GIS技术并结合遥感影像，能够比较准确地描绘区域沙漠化面积、森林砍伐面积、植被面积、水面面积、河流面积、河流状况以及土地利用分类等自然生态状况，并根据区域的社会经济状况与水资源状况，为用户提供直观、形象的水资源区域社会经济状况分析结果，实现生态演变研究的具体化、定量化、空间化、时间化，从而使为制定生态保护与恢复对策提供的理论具有较强

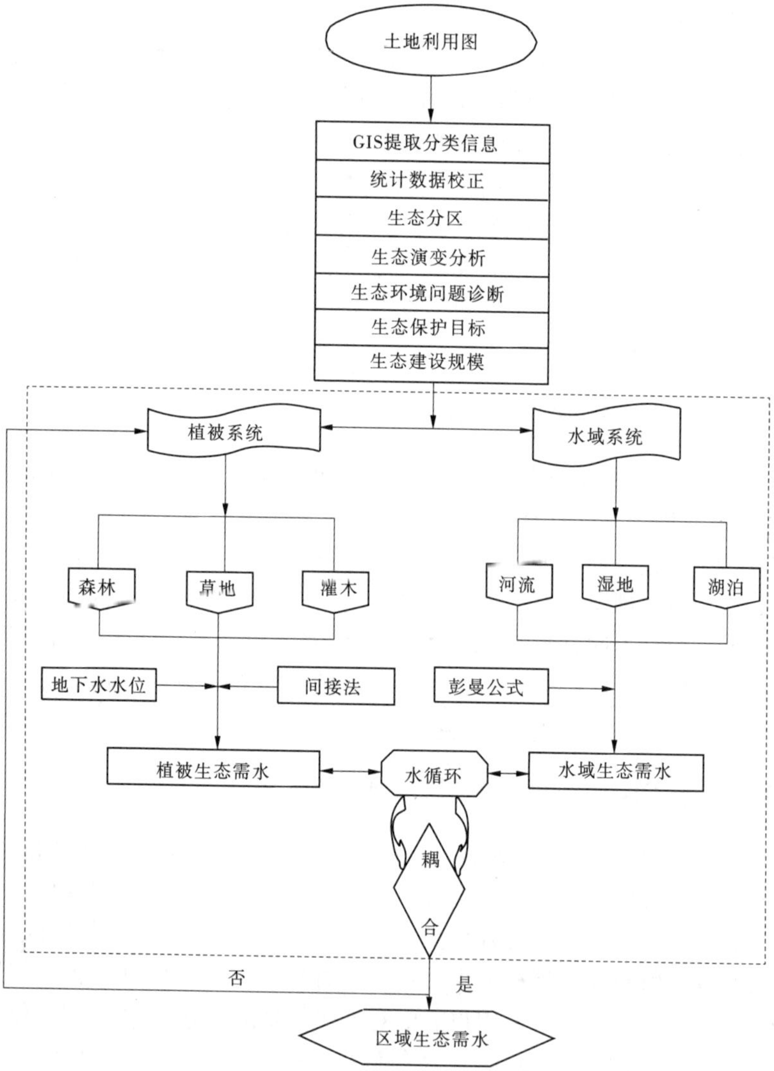

图 4-3　宁夏生态环境需水量计算流程图

的可操作性[30~32]。

4.4.3.1　宁夏生态分区

人们对客观事物的研究往往是从整体到局部再到整体，从抽象到具体再到抽象，基于这种常规的研究思路，宁夏绿洲景观类型划分采用两级分类系统，划分原则如下：

(1)按土地利用单元反映群落水平的景观单元。

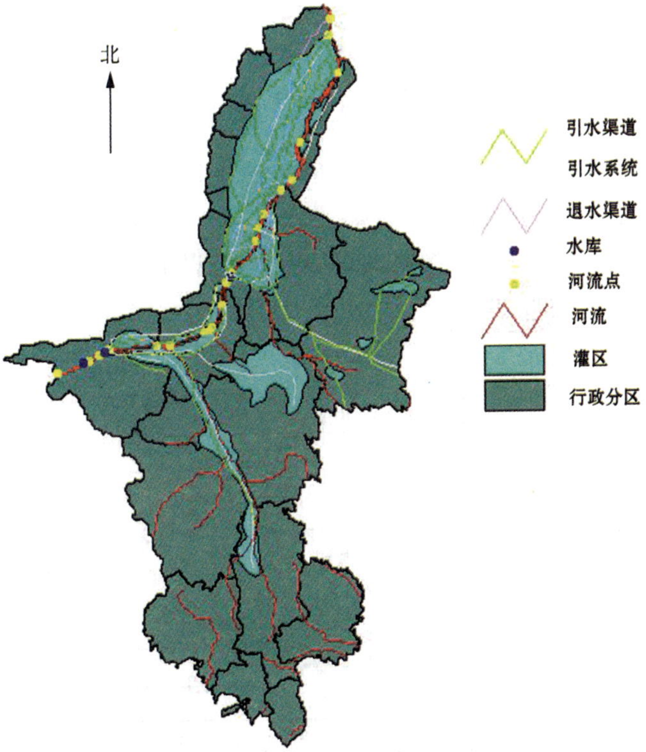

图 4-4　宁夏水系

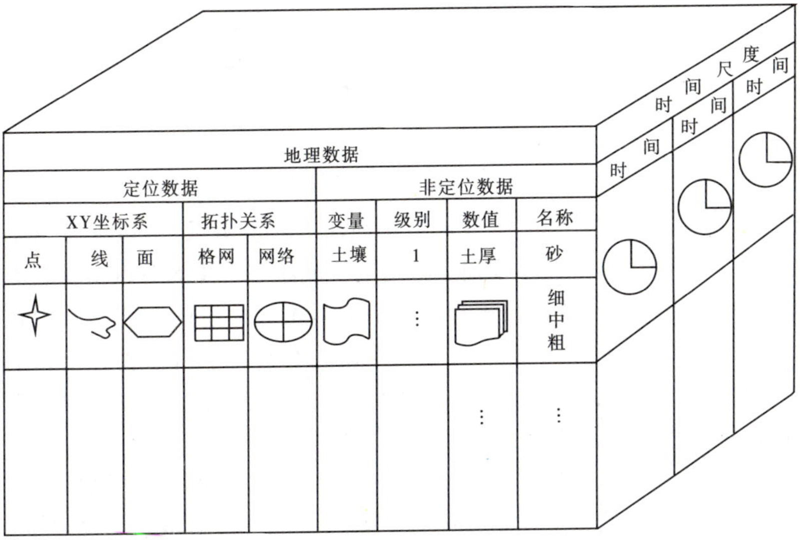

图 4-5　空间数据的基本特征

(Jack Dangemond,1984)

(2)既包括“人类作用”的土地类型又包括反映“径流作用”的土地类型。

(3)生态分区与水资源分区的空间具有对应关系。

(4)能记录生态演变的不同特征,对制定遏制生态恶化和生态保护对策具有指导作用。

其划分的实现是利用 TM 遥感影像作为基础资料,用 ESRI 的系列软件 ERDAS(Earth Resource Data Analysis System)进行图像几何校正、增强处理和监督法分类或目识人工分类解译(解译流程见图 4-6),以 1∶10 万地形图作为地理

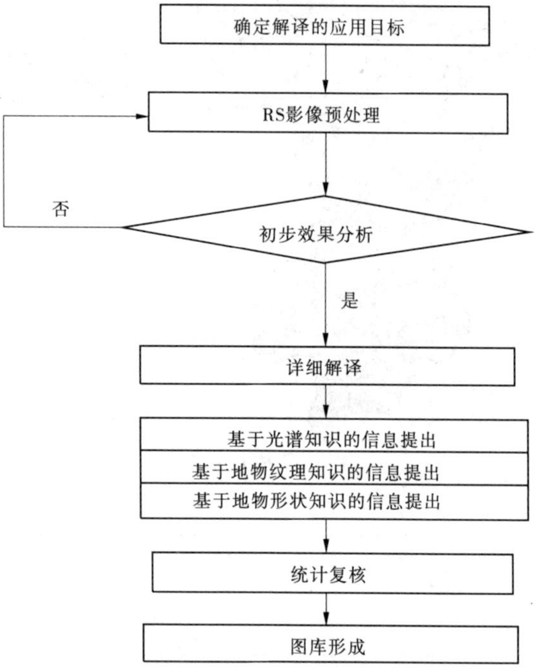

图 4-6　遥感解译流程图

底图制作专题图。这些景观类型与地下水埋深的对应关系,可以反映出不同地下水埋深支撑不同的群落类型或同一群落的不同状态。生态分区与水资源分区的空间对应关系,可以反映出径流和人类活动对本底生态的改变。其中径流的存在才使荒漠的本底上有绿洲,有人类的作用才有改变了自然生态结构的农田等人工生态。正是存在这一对应关系,才可以明确水资源开发利用对生态的影响范围,这为区域生态需水的计算或生态恢复等工作打下基础。

宁夏绿州景观类型包括耕地(1)、林地(2)、草地(3)、水域(4)、居工地(5)和未利用地(6)等 6 类,这 6 类又划分为 20 个亚类。其中,耕地包括 2 个亚类;林地包括有林地、灌木林、疏林地和其他林地等 4 个亚类;草地包括高覆盖度草地、中覆盖度草地和低覆盖度草地 3 个亚类;水域包括河流渠道、湖泊、水库坑塘、滩

地、沼泽等5个亚类；居工地进一步划分为城镇用地、农村居民点、其他建设用地等3个亚类；未利用土地划分为沙地、盐碱地和其他未利用土地，见表4-11。宁夏1985年、2000年生态一级分区图见图4-7，宁夏1985年生态二级分区图见图4-8，宁夏2000年生态二级分区图见图4-9。

表4-11　宁夏景观类型划分及其特征(括号内数字为编码)

类　型	亚　类	含　义
耕地		指种植农作物的土地，包括熟耕地、新开荒地、休闲地、轮歇地、草田轮作地；以种植农作物为主的农果、农桑、农林用地；耕种3年以上的滩地和滩涂
	水田(11)	指有水源保证和灌溉设施，在一般年景能正常灌溉，用以种植水稻、莲藕等水生农作物的耕地，包括实行水稻和旱地作物轮种的耕地
	旱地(12)	指无灌溉水源及设施，靠天然降水生长作物的耕地；有水源和浇灌设施，在一般年景下能正常灌溉的旱作物耕地；以种菜为主的耕地以及正常轮作的休闲地和轮歇地
林地		指生长乔木、灌木、竹类以及沿海红树林等林业用地
	有林地(21)	指郁闭度>30%的天然木和人工林，包括用材林、经济林、防护林等成片林地
	灌木林(22)	指郁闭度>40%、高度在2m以下的矮林地和灌丛林地
	疏林地(23)	指疏林地(郁闭度为10%～30%)
	其他林地(24)	未成林造林地、迹地、苗圃及各类园地(果园、桑园、茶园、热作林园地等)
草地		指以生长草本植物为主，覆盖度在5%以上的各类草地，包括以牧为主的灌丛草地和郁闭度在10%以下的疏林草地
	高覆盖度草地(31)	指覆盖度>50%的天然草地，改良草地和割草地。此类草地一般水分条件较好，草被生长茂密
	中覆盖度草地(32)	指覆盖度在20%～50%的天然草地和改良草地，此类草地一般水分不足，草被较稀疏
	低覆盖度草地(33)	指覆盖度在5%～20%的天然草地，此类草地水分缺乏，草被稀疏，牧业利用条件差

续表 4-11

类　型	亚　类	含　义
水域		指天然陆地水域和水利设施用地
	河流渠道(41)	指天然形成或人工开挖的河流及主干渠常年水位以下的土地,人工渠包括堤岸
	湖泊(42)	指天然形成的积水区常年水位以下的土地
	水库坑塘(43)	指人工修建的蓄水区常年水位以下的土地
	沼泽地(44)	指地势平坦低洼、排水不畅、长期潮湿、季节性积水或常积水、表层生长湿生植物的土地
	滩地(45)	指河、湖水域平水期水位与洪水期水位之间的土地
居工地		指城乡居民点及县镇以外的工矿、交通等用地
	城镇用地(51)	指大、中、小城市及县镇以上建成区用地
	农村居民点(52)	指农村居民点
	其他建设用地(53)	指独立于城镇以外的厂矿、大型工业区、油田、盐场、采石场等用地以及交通道路、机场及特殊用地
未利用地		目前还未利用的土地,包括难利用的土地
	沙地(61)	指地表为沙覆盖,植被覆盖度在5%以下的土地,包括沙漠,不包括水系中的沙滩
	盐碱地(62)	指地表盐碱聚集、植被稀少、只能生长耐盐碱植物的土地
	其他未利用土地(63)	指其他未利用土地,包括高寒荒漠、苔原等

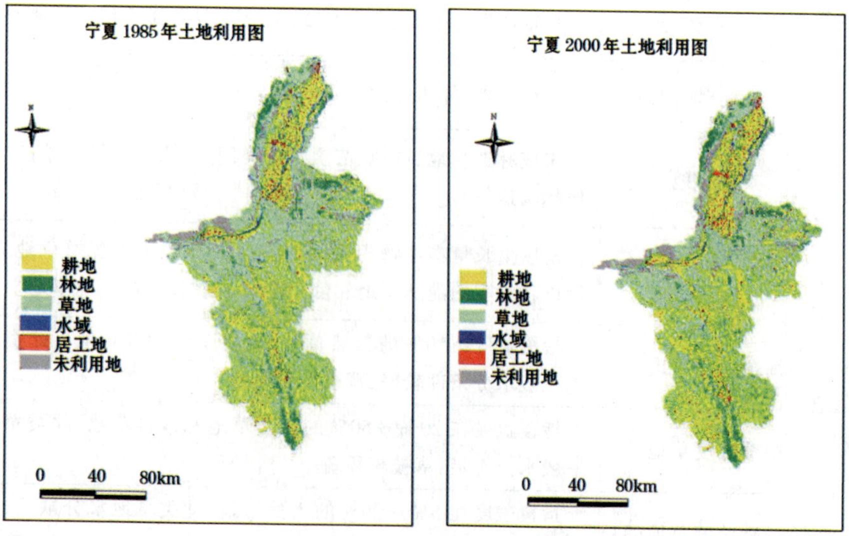

图 4-7　宁夏1985年、2000年生态一级分区图

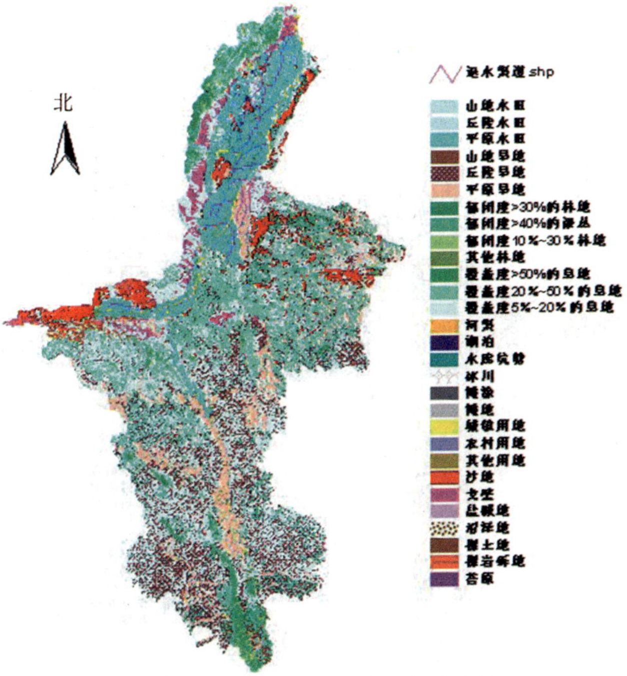

图 4-8　宁夏 1985 年生态二级分区图

4.4.3.2　宁夏生态演变的时间特性

景观类型的斑块面积大小是景观特征要素的主要参数之一。景观类型斑块大小的构成特征,既反映着景观的动态变化趋势,也表明了景观的稳定性特征。为了认识研究区内的生态变化,本书应用地理信息系统技术对卫星数据图像处理结果进行分析,以获得研究区内斑块面积等级构成及其变化信息。分析中将斑块大小划分为以下 6 个等级:A 级,≤0.005 km^2;B 级,0.005~0.01km^2;C 级,0.01~0.05km^2;D 级,0.05~0.1km^2;E 级,0.1~1km^2;F 级,≥1km^2。

以草地、林地、水域为例,应用 ArcView3.3 的 Query Builder 功能对宁夏斑块按上述级别进行个数、面积统计,结果如表 4-12、表 4-13 所示。

表 4-12　草地、林地、水域不同级别斑块个数　　(单位:个)

类型	A 级		B 级		C 级		D 级		E 级		F 级		合计	
	1985 年	2000 年	1985 年	2000 年	1985 年	2000 年	1985 年	2000 年	1985 年	2000 年	1985 年	2000 年	1985 年	2000 年
林地	17	17	7	7	202	264	616	707	2 235	2 610	392	419	3 469	4 024
草地	89	92	28	31	329	270	782	629	4 736	4 227	1 978	1 902	7 942	7 151
水域	4	4	2	2	115	77	283	219	760	669	154	149	1 318	1 120

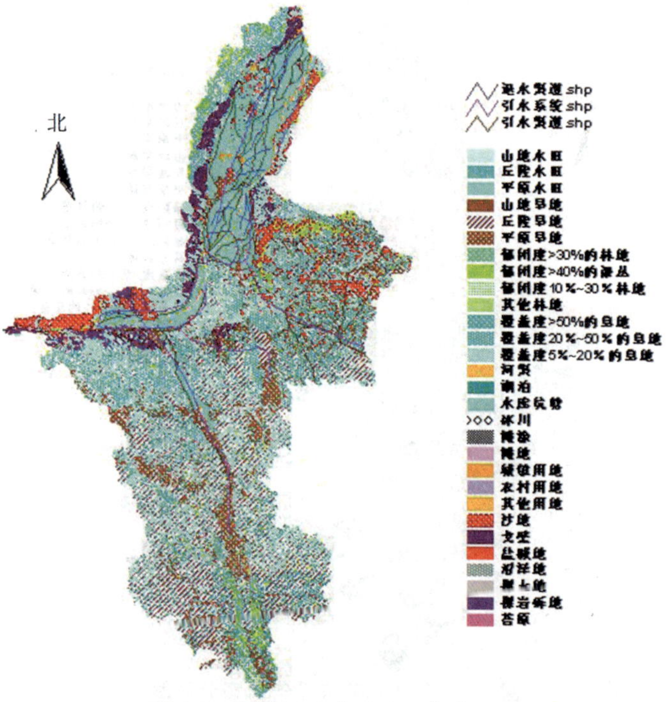

图 4-9　宁夏 2000 年生态二级分区图

表 4-13　草地、林地、水域不同级别面积统计　　（单位：km^2）

类型	A级		B级		C级		D级		E级		F级		合计	
	1985年	2000年	1985年	2000年	1985年	2000年	1985年	2000年	1985年	2000年	1985年	2000年	1985年	2000年
林地	0.025	0.026	0.052	0.052	7.33	9.41	46.42	53.13	695.85	821.62	1 566.79	1 563.2	2 316	2 447
草地	0.168	0.169	0.212	0.235	10.94	8.77	58.98	48.02	1 776.1	1 611.3	24 354.3	22 130	26 201	23 798
水域	0.002	0.002	0.016	0.016	3.99	2.78	20.99	16.17	236.72	200.11	668.57	665.53	930.3	884.6

从统计数据来看，对生态稳定贡献最大的林地、草地、水域总体上面积在萎缩，并且斑块趋于分散，破碎化程度加强。

从生态分区及景观类型的时间变化来看，1985～2000 年间，水田（水稻田、水浇地）、旱地、高覆盖度草地、城镇用地、其他未利用土地（主要是盐碱地）呈较明显的增加趋势，分别增加了 792.29km^2、1 079.77km^2、162.46km^2、37.73km^2、121.22km^2，增加率分别达到 1.53%、2.08%、0.32%、0.07%、0.23%，其中水田（水稻田、水浇地）、旱地增长较快；中覆盖度草地、低覆盖度草地、水库坑塘、沼泽、滩地面积呈减少趋势，分别减少了 1 205.69km^2、1 359.28km^2、32.93km^2、83.16km^2，减少率分别为 2.33%、2.62%、0.06%、0.17%，其中中覆盖度草地、低覆盖度草地减少绝对数量非常大;林地、湖泊、河流、渠道面积略有增加。总体上讲,宁夏草场退化、土地盐碱化较严重,城镇化率加快,城镇用地增加较快。

从统计数据来看,林地斑块总数从 1985 年的 3 469 块增加到 2000 年的 4 024块,而斑块总面积增加较少,斑块平均面积从 1985 年的 0.667km^2 减少到 2000 年的 0.608km^2,可以看出林地斑块从 1995～2000 年变得更加分散。草地斑块总数从 1985 年的 7 942 块减少到2000年的 7 151 块,斑块总面积从 26 201km^{2}减少到 23 798km^2,而斑块平均面积从 1985 年的 3.29km^2 略增加到 2000 年的 3.33km^2。水域斑块总数从 1985 年的 1 318 减少到 2000 年的 1 120 块,总面积从 930.3km^2 减少到 884.6km^2,斑块平均面积从 1985 年的 0.71km^2 略增加到 2000 年的 0.78km^2。对生态稳定贡献最大的林地、草地、水域总体上面积在萎缩,并且斑块趋于分散。

4.4.3.3　宁夏生态演变的空间特性[33,34]

如前所述,GIS 是生态演变和生态需水研究的有力工具,尤其宁夏生态演变过程中涉及海量数据,且其中多为空间数据,离开 GIS 对这些数据进行管理和应用是相当困难的。在不同时间尺度上去分析景观的动态变化,利用 GIS 的空间分析功能统一分析变得可行。为定量剖析景观类型的动态转移,对于特定景观来说,统计起始时段为该种景观而统计结束时段不为该种景观的地块称为景观的退缩区,反之则称为该种景观的扩张区。利用 ArcView 中 GeoProcessing 扩张模块具有的 Clip(裁剪)分别对 1985 年、2000 年宁夏土地利用图进行分类分析,Clip(裁剪)生成的输出图层仅含有落在裁剪专题图区域范围内的输入地图的要素,其裁剪逻辑关系见图 4-10,分析过程见图 4-11。

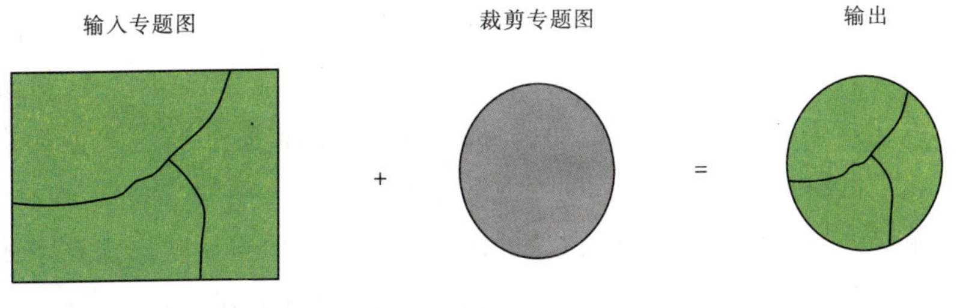

图 4-10　裁剪逻辑关系

从整体上看,2000 年宁夏全区景观以耕地景观和草地景观为主,分别占流域总面积的 35.07%和 45.96%。相比之下,耕地对于维护绿洲生态稳定的作用比较弱,这是因为农田生态系统的存在与稳定,极大程度上依赖于人类对系统的维护,同时农田生态系统仍然要依靠其他天然系统的存在而存在,过度改变天然

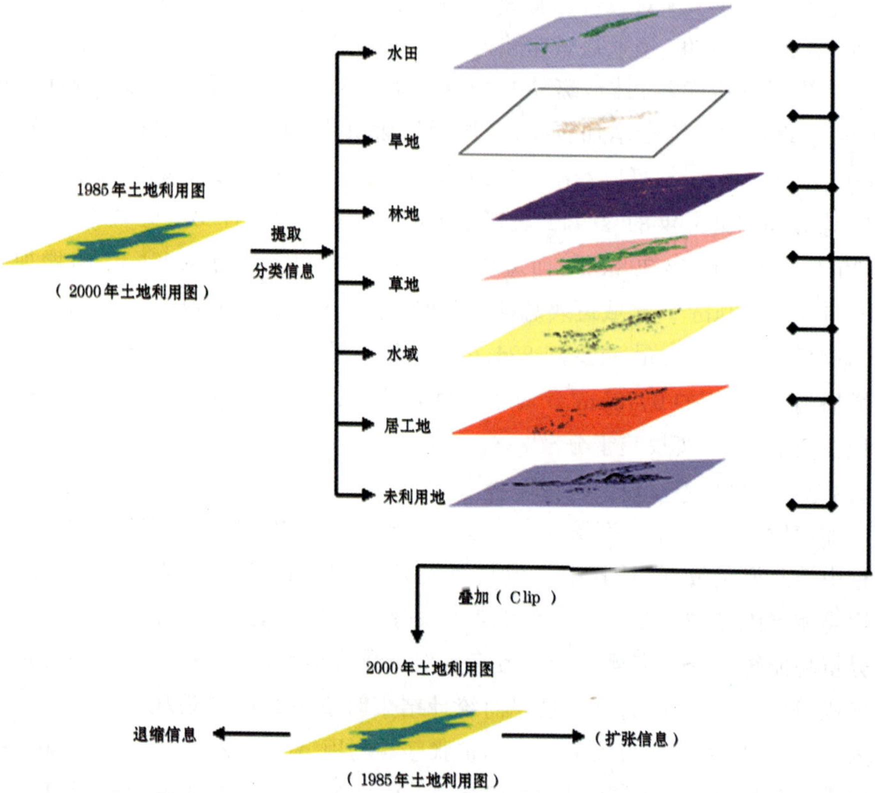

图 4-11　景观动态转移分析过程

资源在绿洲和系统的分配,使得原来支撑农田生态系统的天然环境发生变化,会形成新的不稳定因素。所以,耕地生态系统更多的是经济生产功能,常称之为灰色景观。在绿色景观中,毫无疑问,天然绿洲生态系统和人工绿色防护系统,包括荒漠植被、天然草场和灌溉草场、天然林地和人工林地、湿地沼泽等,对防治沙化和荒漠化有正的功效。资料表明(曲格平,1992;张志良,1992),裸露的耕地特别是退化了的耕地,其沙化和起沙的强度是未受干扰土地的 100 倍,而林地、灌木林对生态系统的维护贡献率又远远大于绿地,以上数据反映出宁夏绿洲脆弱的生态背景特征。从景观的动态转移来看,耕地、林地和居工地呈扩张趋势,而草地和水域两种类型景观呈现出退缩趋势。表 4-14 为宁夏绿洲 1985～2000 年间景观动态转移情况。

表 4-14　宁夏绿洲 1985～2000 年间景观动态转移情况

名称	动态变化区类型	面积(km^2)	构成(%)						增减(km^2)
			耕地	林地	草地	水域	居工地	未利用地	
耕地	退缩区	373.25		26.09	27.6	6.72	31.87	7.72	1 872.06
	扩张区	2 245.3		2.73	76.9	6.81	4.01	9.55	
林地	退缩区	62.89	57.48		26.13	4.3	4.39	7.7	131.02
	扩张区	193.91	60.83		25.91	6.73	1.05	5.48	
草地	退缩区	2 963	59.54	2.78		11.33	6.32	20.03	-2 402.51
	扩张区	560.5	31.43	7.48		23.6	3.53	33.96	
水域	退缩区	74.74	59.1	5.23	24.75		2.44	8.48	-45.69
	扩张区	29.05	7.54	2.19	70.54		0.04	19.69	
居工地	退缩区	70.34	79.67	3.2	11.24	0.27		5.62	98.7
	扩张区	169.04	53.67	3.43	26.32	3.54		13.04	
未利用地	退缩区	385.8	63.64	1.2	20.65	7.12	7.39		346.41
	扩张区	732.21	13.43	5.32	74.56	5.79	0.9		

从扩张景观的动态变化来看，耕地的净扩大面积为 1 872.06km^2；其次是未利用地，净扩大面积为 346.41km^2，林地、居工地净扩张面积较小，分别仅为 131.02km^2 和 98.7km^2。从退缩景观的动态变化来看，草地的退缩面积最大，净退缩面积达到 2 402.51km^2；其次是水域，其退缩面积达到 45.69km^2。从景观转移强度变化来看，耕地与草地是扩张和退缩最剧烈的两种景观。宁夏耕地动态变化示意图见图 4-12。

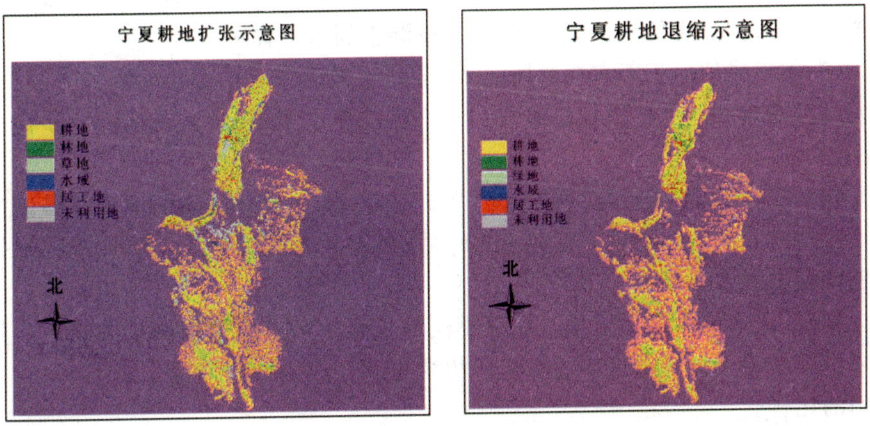

图 4-12　宁夏耕地动态变化示意图

宁夏耕地扩张示意图显示，宁夏 1985～2000 年耕地扩张面积的 76.9% 来自草地，而退缩部分仅 27.6% 退还为草地，耕地过多抢占草地是宁夏景观动态变化的一个重要特征,因此退耕还林还草工作还需进一步落实和加强。居工地的扩张主要是占用了耕地,且在耕地退缩区中所占的比重最大,而这是有悖于基本耕地保护法规的,耕地的扩张主要是通过对草地的侵占和对未利用土地的综合开发。

4.4.4 适宜的宁夏生态保护目标与生态建设规模

4.4.4.1 面向可持续发展的生态保护与生态建设模式

根据宁夏生态系统的脆弱性,以及水资源时空分布不均且同时支撑绿洲的经济与生态,可分析得出目前宁夏总的生态状况是“局部有所改善,整体仍在恶化”的结论。宁夏具有西北干旱、半干旱地区的生态格局和本有的特征,宜林则林,宜草则草,宜荒则荒,这对宁夏生态保护与生态建设来说是比较现实的,这也是由当地的水资源条件与生态系统的关系所决定的。本着可持续发展的生态观,对宁夏干旱、半干旱地区生态保护目标与生态建设规模应坚持以下几点原则:

(1)关于宁夏天然水面的保护与恢复,以不影响宁夏湿生植被以及维持栖息地的鸟类、动物的稳定性为目标。素有“七十二连湖”之称的银川平原,除了残存的较大湖泊如西湖、官湖、宝湖、黑泉湖、鸟嘴湖、清水湖、月牙湖等外,面积较小的湖泊湿地基本上已不见踪迹。由于干旱地区气候干燥,蒸腾、蒸发强烈,考虑最大发挥生态的防护功能,因此不宜恢复已经彻底破坏的水域。

(2)关于宁夏植被建设,以天然乔灌木为主。因为干旱区环境恶劣,天然植被适应环境能力强,试验表明即使同一植被物种,人工植被的适应性也不及天然植被。同时,乔灌木的防护能力强,而且较湿生的草甸省水。

(3)农田耕地面积不宜再增加,适宜压缩水稻面积及小麦功能套种方式,转变大水漫灌粗放式高耗水种植模式。大力推广节水措施,防治耕地进一步盐碱化。

(4)关于宁夏地带性植被的恢复,尤其是降水 100mm 以上的沙漠与绿洲过渡带对沙漠化的防治有着举足轻重的作用,因此严禁放牧等破坏活动,保证地带性荒漠植被的良性发展。

(5)宁夏南部山区主要是以加强小流域综合治理措施来保障生态稳定。具体来讲就是将坡改梯与退耕还林还草相结合,配合水窖集水工程,加大雨水直接利用的比例。

4.4.4.2 生态保护与生态建设规模

按照生态保护目标的几点原则,下面具体给出生态保护目标与生态建设规模。

1)湿地和湖泊的保护规模

宁夏全区湿地共划分为 2 大类 8 种类型 31 个实地分类单元。湿地总面积 255 743hm^2，占全区总面积的 4.9%。根据《宁夏黄河湿地总体规划》，在项目区内建立 10 处湿地类型自然保护区，强化对特有湿地生态系统功能和湿地生物多样性的有效保护。其具体内容有：①以保护西湖湿地为核心，改善人居环境，实现人与自然和谐相处，营造银川市“城在湖中、湖在城中、城在林中、林在城中”的塞上湖城景观；②启动银川水系建设工程及青铜峡河西排水总干沟工程，该工程对于银川市引洪蓄水，沟、渠积水的综合再利用，调节地下水水位，改善沟道水质，保护湖泊湿地将起到巨大作用；③湿地连通工程，即通过河西灌区排水沟改造，将银川市的湖泊湿地通过河西总排干沟连接为一体，以排水沟的沟水补充各湖泊，以拦蓄洪水为后续预备补充水源。

保护区内主要湖泊包括北月海、西湖、北塔湖、华雁湖、宝湖、七十二连湖、沙湖等，其主要特性见表 4-15。

表 4-15　银川市湖泊湿地保护区主要湖泊特性

湖泊名称	隶属	面积(hm^2)			湖面水位(m)	湖底高程(m)	水深(m)
		小计	水面	鱼池			
北月海	西湖农场	1 152	444	708	1 105.70	1 104.30	1.4
西湖	丰登乡	148	88	60	1 106.60	1 105.10	1.5
北塔湖	红花乡	109	60	49	1 106.50	1 104.90	1.6
华雁湖	良田乡	19	16	3	1 109.20	1 108.60	0.6
宝湖	良田乡	36	32	4	1 110.30	1 109.20	1.1
七十二连湖	良田乡	218	200	18	1 110.20	1 109.40	0.8
沙湖	前进农场	823	823	0	1 097.00	—	—

2)退耕还林与水土保持规模

据有关部门调查统计，1996 年宁夏全区森林覆盖率已由新中国成立初期的 1%～3%提高到 6.37%，沙漠化土地由 20 世纪 70 年代的 1.65 万 km^2 减少到 1996 年底的 1.26 万 km^2，下降 23.6%。近年来，宁夏不断加大退耕还林、植树造林工作力度，2003 年全区林地面积 46.07 万 hm^2，林木覆盖率由 1996 年的 6.37%提高到 8.4%。

1998 年以来，宁夏全区共治理水土流失面积近 6 500km^2，治理面积是前 15 年的总和。大规模的水土保持生态建设，明显地改善了治理区的农业生产条件和生态环境，每年可保水 16 亿 m^3，减少排入黄河泥沙量 0.4 亿 t，增产粮食 1 亿

kg以上,为改善生态环境和农村生产生活条件、加快山区脱贫致富、促进经济社会可持续发展做出了重要贡献。

2000年,宁夏开始积极采取围栏封育、退牧还草等措施,使近200万亩草原得到了休养生息。此后,自治区政府又果断地对贺兰山、六盘山和罗山等自然保护区实行全面禁牧封育。在全面禁牧的同时,宁夏计划用4年时间,建设围栏草场440万亩、补播改良草场270万亩、人工种草52万亩、牧草种子基地5万亩,以扩大草原面积。2002年8月,自治区实行禁牧。禁牧的重点区域放在生态环境最脆弱的中部干旱带荒漠草原生态区,土地面积和草地面积均占自治区的一半以上。

2003年12月宁夏提出确保每年治理水土流失面积1 000km^2,加上封育保护面积,力争到2010年,使宁夏全区水土流失治理程度达到60%。

4.5 基于"地下水补给"法的宁夏生态需水计算[35,36]

4.5.1 生态分区与地下水埋深的空间对应

干旱、半干旱的西北地区天然植被的生存与繁衍依赖于地下水的埋深。"十五"国家重点科技攻关项目"基于流域水循环的黑河流域水资源合理配置研究"对此做了深入研究,其结论如下:当地下水埋深在1～2m范围内变化时,草甸植被、胡杨、沙枣、柽柳、白刺等典型植被均能生长;当地下水埋深降低至2～3m时,草甸植被的生长就会受到抑制,其他植被基本上还能正常生长;当地下水埋深降低至3～4m时,草甸植被就会基本枯亡,其他植被的生长会受到抑制;当地下水埋深降低至4～5m时,胡杨、沙枣就会出现生长不良现象,柽柳和白刺就会出现退化现象;当地下水埋深降低至5m以下时,沙枣就会出现死亡现象(见图4-13)。

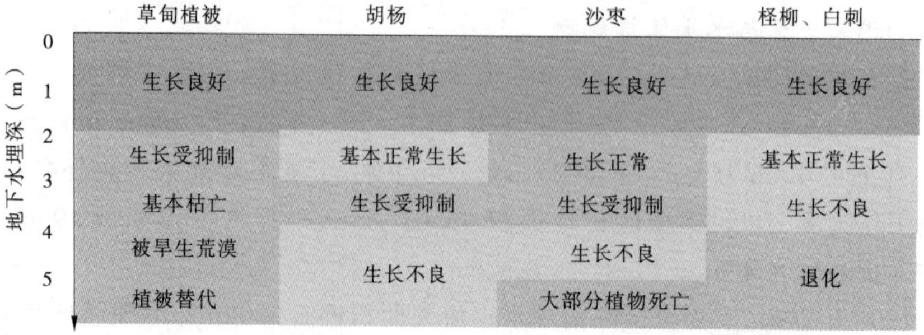

图4-13 黑河流域下游地下水埋深与植被长势示意

群落演替区地下水埋深汇总表见表 4-16。

表 4-16　群落演替区地下水埋深汇总表　（单位：m）

项　目	密集的胡杨、柽柳、沙枣混生区	退化稀疏的胡杨、柽柳、沙枣混生区，有时夹白刺	极稀疏的戈壁梭梭或退化枯死的梭梭	稀疏的长势一般的沙丘柽柳、白刺混生区	沙漠边缘长势较好的沙拐枣及一年生杂草
年平均值	2.58	2.66	5.84	2.32	3.90
生长季平均值	2.61	2.66	5.88	2.33	3.89
最大值	2.99	2.77	6.88	2.55	4.33
最小值	2.17	2.54	4.37	2.11	2.69

据宁夏平原地下水埋深统计结果，全区 56.3％的面积地下水水位在 2～3m，34.3％的面积地下水水位在 3～4m。借用此成果，估算宁夏川区的林地、草地生态需水。由于宁夏南部山区属于半湿润地区，降水 600mm 时，降水量已能支撑林地、草地的生长，因此只估算宁夏川区的林地、草地的需水量。从图 4-14、图 4-15 分析可知，干旱、半干旱的宁夏川区天然植被的生存与繁衍依赖于地下水的多寡。

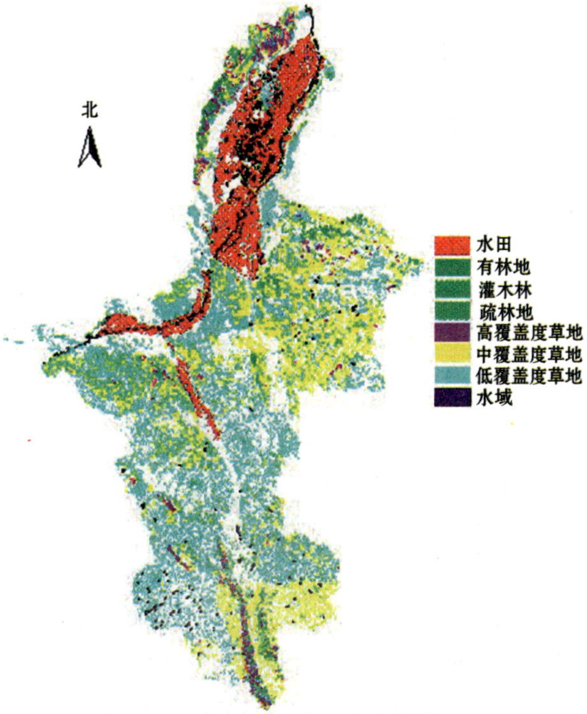

图 4-14　宁夏 2000 年生态植被覆盖图

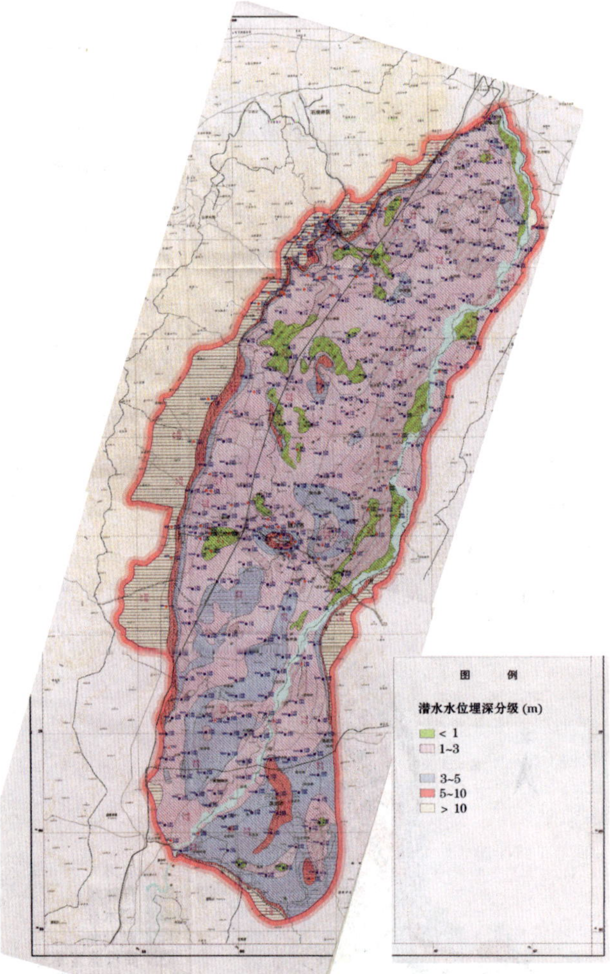

图 4-15 宁夏地下水埋深图

4.5.2 宁夏地下水资源平衡分析

通常意义上的水文过程如图 4-16 所示。除了南部山区、贺兰山区外，宁夏大部分地区由于降水稀少，基本上不形成产汇流。地下水补给主要来自 4～6 月的引黄灌溉用水。地下水的下降及亏缺主要来自两个方面：①潜水蒸发和植被蒸腾；②区域之间地下水流场之间的交换和运动。因此，对地下水埋深年平均变化进行分析，由分析可知总体趋势一般都是在 7 月、8 月份水位最高，2 月、3 月份水位最低。宁夏眼井埋深过程线见图 4-17。

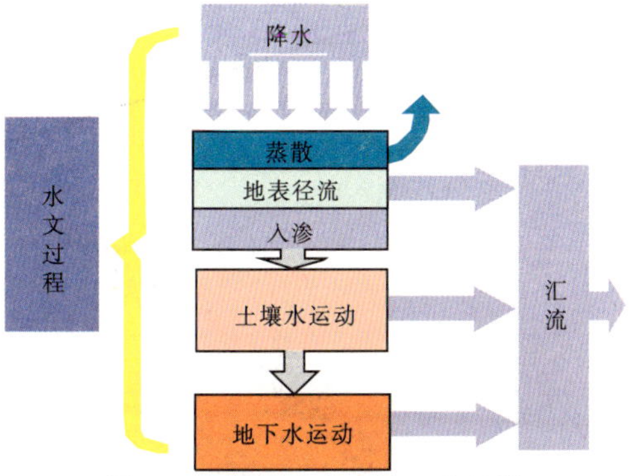

图 4-16　通常意义上的水文过程

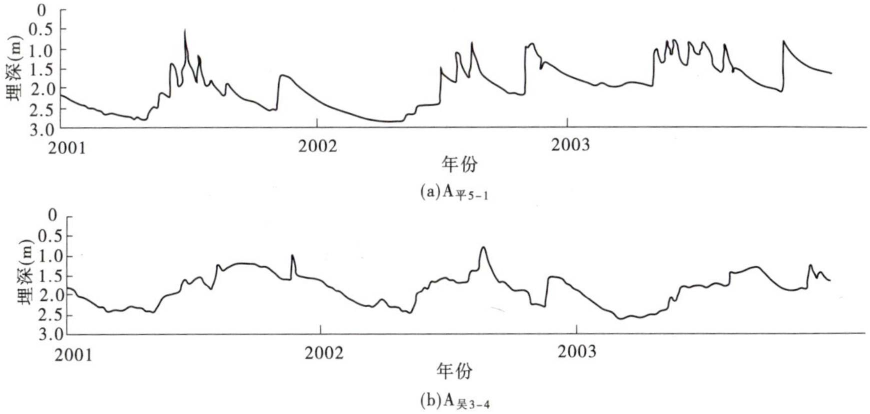

图 4-17　宁夏眼井埋深过程线图

图 4-17(a)中年内部分月份地下水埋深起伏波动较大,说明地下水补给频繁;图 4-16(b)中年内地下水水位起伏基本较平缓,只有一次,这说明该地区由于农田集中在 4～6 月进行灌溉,一段时间后,灌溉水转化为地下水,导致地下水水位升高,7 月份左右地下水位埋深最浅,地下水主要消耗于潜水蒸发和植被蒸腾,这部分地下水就认为是该区域植被所要的生态需水量。

4.5.3　宁夏天然绿洲生态需水计算过程

宁夏"四水"转换较复杂,能在生态分区内获得较满意的地下水埋深变化数据并非易事。宁夏地下水开采井空间位置见图 4-18。

具体操作步骤如下:①在各生态分区内,收集各观测井的年地下水埋深统计资料;②挑选观测井年埋深变化较平缓、升降起伏总趋势仅一次的观测资料作为有效分析资料。宁夏天然绿洲各生态分区对应的地下水埋深过程线见图 4-19。

表 4-17 为宁夏地下水埋深多年平均特征值。

图 4-18　宁夏地下水开采井分布图

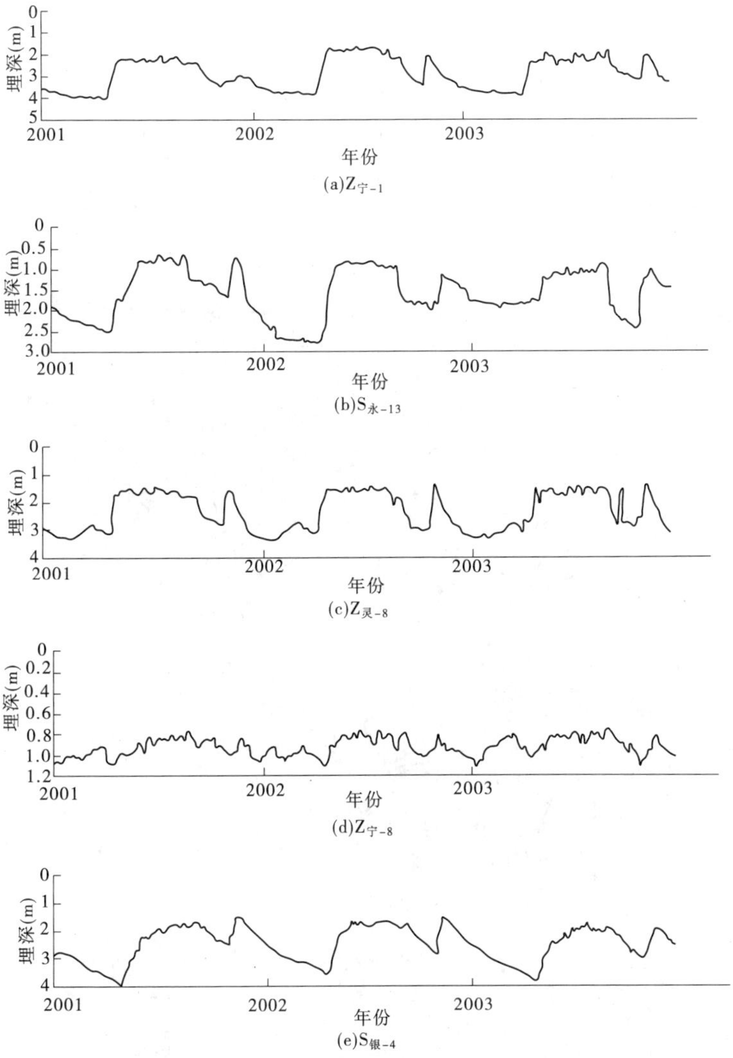

图 4-19　宁夏天然绿洲各生态分区对应的地下水埋深过程线

表 4-17　宁夏地下水埋深多年平均特征值　（单位：m）

井号	对应生态分区	最小值	月份	最大值	月份	年最大变幅
$Z_{宁-1}$	有林地	1.89	8	4.01	4	2.12
$S_{永-13}$	灌木林	0.72	6	2.7	3	1.98
$Z_{灵-8}$	疏林地	1.51	7	3.23	3	1.72
$S_{银-4}$	高覆盖度草地	1.32	10	2.73	4	1.41
$A_{吴3-4}$	中覆盖度草地	1.15	9	2.41	3	1.26
$Z_{宁-8}$	低覆盖度草地	0.82	6	1.1	5	0.28

观测井的给水度由包气带地质构造决定(见图 4-20)。

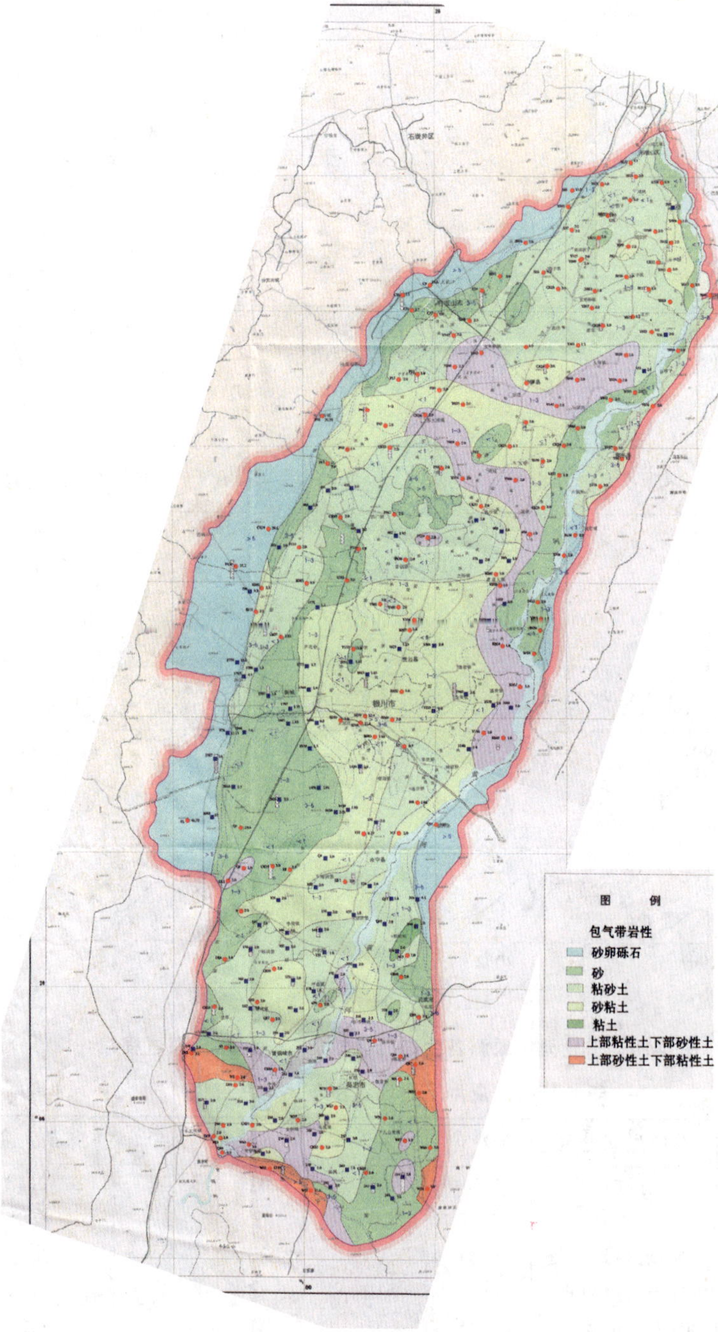

图 4-20　包气带岩性分布图

生态分区面积需扣除人工绿洲的面积,“间接法”宁夏天然绿洲生态需水量计算结果见表 4-18。

表 4-18 “间接法”宁夏天然绿洲生态需水量计算结果

生态分区	面积(hm^2)	年最大变幅(m)	给水度	生态需水量(亿 m^3)
有林地	6 652	2.12	0.120	0.17
灌木林	23 693	1.980	0.09	0.40
疏林地	9 080	1.72	0.106	0.17
高覆盖度草地	57 980	1.41	0.100	0.82
中覆盖度草地	95 623	1.26	0.095	1.14
低覆盖度草地	179 006	0.28	0.100	0.50
合计	372 034	—	—	3.20

同时利用“直接法”来计算宁夏天然生态绿洲植被需水量,宁夏以 2～4m 的平均地下水埋深为准,根据林地和草地的潜水蒸发量分别为 1 984m^3/hm^2 和 854m^3/hm^2(刘昌明,1994)可计算宁夏天然生态绿洲植被需水量(见表 4-19)。

表 4-19 “直接法”天然绿洲生态需水量计算结果

生态分区	潜水埋深(m)	面积(hm^2)	潜水蒸发(m^3/hm^2)	生态需水量(亿 m^3)
有材地	2～4	6 652	1 984	0.13
灌木林	2～4	23 693	1 587	0.38
疏林地	2～4	9 080	1 290	0.12
高覆盖度草地	2-4	57 980	854	0.50
中覆盖度草地	2-4	95 623	700	0.67
低覆盖度草地	2-4	179 006	564	1.01
合计	—	372 034	—	2.81

考虑到宁夏地下水埋深较浅,潜水蒸发量比表 4-19 计算结果还要大些,故宁夏天然绿洲植被需水量取较大值 3.2 亿 m^3。

4.5.4 河道、湖泊水域生态需水计算

当水面蒸发量大于降水量时,如果河道有水面,那么河道水面蒸发与降水量的差值就为水域水面蒸发的生态需水量。当降水量大于水面蒸发量时,就认为蒸发生态需水量为零。因此,根据水面面积、降水量、水面蒸发量,可以求得相应各月的蒸发生态需水量。其计算公式为

$$W_E = \begin{cases} A(E_w - P) & (当\ E_w > P\ 时) \\ 0 & (当\ E_w \leqslant P\ 时) \end{cases} \tag{4-7}$$

式中：W_E 为水面蒸发生态需水量；A 为各月平均水面面积，km^2；E_w 为各月平均蒸发能力，mm，由下述 Penman 公式（Penman，1948）算出

$$E_w = \frac{(RN - G_w)\Delta + \rho_a C_p \delta_e / r_a}{\lambda(\Delta + \gamma)} \tag{4-8}$$

式中：RN 为净放射量；G_w 为传入水中的热通量；Δ 为饱和水蒸气压对温度的导数；δ_e 为水蒸气压与饱和蒸气压的差；r_a 为蒸发表面的空气动力学阻抗；ρ_a 为空气的密度；C_p 为空气的定压比热；λ 为水的汽化潜热；γ 由 C_p/λ 确定。

各参数计算公式如下

$$G_w = C_w d_w (T_{2a} - T_{1a})/\Delta t \tag{4-9}$$

$$\Delta = \frac{4\ 098 e_s}{(237.3 + T_a)^2} \tag{4-10}$$

$$e_s = 0.610\ 8\exp\left(\frac{17.27 T_a}{237.3 + T_a}\right) \tag{4-11}$$

$$\delta_e = \left[\frac{e_s(T_{\max}) + e_s(T_{\min})}{2}\right] \cdot \frac{100 - RH}{100} \tag{4-12}$$

$$\lambda = 2.501 - 0.002\ 361 T_s \tag{4-13}$$

$$\gamma = 0.001\ 682\ 6 \frac{\rho_a}{\lambda} \tag{4-14}$$

$$r_a = \frac{\ln[(Z_u - d)/Z_{om}] \cdot \ln[(Z_e - d)/Z_{ov}]}{K^2 U} \tag{4-15}$$

$$\rho_a = 3.486 \frac{P_a}{275 + T_a} \tag{4-16}$$

式中：T_a 为气温；C_w 为水热容量；d_w 为影响水层厚度；Δt 为时段；Z_u 为风速观测点离地面的高度；Z_e 为湿度观测点离地面的高度；K 为 Von Karman 常数；U 为风速；d 为置换高度；Z_{om} 为运动量输送粗度；Z_{ov} 为水蒸气输送粗度；e_s 为饱和水蒸气压；P_a 为大气压力。

根据宁夏气象局提供的辐射量、降水量、相对湿度、最高气温、最低气温、平均气温、最大风速、最小风速、平均风速，计算宁夏月蒸发强度、年蒸发强度，最后计算出宁夏河流、湖泊水域生态需水成果（见表 4-20）。

综合上述各分项生态需水之和，天然植被的需水量按照其生长规律（近似按照农作物规律）进行需水量全年分配，宁夏总生态需水量月际之间分配见表 4-21。

表 4-20　宁夏河流、湖泊水域生态需水成果

月份	1	2	3	4	5	6	7	8	9	10	11	12	总计
降水量(mm)	3.75	5.49	3.37	4.37	4.25	66.1	23	98.4	20	7.49	4.37	0	241
蒸发量(mm/d)	0.7	1.48	2.82	5.06	6.25	6.71	6.66	5.59	3.80	2.24	1.01	0.27	1 300mm
河流湖泊面积(hm^2)	13 000	14 200	14 300	14 500	15 030	15 400	15 500	15 400	14 300	14 400	14 100	13 300	—
需水量(亿 m^3)	0.02	0.04	0.12	0.16	0.29	0.13	0.28	0.12	0.09	0.09	0.03	0.01	1.37

表 4-21　宁夏总生态需水量月际之间分配

月份	1	2	3	4	5	6	7	8	9	10	11	12	总计
需水量(亿 m^3)	0.07	0.15	0.36	0.56	0.86	0.52	0.79	0.46	0.33	0.29	0.12	0.05	4.57

4.6　小结

本章首先讨论生态需水概念、外延及界定，然后介绍了河道内外生态环境需水量计算方法，选择 6 个断面作为黄河河道内生态环境需水计算断面。河道外生态需水计算中，因为植被是自然环境最直观的反映，所以从了解植被需水的规律着手是计算生态需水的基础。运用 GIS 技术剖析宁夏景观斑块变化、景观类型的动态转移特征，得出生态变化趋势："局部有所改善，整体仍在恶化"，演化历程充分表明其演化是人类活动和自然要素综合作用的结果。拟定了宁夏适宜的生态保护目标与生态建设规模，提出农田耕地面积不宜再增加，适宜压缩水稻面积及小麦功能套种方式，不宜恢复已经彻底破坏的水域的总体思想。在此基础上，结合宁夏川区地下水水位较高，降水稀少，天然植被主要依靠地下水生存，提出较适合宁夏生态需水的"间接法"计算方法并计算出宁夏生态需水量。

参考文献

[1] 沈国舫. 中国生态环境建设与水资源开发利用. 北京：中国水利水电出版社，2001
[2] 杨国宪. 黑河下游额济纳绿洲生态与水资源研究. 北京：中国水利水电科学研究院，2003

[3] 刘昌明,王礼先,夏军,等.西北地区水资源配置生态环境建设和可持续发展战略研究(生态环境卷).北京:科学出版社,2004
[4] 钱正英,沈国舫,潘家铮,等.西北地区水资源配置生态环境建设和可持续发展战略研究(综合卷).北京:科学出版社,2004
[5] 汪党献,王浩,等.西北地区水资源配置生态环境建设和可持续发展战略研究(水资源卷).北京:科学出版社,2004
[6] 中国水利水电科学研究院水资源研究所.基于遥感和GIS技术对水资源利用与生态环境系统演变规律研究."九五"国家重点科技攻关项目专题研究报告,2000
[7] 丰华丽,王超,等.土地利用变化对流域生态需水的影响分析 .水科学进展,2002,13(6)
[8] 张丽,董增川,赵斌 .干旱区天然植被生态需水量计算方法 .水科学进展,2003(11)
[9] 王西琴,刘昌明,杨志峰.生态及环境需水量研究进展与前瞻 .水科学进展,2002,13(4)
[10] I.Braud ,A.C.Dantas－Antonino ,M.A.Vanuclin .Stochastic approach to studying the influence of the spatial variability of soil hydraulic properties on surface fluxes ,temperature and humidity .Journal of Hydrology,1995,165(1～4)
[11] 夏军,孙雪涛,等.西部地区生态需水问题研究面临的挑战 .中国水利,2002(5)
[12] 王芳,等.中国西北地区生态需水研究(2)——基于遥感和地理信息系统技术的区域生态需水计算分析 .自然资源学报,2002,17(2)
[13] 丰华丽,夏军,占车生.生态环境需水研究现状和展望.地理科学进展,2003,22(6)
[14] 刘昌明.关于生态需水量的概念和重要性.科学对社会的贡献,2002(2)
[15] 刘昌明,门宝辉,宋进喜.河道内生态需水量估算的生态水力半径法 .自然科学进展,2006,16(11)
[16] 宋进喜,李怀恩,王伯铎.河流生态环境需水量研究综述 .水土保持学报,2003,17(6)
[17] 王西琴,刘昌明,杨志峰.西线调水工程对水量调出区的环境影响分析 .地理科学进展,2001,20(2)
[18] 吴春华,倪晋仁,崔树彬,等.论河流生态环境需水 .水利学报,2002(9)
[19] 吴春华.南水北调西线一期工程调水区生态环境需水量研究:[博士后出站报告].黄河勘测规划设计有限公司,2007
[20] 王根绪,程国栋.干旱区内陆流域生态需水量及其估算.中国沙漠,2002,22(2)
[21] 汤奇成.塔里木盆地水资源与绿洲建设.自然资源,1989(6)
[22] 王浩,陈敏建,秦大庸.西北地区水资源合理配置和承载能力研究.郑州:黄河水利出版社 ,2003
[23] 汤奇成.绿洲的发展与水资源合理利用.干旱区资源与环境,1995,9(3)
[24] 贾宝全,许英勤.干旱区生态用水的概念和分类——以新疆为例.干旱区地理,1998,21(2)
[25] 贾宝全,慈龙骏.新疆生态用水量的初步估算.生态学报,2000,20(3)
[26] 王让会,宋郁东,樊自立,等.塔里木流域"四源一干"生态需水量的研究.水土保持学报,2001,15(1)
[27] 王芳,梁瑞驹,杨小柳,等.中国西北地区生态需水研究(1)——干旱半干旱地区生态需

水理论分析.自然资源学报,2002,17(1)
[28] 赵西宁,吴普特,王万忠,等.生态环境需水研究进展.水科学进展,2005,16(4)
[29] 裴源生,赵勇,陆垂裕,等.经济生态系统广义水资源合理配置.郑州:黄河水利出版社,2006
[30] 李纪人,黄诗峰."3S"技术水利应用指南.北京:中国水利水电出版社,2003
[31] 黄杏元,马劲松,汤勤.地理信息系统概论.北京:高等教育出版社,2004
[32] Kang－tsung Chang.地理信息系统导论.北京:科学出版社,2004
[33] 黄晓荣,姜健俊,裴源生,等.基于生态保护的宁夏天然绿洲生态需水研究.水科学进展,2006,17(3)
[34] 黄晓荣,张新海,裴源生,等.经济用水与生态用水的优化模拟耦合模型研究.人民黄河,2006(1)
[35] 黄晓荣,张新海,翟才旺,等.基于"地下水变幅法"的宁夏天然绿洲生态需水研究.水利学报,2005(增刊)
[36] Huang Xiaorong ,Zhang Xinhai,Zhai Caiwang.Study of Ecological WaterResources Requirement of Ningxia Natural Oasis Based on "Ground Water Level Variation Amplitude Method".Proceeding of the International Symposium on Flood Forecasting and Water Resources Assessment for IAHS－PUB ,2006

第 5 章　水资源合理配置研究

5.1　水资源配置方法概述

水资源配置是指在流域或特定的区域范围内，遵循公平、高效和可持续利用的原则，通过各种工程与非工程措施，考虑市场经济的规律和资源配置准则，通过合理抑制需求、有效增加供水、积极保护生态环境等手段和措施，对多种可利用水源在区域间和各用水部门间进行的调配。实际上，水资源配置是利用水资源系统分析方法，根据水资源系统(区域或流域)的总目标，通过对系统的模型化和最优化，以求得在满足各种约束条件下的目标函数的最优解。

同时，水资源配置应将流域水资源循环系统与人工用水的供、用、耗、排水过程相适应并互相联系成为一个整体，通过对区域之间、用水目标之间、用水部门之间进行水量和水环境容量的合理调配，实现水资源开发利用、流域和区域经济社会发展与生态环境保护的协调，促进水资源的高效利用，提高水资源的承载能力，缓解水资源供需矛盾，遏制生态环境恶化的趋势，支持经济社会的可持续发展。显而易见，水资源配置面对的是一个复杂的巨系统，该系统是以水为主体构成的一种特定的系统，这个系统是处在一定范围或环境下，为实现水资源开发目标，由相互制约、相互作用的若干水资源工程单元和管理技术单元所组成的有机体[1,2]。随着人类取用水范围的拓展和程度的加深，水资源人工化程度不断加深，水资源系统逐渐发展成为开发性的复合巨系统，系统规模、结构、功能和行为也越来越综合化。因此，在水资源系统分析中，常常需要根据研究的问题和工作阶段的不同，来选择不同种类的模型，一个完整的水资源分析问题也常常由几类模型组成一个完整的模型系统，以完成所研究的内容。水资源配置技术框架如图 5-1 所示。

总体上讲，水资源配置常用优化和模拟两种方法，“模拟”就是对两个系统的元素及元素间的关系进行数量化研究，建立数学模型；“优化”是在一定边界和偏好前提下寻找非劣解的过程。从图 5-1 可以看出，宏观水资源经济模型描述经济系统、经济结构的变化在不同发展阶段对需水有不同的影响，充分揭示经济发展进程中的水资源供需矛盾，以资源开发利用水平及环境容量作为经济发展的外部条件；多目标决策优化分析模型是将水资源系统与区域宏观经济系统(社会系统)、生态系统作为一个综合体来考虑[3]，这个综合体全面研究水资源开发利

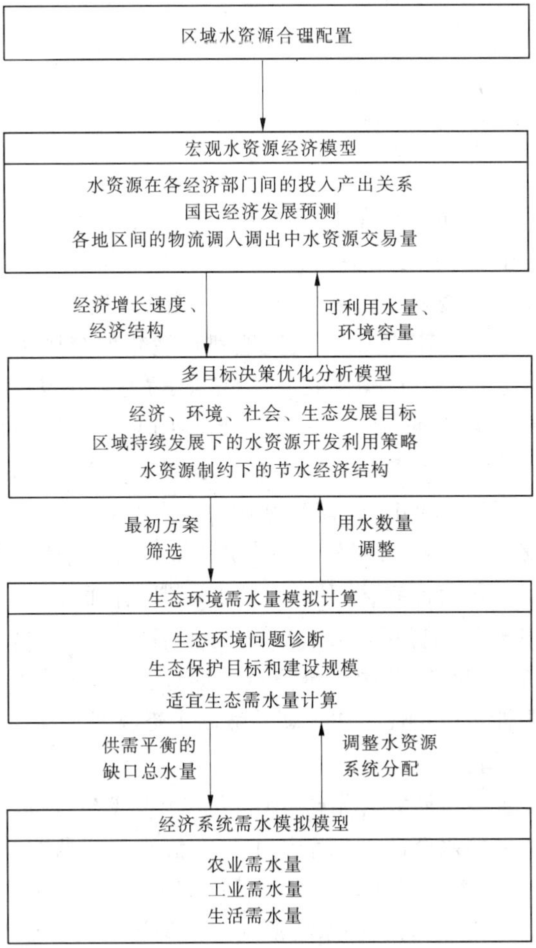

图 5-1　水资源配置技术框架

用与区域社会、经济、环境、生态发展目标间的动态联系，供水与需水间的动态联系，为决策者提供不同的方案，优化专门用于解决“期望这样，应该怎样”一类问题的有效方法。多目标决策优化分析模型通常用做筛选方案的原因是[4]：①水资源规划期限较长、因素复杂、变量较多，导致计算时段的划分不能过短，否则将使优化模型规模过分庞大和复杂；②多目标决策优化分析模型中许多外生变量是通过预测而获得的，其精度本身随着时间跨度增长而下降，最终影响本身结果；③多目标决策优化分析模型在建模中对客观外部世界作了许多假设和简化，这本身就影响到其结果的准确性。因此，水资源系统分析中往往把优化模型作为模拟模型初选方案之用。模拟模型是逼真地反映系统的动态过程，是对事物运动特征和发展方向的仿真，模拟方法适用于解决“如果这样，将会怎样”一类问题。模拟方法普及的原因在于数学表达和求解方法相对简单。规划者可以对决策者和专家提出的各种方案进行详细的数学描述后演绎分析，模拟方案实施后效果和环境影响，进而分析其对策。

5.2　国内外研究进展

国外对水资源配置研究是在水资源普遍性短缺的情况下，提出以经济目标为导向，深入分析用户与各方利益相关者的边际成本和效益下配置水资源的模型。代表模型主要有丹麦水利与环境研究所(DHI)开发的集成式流域水资源规划管理决策支持系统(MIKEBASIN)、奥地利环境软件与服务公司开发的流域综合管理软件(Waterware)、以美国农业部(USDA)为主开发的流域水资源模拟模型(Aquarius)、美国杨百翰大学与陆军工程兵团共同开发的可用于流域模拟的软件(WMS)[5]、国际水资源管理协会(International Water Management Institute)于1999年在开发PODIUM模型基础上发展完善的关于水资源开发利用以及粮食安全的交互式模拟应用软件PODIUMSim[6]，这些软件都是用于水资源模拟研究工作的。相对而言，国外在水资源模拟软件的开发上处于领先地位，其特点是基于GIS开发和应用，实现流域描绘和各种GIS功能分析。由于国家间的差异以及水资源规划涉及国家经济运转形势，许多国外水资源规划软件在国内使用有其局限性。PODIUMSim软件强调水资源开发利用与粮食安全生产问题，较适合中国国情。

国内水资源配置模型研究开始于20世纪80年代初，由以华士乾教授为首的课题组对北京地区的水资源利用系统工程方法进行了研究，该项研究成果考虑了水量的区域分配、水资源利用效率、水利工程建设次序以及水资源开发利用对国民经济发展的作用，成为我国水资源配置模型研究的雏形[2]。姚汝祥、翁文斌、张超、曾道先编译的美国学者D. P. Loucks、J. R. Stedinger、D. A. Haith《Water Resource Systems Planning and Analysis》一书更成为国内研究水资源规划和水资源配置模型的经典文献。以水库优化调度为先导的水资源分配研究在国内兴起，20世纪90年代至21世纪初国内水资源配置模型经历快速发展阶段，中国水利水电科学研究院、黄河水利委员会和长江水利委员会等，分别结合亚洲银行海南项目、UNDP华北水资源管理项目、国家“八五”攻关华北地区宏观经济水资源配置模型[7]、黄河流域水资源经济模型[8]、新疆北部地区水资源可持续开发利用项目以及南水北调项目等，开发和改进了水资源配置优化模型和模拟模型，有效地解决了一批区域性水资源综合规划问题，取得了较好的效果。2003年我国开始进行第二次水资源综合规划，各大流域都进行了水资源配置模型的研究，黄河水利委员会、松辽水利委员会、长江水利委员会、淮河水利委员会、太湖流域管理局等相应进行了水资源配置模型软件开发工作。长江水利委员会自主开发的长江流域首个水资源配置模型，将流域水文循环、水土资源开发和政策对话综合，检验当前及过去的水资源分配是否合理，并对未来水资源分配进行预测。只要将长江流域或一个地区的降水量、径流量、现有用水结构、城镇化趋势及水利基础设施建设投入等数据输入，模型就可以图表显示未来 20 年间该区域水资源需求总量、用水分配方案及各产业产值、居民收入和环境状况等数值。

针对黄河流域配置模型为对象代表性研究有：2003 年清华大学赵建世等应用复杂适应系统理论和方法，将黄河流域划分为 13 个子流域，用 100 个节点及相应连线来概化，从而建立了黄河流域的水资源系统整体模型，将水资源系统中水文、生产、生活、生态环境和管理制度等子系统的相互作用通过内生变量进行连接，从而取代以往组合模型仅仅通过计算结果的传递描述子系统间作用的方式，并采用嵌套遗传算法实现模型的求解[9,10]。国家重点基础研究（"973"）发展规划项目子课题"黄河流域水资源演变规律与二元演化模型"（G1999043602），基于"三次平衡分析"和承载能力的思想，将黄河流域划分为 119 个灌区，用 184 个节点及相应连线来概化，提出了面向生态和经济的黄河水资源合理配置方案[11]。黄河流域经济模型[8]结合我国国情，选择吸收国外水资源规划管理中的先进技术和经验，采用系统工程的方法进行黄河全流域多目标的水资源综合利用经济效益分析，模型建立流域内不同分区和不同作物的农业生产函数，开发流域农事活动模型、水资源模拟模型、水资源优化模型和图形显示系统等模型系统。黄河流域水资源经济模型的建立，在我国大江大河中还是第一次，特别是利用数据驱动的模拟模型，能够根据拟定的运行规则，灵活地、较真实地模拟各种情况，它不仅可以进行长系列、逐时段的水量平衡计算，而且可以计算灌溉农业的产量和各用水部门的经济效益；不仅可以用于全流域，而且可以用于流域内的局部地区；不仅可以用于评价流域及重点分区的水资源开发利用，而且可以从水资源利用的角度评价水利工程。模型共提出了 19 个专题研究报告，内容涉及水资源影子价格、农业市场、农业生产结构、粮食产供销等经济方面的问题；黄河流域地表和地下水资源方面的问题；作物单产 - 水反映函数、节水措施、灌溉制度等农业用水方面的问题；城市、工业、生活用水方面的问题；水质方面的问题；泥沙方面的问题；黄河下游引黄灌区的基本情况；数据库、文档库及水资源决策支持系统方面的问题等。这些专题当时经专家评审，大都达到国内先进水平或领先水平，有些填补了国内空白。这些专题研究成果，为黄河流域水资源利用的研究奠定了扎实的基础，也使黄河流域水资源研究突破了过去仅研究水量平衡的范围，而扩展到与水资源有关的经济领域，不仅研究水资源本身的问题，而且根据黄河水少沙多的特点，把泥沙、水环境对水资源的影响统筹考虑。黄河经济模型结构见图 5-2。

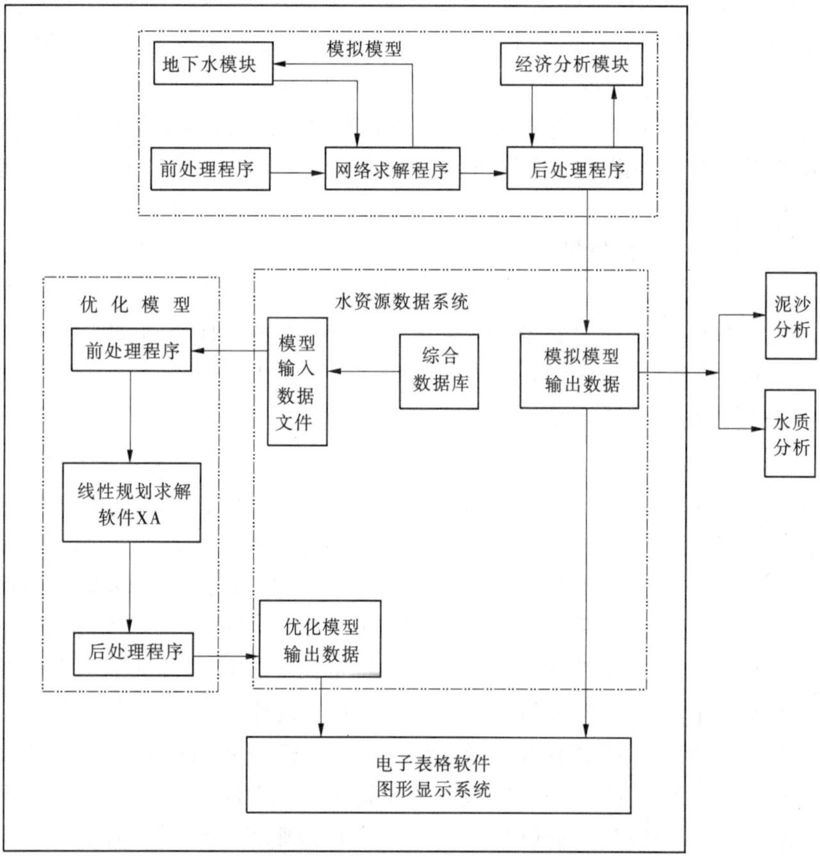

图 5-2　黄河经济模型结构

综上所述，水资源配置模型研究发展现状及趋势有以下几个特点[12~14]：

(1)充分考虑水资源配置系统的宏观性[15]。水资源配置不仅仅停留于对一区域范围内部的水量调配工作上，而是从流域整体角度出发，系统分析流域内各个子区域自身水资源条件和水资源供需特点，对流域内各种可利用水源对于各区域不同用水要求的用户在工程能力约束条件下进行配置，以合理的水资源配置格局为区域发展总体布局提供参考。

(2)重视生态环境方面的要求。当前水资源配置模型不仅仅局限于水资源数量上的供需平衡，而是追求区域发展与水相关的各类主要因素的平衡，包括水质平衡、水土平衡和水生态平衡。

(3)突破单纯使用优化模型或模拟模型的思路，结合优化方法和模拟情景分析计算。模拟和优化是水资源规划及系统分析中有效的分析方法，它们各自还存在一些不足：一方面，优化方法建模复杂，存在非线性系统最优解稳定性问题、动态优化“维数灾”问题[16]，此外还会产生最佳方案的搜索与决策者的意愿不协调的矛盾问题；另一方面，模拟模型只能提供模拟对象的活动过程，而不能直接产生模拟对象的最理想成果。对水资源配置实施方案效果进行后效性评价才能使配置更加合理，避免配置的盲目性，所以优化—模拟—评价的情景分析方法是水资源配置的总体思路。

(4)GIS技术的引入、建立基于GIS的交互式决策支持系统、实现人机对话是现实的迫切要求。GIS直观地分析和展现数据的能力为水资源系统分析提供高效的手段，资料准备及输入、运行和结果显示及分析都要求软件的实用性和可操作性提高。

5.3　模型系统开发

流域水资源系统是一个地域辽阔、水文气象条件变化复杂、包括众多供水部门、上中下游用水需统筹考虑、涉及多目标开发的十分复杂的大系统。随着工农业生产的快速发展和人民生活水平的提高，尤其在北方流域水资源供需矛盾日益突出。这就需要应用现代系统分析方法和先进的模型技术来研究流域水资源的开发利用，全流域统筹兼顾，并全面分析和考虑全流域及局部地区经济发展、环境质量改善和社会福利提高等多种目标，使有限的水资源发挥最大效能，获得尽可能大的经济效益和社会效益。

5.3.1　模型开发目标

根据前面的论述，希望通过本模型系统研究，初步达到以下几个研究目标：

(1)在前人工作的基础上，完善对黄河流域水资源配置内在机制方面的研究。

(2)在理论的基础上，搭建面向生态保护和经济发展的黄河流域水资源合理配置整体模型框架。

(3)建立以优化模型为筛选模型，模拟模型为核心，图形显示系统、水资源数据库系统为辅助支持的模型系统。模拟模型和优化模型既可分别建立使用，也可相互配合联合使用。

(4)在一定系统输入条件下，探讨流域水资源开发利用对采用不同的运行规则、分水政策及规划方案的非线性响应机理。

5.3.2　模型研究内容

(1)流域级水资源配置内在机制的基础理论研究。通过对水资源配置模型及理论最新研究进展的回顾和讨论，尤其是针对中国及黄河特色的水权制度与水权界定的探讨和研究，密切结合黄河流域水资源系统自身的特点，完善对黄河水资源合理分配和优化调度的演化及作用机制进行分析的理论体系与建模方法。

(2)建立黄河流域水资源合理配置的水文—泥沙—经济—生态—制度政策复杂巨系统模型框架。按照现代系统科学的理论,建立既有一定理论特色又具有实用价值的水资源配置模型框架,并对模型的层次结构、相互间耦合关系、作用机制和数值寻优算法进行详细描述。

(3)建立数据驱动为特征的优化和模拟模型,应用先进的地理信息系统(GIS)软件,建立图形显示系统和具有查询、维护、编辑、统计分析、不同类型数据文件转换及选择输出等功能的可靠灵活的数据库系统。

(4)对黄河流域以及宁夏引黄灌区、渭河流域、河南引黄灌区等重点分区的水资源进行初步分析。通过实例应用,首先检查模型系统的可靠性、实用性和灵活性,重点分析水资源开发利用对采用不同的运行规则、分水政策及规划方案的非线性响应机理。

5.3.3 模型开发的关键问题

建立流域合理配置模型,整合水文、经济、社会、生态环境的关系,评估不同工程组合、不同发展水平、不同水文系列下各种分配方案的经济效益,同时还必须反映流域内地区间经济效益的差别,以便选择经济合理的水资源开发利用方案,必然会遇到许多难题和障碍。其中面对的关键问题如下:

(1)水文—泥沙—经济—生态—制度政策复杂巨系统模型各部分之间信息的有效传递和整体耦合。一个复杂整体巨系统需要一个本质的动态连接,通过内在的有效交互,使水资源配置多目标分析能够在主要物理系统的基础上实现。这种信息传递的有效性决定了一个复杂巨系统模型能否有机组合各子模型,从而取代仅仅通过中间计算结果的传递来驱动整个模型的运转,这样才能科学有效地研究水资源在整个系统中运动的宏观规律。

(2)经济效益计算方法的改进和经济数据精度的提高。促进流域地区经济的协调发展是水资源分配所依据的重要原则之一,通过经济分析可以帮助人们判断选定方案是否达到地区经济发展的预期水平。流域水资源开发利用经济分析的重点是农业用水,为了计算农业灌溉效益,必须研究农作物产量与不同供水量的关系,研究作物单产—水反映函数,包括全生育期单产—水反映函数与Jensen模型。目前此方面的研究还不成熟,国内外直接用于生产的例子尚不多见。

(3)输沙用水要素在模型中的更好结合。黄河多沙,下游河道因泥沙淤积而导致河床与洪水位逐年抬高,形成危害。需要在前人深入研究黄河输沙机理的基础上,总结出一套可操作的输沙运行规则,并引入模拟模型中,使模型能更好地反映黄河水资源利用的特点。

5.3.4　模型研究方法及技术路线

5.3.4.1　研究方法

黄河流域水资源系统是一个地域辽阔、水文气象条件变化复杂、包括众多供水部门、上中下游用水需统筹考虑、涉及多目标开发的十分复杂的大系统。需要应用现代系统分析方法和先进模型技术研究，具体而言：

(1)水资源系统是由自然系统和人类活动系统相结合而组成的复杂系统。系统分析是一种科学的逻辑推理技术，即逻辑维(解决问题的逻辑过程)—时间维(工作阶段)—知识维(专业学科知识)。系统目标的定量化、最优化及模拟技术是系统分析的关键。

(2)系统含有诸多因素，它们彼此联系并呈线性或非线性关系，拟引出新发展的非线性分析法(如投影寻踪技术、加速遗传算法)来寻求最优解。

(3)经济效益分析是采用微观经济学原理进行分析。

(4)单产—水反映函数研究需要大量水利、农业统计资料，可采用回归分析的方法较深入地研究全生育期作物单产与耗水量的关系。

(5)图形显示系统采用地理信息系统(GIS)技术、电子表格软件 QUATTRO PRO 技术。

5.3.4.2　技术路线

(1)对系统中的各个因素和它们之间的关系进行描述，绘制流域节点图。

(2)明确模型运行的各项政策：①建立作物单产—水反映函数；②计算各类用户的需水要求；③将水库库容划分为若干个蓄水层，赋予相应的优先序，并将水库供水范围内各种需水的优先序组合在一起，制定水库运行规则；④确定每个节点上的生活及工业需水、农业需水、水库蓄水等项的供水优先序；⑤采用水利经济计算规程中建议的方法，对农业、工业及生活、发电等不同用水部门进行经济效益计算。

(3)将模型所需的各类数据整理成节点文件。

(4)运行优化模型。

(5)根据流域情况、生产需求、政策变化及优化模型的输出成果调整运行政策或拟定运行方案。

(6)运行模拟模型，进行节点成果的单独或成组输出(表格和图形显示)。

(7)成果分析。

5.3.4.3　关键技术

围绕几个关键问题，拟采用的关键技术有：

(1)水文—泥沙—经济—生态—制度政策复杂巨系统模型通过内生变量贯

穿联结成一个有机整体模型。相比而言,通过内生变量比通过外生变量建立大系统模型要艰巨和困难,这需要对“人工—自然”水循环系统演化和运行机理有深入的研究和分析,思路清晰,模型框架结构合理,需要水文学、水力学、经济学、环境生态学等多学科交叉和结合。此外,人机交互的友好接口是一个菜单系统,模型与 PC/ARC/INFO 接口是通过事前编制好的一套后处理程序,按照某种特定格式输出各种结果指标,然后将结果文件调入电子表格软件使之成为电子表格文件,再将数据库文件调入电子表格软件,并拷贝到数据库文件的对应位置,得到一个新的数据库文件,该文件可被图形显示系统直接调用。

(2)目前中外研究人员利用统计资料进行大量的农业生产函数研究工作,但终未取得令人满意的结果。本次研究首先利用典型区域的几种资料(包括各类统计资料、灌区灌溉试验资料)对农业生产函数进行开发和研究,找出存在问题,然后重点利用灌溉试验资料建立农作物产量与作物需耗水量之间的关系,同时利用旱作农业的农作物产量与有效降水及其他农业投入建立关系。对于灌溉作物在供水不足状态下的产量,此次研究拟采用全生育期作物单产—水反映函数产量最大点,并以此点与杰森模型相结合来计算。

(3)水资源配置模型可以计算出不同政策试验算例全流域及各分区的需水量、供水量和缺水量。根据干、支流各主要站的逐月平均流量过程,按泥沙经验模型的要求配成水、沙过程(汛期按天计,非汛期按月计),再利用泥沙经验模型计算各算例干流水库及下游河道的冲淤量。如果某一算例下游河道的平均淤积量不大于现状情况,从泥沙冲淤的角度看,则认为这一算例的水资源利用安排可行,否则必须在保证必要的输沙水量的前提下,调整各部门用水。

5.4 大系统多目标水资源优化模型

5.4.1 多目标规划概述[17~24]

多目标规划(Multiobjective Programming)是运筹学的一个分支,是近年来发展起来的新学科,它研究在一定的约束条件下多个目标函数的极值问题。线性规划、非线性规划与整数规划等研究的都是单目标函数的极值问题。然而很多问题是多目标的,而且有些目标互相冲突。1772 年,Franklin 提出了多目标问题如何协调的问题;1838 年,Cournot 从经济学角度提出了多目标问题的模型;1896 年,Pareto 首次从数学角度提出了多目标最优决策问题;1944 年,Von Neumann 在生产和分配问题中提出了有效向量的概念,同时,Kuhn - Tucker 给出向量极值问题的有效解的必要条件;1953 年,Arrow 等又提出了有效点的概念。至此,多目标规划逐渐受到人们的关注。可以说,多目标决策已成为运筹学的重要分支之一。

多目标决策问题有各种各样的表现形式，但其基本特点主要有两个。第一是目标间的不可公度性。这是指各目标间通常没有统一的度量标准，一般经济目标的单位多以货币值表示；环境质量的单位多以物理量、化学生物要求等指标表示；社会福利因素复杂，更难用统一的指标来度量，因而难以进行比较。第二是目标间的矛盾性。由于资源受限制，各目标间的权益是相互矛盾、相互竞争的，要同时在所需要的水平上达到全部目标是不可能的，增加某一目标的利益，可能使另一目标变坏，因而通常不存在一般意义的最优解。

单目标决策问题一般有唯一的最优解，它是由标量优化问题的"最优性"决定的；而多目标决策问题的解一般不是唯一的，且此解一般不可能同时对各个目标绝对最优，它是由量化问题的"非劣性"所支配的，多目标问题的解在数学规划中通常称为非劣解（Noninferior Solution）或非控解，一些统计学家和经济学家称为有效解（Efficient Solution），而福利经济学家称为 Pareto 最优解。一般地，把令决策者最满意的解称为最佳折中解（Best Compromise Solution）。

20 世纪 90 年代以后，多目标决策理论进一步成熟和完善，应用更加广泛和深入，由于决策者所处的不同层次（上、下级的关系），决策过程在时间或空间方面的阶段性或顺序性、自然状态的不确定性（分为概率已知和未知）及目标函数、约束函数和目的函数中的系数的随机性以及目标的模糊性和不一致性（甚至互相冲突和矛盾），多目标决策分析（MOA）便可分为单层次群决策多目标决策（NHGMOA）、多层次多目标决策（HGMOA）、风险多目标决策（RMOA）（自然状态的概率未知时为不确定多目标决策）、随机多目标决策及模糊多目标决策和交互式半结构化多层次多目标群决策（IHGMOA）。但在应用中多目标决策理论却日益受到挑战。传统的多目标决策理论受到挑战的原因是多方面的，主要有：

（1）传统的多目标决策模型不能很好地适用于现实中的多目标决策问题。现实中的多目标决策问题是复杂的，涉及的方面很多，有定量的，也有定性的；有确定的，也有不确定的。传统的多目标决策模型往往对定量的因素考虑得多而对定性的因素考虑得少，或者将定性的因素量化得不够或不准确，而要想将定性因素定量化又往往是一件很困难的事情。为了模型的简单起见，传统的多目标决策模型往往将现实问题中的不确定量简化为确定量。

（2）决策者的有限理性。传统的多目标决策理论假设决策者在作出决策时是完全理性的，即总是选择最优解或最满意解。然而现实的多目标决策问题中，由于决策环境的复杂性，例如决策者往往要受到社会制度、传统文化、管理方法、思维方式、心理因素等诸多复杂因素的影响，往往不去追求某种最优，有时，决策者仅仅是为了达到某种公认的规范。这些非理性的因素，使得现实中的决策者并不像传统的多目标决策理论所假设的那样，作出完全理性的决策。

(3)就对水资源优化配置决策问题而言,目前仅在具体的工程层次上采用了多目标规划与评价技术。如何在宏观层次上定量地反映不同的配置方案对区域可持续发展的影响,特别是在决策过程中系统地生成多目标非劣意义下的备选方案并有机地融入决策者的偏好,一直是国内外尚未解决的难点,也是决策方法研究中的重大课题。

随着人们对多目标决策理论及应用的不断反思,多目标决策理论及应用研究进入了一个新的发展时期,形成了以下一些新热点:①具有不确定性多目标决策问题的研究;②对人类的决策行为的研究同认识论、心理学、社会学等结合起来,进一步地探讨人的决策过程和偏好结构;③向量优化及交互式多目标规划的改进与深入;④多目标群体决策、多目标动态决策、多目标大系统研究;⑤在决策分析过程中使用人工智能技术,建立智能化多目标决策支持系统;⑥从“策略导向”的决策模式演化为“决策过程导向”的决策模式。

5.4.2 水资源规划多目标模型的建立

水资源的开发利用是涉及国计民生、生态环境的广阔领域。经济的发展、人们生活水平的提高,增加了水资源的消耗,并使水环境变坏,但是来源于经济增长的效益又可使供水增加,水环境得以恢复和改善,提高和满足人们对水的需求。问题在于如何有效地研究这种相互依存、相互制约的关系,使它变得可以控制。为此,需要从系统论的观点和方法,建立基于宏观经济的水资源规划模型来定量地描述这种相互依存和相互制约的关系,例如,供水量与国民生产总值及经济结构的关系,水环境与工农业生产的关系,经济发展与生态环境、社会就业、社会福利及水投资的关系等。由此可见,基于宏观经济的水资源规划系统是一个典型的复杂大系统,因而具有大系统的一般特征,如高维数、多目标、关联性、交互性、不确定性等(冯尚友,1990;许新宜,1997;王忠静,1998)。

作为一个大系统,水资源优化配置时各目标之间是冲突与协调并存、相互制约、相互依赖、相互促进的关系,这也是其基本特征之一。特别是水资源作为一种稀缺性(scarcity)的资源,已经成为经济、生态环境、社会发展诸多矛盾的焦点。多目标模型结构示意图如图 5-3 所示。

大规模的区域水资源规划,特别是基于宏观经济系统的水资源规划,要求综合考虑社会、经济、环境等各方面的因素,因此规划模型应包括区域经济持续发展、生态环境质量的逐步改善和区内社会健康稳定等目标。参考黄河流域水资源经济模型研究成果、我国政府与联合国开发署(UNDP)合作的“华北水资源管理”研究项目(翁文斌、王浩,1993)和国家自然科学基金“干旱区水资源利用模式与社会经济格局相互影响机制研究”(50079009)(王忠静,1998)研究成果以及《牢固树立和认真落实科学发展观全面推进节水型社会建设》(汪恕诚,2004),采

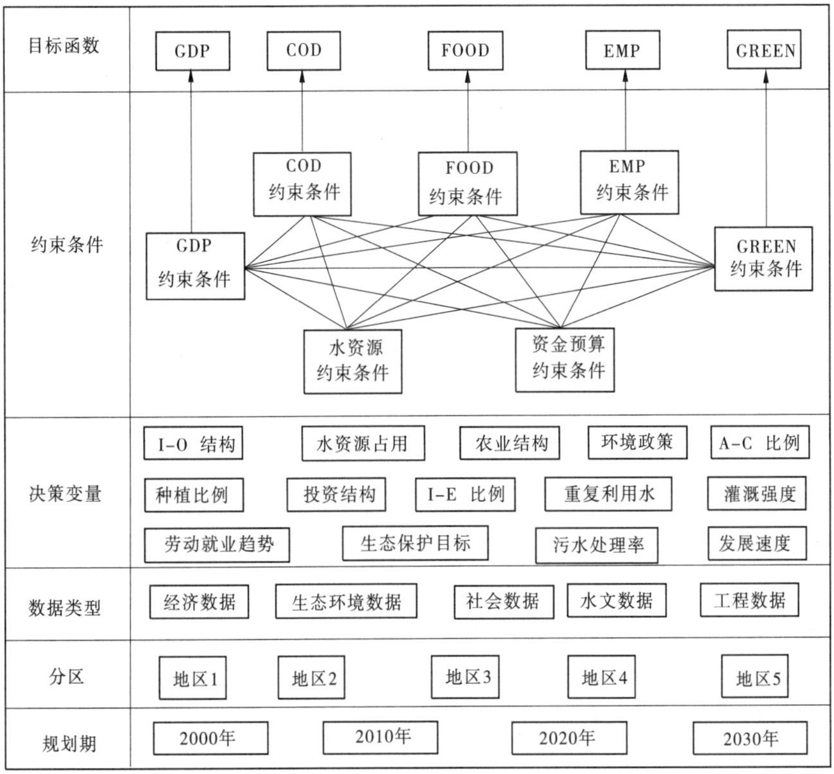

图 5-3　多目标模型结构示意图

用国内生产总值(GDP)或系统净效益(SNI)作为经济方面目标,化学需氧量(COD)作为环境方面目标,粮食产量(FOOD)作为农业发展目标,城镇人口就业率(EMP)最高作为社会目标,绿色当量面积 (GREEN) 作为生态衡量指标。

经济、社会、生态环境与水的关系,主要体现在经济增长必然要打破原有的水资源供需平衡关系和环境生态的平衡关系,需要更多的水资源和更大的环境容量。国民经济与生态用水研究必须紧密围绕水资源全属性(自然、环境、生态、社会和经济属性)的维系和各属性的协调来展开,选择具有代表性的指标较全面刻画这些问题并较清晰地找出其内在的联系,以水资源为约束条件,达到以水资源可持续开发利用促进社会、经济、环境可持续协调发展,是建立宏观水资源规划目标模型的关键。大系统多目标决策分析及技术正是解决目标利益相互矛盾相互竞争这类复杂问题的有效途径。

5.4.3　数学模型构建[25~28]

水资源系统是个巨大的系统,建立数学模型时可对实际问题作某些简化。数学模型通常由目标函数和约束两部分组成。

5.4.3.1　经济目标

建立 GDP 通用经济目标函数，考虑黄河流域主要是农业灌溉用水，在建模中优先保证工业城镇生活用水，以农业灌溉净效益和发电效益之和最大作为优化准则。相应的目标函数可以表述如下

系统净效益＝灌溉效益＋峰荷发电效益＋基荷发电效益－地表水引水费用－井灌区输水费用－地下水抽水费用

目标函数的数学表达式如下

$$\max Z = \sum_{n}\sum_{c}P_{cn,c,1}\cdot W_{n,c,1} + \sum_{n}\sum_{c}P_{cn,c,2}\cdot W_{n,c,2} + \sum_{t}\sum_{n}P_{pet,n}\cdot PKQ_{t,n} + \sum_{t}\sum_{n}P_{bet,n}\cdot BSQ_{t,n} - \sum_{t}\sum_{n}\sum_{c}C_{dt,n,c}(DS_{t,n,c}+DG_{t,n,c}) - \sum_{t}\sum_{n}C_{st,n}\cdot(GWA_{t,n}+GWM_{t,n}) \tag{5-1}$$

式中：$W_{n,c,i}$为电站节点n作物c分段i的供水量；$PKQ_{t,n}$为时段t电站节点n的峰荷发电泄水量；$BSQ_{t,n}$为时段t电站节点n的峰荷发电泄水量；$DS_{t,n,c}$为时段t电站节点n作物c的地表水引水量；$DG_{t,n,c}$为时段t电站节点n作物c的地下水抽水量；$GWA_{t,n}$为时段t电站节点n农业用水地下水抽水量；$GWM_{t,n}$为时段t电站节点n工业及城市生活用水地下水抽水量；$P_{cn,c,i}$为时段t电站节点n分段i的作物“价格”系数，即为作物单产—反映函数两直线段上的斜率乘以农产品价格；$P_{pet,n}$为时段t电站节点n的峰荷“价格”系数，即电站的假设水头、出力系数、月小时数、单位电量标准煤耗及煤价诸项乘积；$P_{bet,n}$为时段t电站节点n的基荷“价格”系数，即电站的假设水头、出力系数、月小时数、单位电量标准煤耗及煤价诸项乘积；$C_{dt,n,c}$为时段t电站节点n作物c的单方引水费用；$C_{st,n}$为时段t节点n的地下水单方水抽水费用。

1）农业灌溉用水效益和费用

（1）灌溉农作物增产效益计算

$$NB_{ik} = Y_{ik}\times P_{ik} - (X_{ik}+C_{ik}\times DC_{k})\times(W_{ik}-P_{uik}) - Cf_{ik} - Y'_{ik}\times P_{ik} \tag{5-2}$$

式中：NB_{ik}为灌溉农作物增产净效益，元/亩；Y_{ik}为灌溉农作物产量，kg/亩；Y'_{ik}为非灌溉农作物产量，kg/亩；W_{ik}为农作物田间需水量，m^3/亩；P_{ik}为农作物产品价格，元/kg；X_{ik}为田间增加单位灌溉水量的农业生产费用，元/m^3；C_{ik}为灌区单位引水量可变运行费，元/m^3；DC_k为灌区引水系数，为灌溉水有效利用系数的倒数；Cf_{ik}为灌溉水的固定费用，元/亩，包括投资折算和运行费的一部分；P_{uik}为农作物生育期有效降水，m^3/亩；i为农作物种类；k为节点。

（2）农作物经济需水定额计算原理。单位面积灌溉农作物净效益最大时

$$\frac{dNB_{ik}}{dW_{ik}} = \frac{dY_{ik}}{dW_{ik}} \times P_{ik} - X_{ik} - C_{ik} \times DC_k = 0 \tag{5-3}$$

农作物单产—水反映函数的形式由下式给出，即

$$Y_{ik} = b_{0ik} + b_{1ik} \times W_{ik} + b_{2ik} \times W_{ik}^2 \tag{5-4}$$

式中：b_{0ik}、b_{1ik}、b_{2ik} 为常数。

对式(5-4)求导得

$$\frac{dY_{ik}}{dW_{ik}} = b_{1ik} + 2b_{2ik} \times W_{ik} \tag{5-5}$$

代入式(5-3)得

$$W_{ik} = [(X_{ik} + C_{ik} \times DC_k)/P_{ik} - b_{1ik}]/2b_{2ik} \tag{5-6}$$

式(5-6)为节点 k 农作物 i 的经济需水定额计算公式。

(3)各类作物灌溉制度计算步骤。

第一步，由农作物经济需水定额计算原理或其他方法确定各类农作物田间需水量；

第二步，由灌溉试验资料分析确定各地区各类农作物逐月需水分配比例，并将农作物需水定额按比例分配到各月，推求逐月需水过程；

第三步，根据水量平衡原理，先将逐月需水量与逐月有效降水量进行平衡计算，推算逐月缺水量，在此基础上，控制每次净灌水定额 40～60m^3/亩，确定灌水次数、灌水时间及灌水定额；

第四步，将上述确定的次灌溉过程转化成逐月灌溉需水过程，供模型水量平衡及其他部分使用。

(4)有效降水。有效降水量与降水总量、前期降水量、降水强度、土壤性质、作物生长季节及耕作条件等因素有关。为简化计算，按月降水量的大小，分级采用不同的月降水量有效利用系数，见表 5-1。

表 5-1　月降水量有效利用系数

月降水量(mm)	≤5	5～30	30～50	50～100	100～150	150～200
有效利用系数	0	0.85	0.8	0.75	0.65	0.55

注：月降水量在大于 200mm 时，按 200mm 计。

月有效降水量计算公式如下

$$P_0 = \delta \cdot P \tag{5-7}$$

式中：P_0 为月有效降水量，mm；δ 为月降水量有效利用系数；P 为月降水量，mm。

(5)供水效益的计算方法。供水效益计算公式计算如下

$$B_{ik} = (Y_{ik} - Y'_{ik}) \times P_{ik} \tag{5-8}$$

式中：B_{ik} 为供水增产效益；其他符号意义同前。

首先，灌溉农作物产量（Y_{ik}）的计算：Y_{ik} 由修正的 Jensen 模型计算，即

$$
\begin{aligned}
Y_{ik} &= Y_{eik} \times \frac{YJ_{1ik}}{YJ_{2ik}} \\
&= Y_{eik} \times \frac{Y_{mik} \times \prod_{s=1}^{N_{ik}} \left(\frac{W_{sik}}{W_{msik}}\right)^{\lambda_{sik}}}{Y_{mik} \times \prod_{s=1}^{N_{ik}} \left(\frac{W_{esik}}{W_{msik}}\right)^{\lambda_{sik}}} \\
&= Y_{eik} \times \prod_{s=1}^{N_{ik}} \left(\frac{W_{sik}}{W_{esik}}\right)^{\lambda_{sik}}
\end{aligned}
\tag{5-9}
$$

式中：Y_{ik} 为灌溉农作物产量，kg/亩；Y_{eik} 为农作物经济需水量对应于全生育期单产—水反映函数计算的产量，kg/亩；YJ_{1ik} 为农作物实际供水情况下由 Jensen 模型计算的产量，kg/亩；YJ_{2ik} 为农作物按经济需水定额供水情况下由 Jensen 模型计算的产量，kg/亩；Y_{mik} 为 Jensen 模型中农作物的最大产量，kg/亩；W_{msik} 为 Jensen 模型中农作物 s 阶段的最大需水量，m^3/亩；λ_{sik} 为农作物 s 阶段水分亏缺对产量反映的敏感指数；N_{ik} 为农作物生长阶段数。

式(5-9)反映了农作物生长期内各阶段供水量大小与产量的关系，生长期内不同阶段的水分亏缺将对产量产生影响。

其次，非灌溉农作物产量（Y'_{ik}）的计算

$$
Y'_{ik} = Y_{*ik} \times \prod_{s=1}^{N_{ik}} \left(\frac{R_{sik}}{R_{*sik}}\right)^{\lambda_{sik}} \tag{5-10}
$$

式中：Y_{*ik} 为农业措施相同条件下，非灌溉地最大产量，kg/亩；R_{sik} 为农作物 s 阶段有效降水量，m^3/亩；R_{*sik} 为农作物 s 阶段最大有效降水量，m^3/亩。

式(5-10)反映了不同的降水量所能获得的旱地产量。

(6)费用分析。费用包括灌区及水源工程投资、运行费(固定与变动)以及农业生产费用。水源工程投资、运行费按一定比例分摊到供水范围的各灌区，其他费用与单项水利工程费用计算相同，规划水平年的费用可不计已消耗的费用，仅计新增费用。

2)工业、生活供水效益和费用

(1)工业供水效益。工业供水效益大小与当地工业发展水平、工业用水水平及工业供水工程难易程度等因素有关，各节点工业供水效益计算采用工业净产值分摊系数法。计算公式如下

$$
B = W/q \times \Psi \times a \tag{5-11}
$$

式中：B 为工业供水效益，亿元；W 为节点工业总供水量，万 m^3；q 为万元产值

取水量，m^3/万元；a 为工业供水效益分摊系数；Ψ 为工业净产值占总产值的比例系数。

(2)生活供水效益。用生活供水量乘以工业供水单方效益作为生活供水效益估算值。

3)水力发电用水效益和费用

水力发电效益采用最优等效替代工程所需的年折算投资和年运行费之和计算，费用以水力发电工程所需的年折算投资和运行费之和计算。目前，选择水电站的最优替代方案时，一般以在电力系统起同等作用的燃烧火电站作为替代电站。

(1)容量效益。具有调峰能力的水电站才计算其容量效益。替代火电站的总投资计算公式如下

$$K = N_P \times 730/MPH \times 1.1 \times k \tag{5-12}$$

式中：K 为替代火电站的总投资，万元；N_P 为水电站保证出力，万 kW；730 为月小时数；MPH 为水电站月调峰小时数；k 为替代火电站千瓦投资，元/kW；1.1 为考虑火电站和水电站在工作容量、重复容量、厂用电率、输电损失及检修、事故备用等方面差异的变换系数。

(2)电量效益。年电量效益以减少的煤消耗计算，计算公式如下

$$BE = E \times M \times PM \times 1.05 \times 10^{-6} \tag{5-13}$$

式中：BE 为水电站的年电量效益，万元；E 为水电站的年发电量，万 kWh；M 为单位电量标准煤耗，g/kWh；PM 为标准煤价，元/t；1.05 为考虑水电站与火电站在厂用电、峰荷电能、基荷电能、季节电能和输电损失方面不同的电能变换系数；10^{-6} 为单位换算系数。

5.4.3.2　粮食产量目标

选择各规划水平年各地区粮食产量与其目标期望偏差之和最小为目标

$$\min\{TFOOD = \sum_{s=1}^{3}\sum_{j=1}^{n}[TFOOD(s,j) - FOOD(s,j)]\} \tag{5-14}$$

式中：$TFOOD(\cdot)$、$FOOD(\cdot)$ 分别是各节点各规划水平年的粮食消耗量期望目标和实际粮食生产总量。

粮食生产目标方程由下式确定

$$TFOOD(s,j) = K_{FO}(s,j)PLO(s,j) \tag{5-15}$$

式中：$K_{FO}(\cdot)$、$PLO(\cdot)$ 分别是各节点人均粮食消耗量和人口总数。

粮食产量方程为

$$FOOD(s,j) = YD_1(s,j)AR_1(s,j) + \sum_{l=1}^{4} YD_2(s,j,l)AR_2(s,j,l) \tag{5-16}$$

式中：$YD_1(\cdot)$、$AR_1(\cdot)$分别是各节点规划年旱地作物单产和播种面积；$YD_2(\cdot)$、$AR_2(\cdot)$分别是灌溉作物单产和播种面积；l 是作物种类，$l=1,2,3,4$，分别代表水稻、小麦、玉米和马铃薯。

农业产值方程为

$$X(s,j,l)=PR_1(s,j)AR_1(s,j)+\sum_{l=1}^{5}PR_2(s,j,l)AR_2(s,j,l)+\sum_{a=1}^{4}LMF(s,j,a) \tag{5-17}$$

式中：$PR_1(\cdot)$、$PR_2(\cdot)$分别是各节点各规划年旱地单位面积产值和灌溉地单位面积产值；$LMF(\cdot)$为各节点的林、牧、副、渔总产值。

5.4.3.3　环境目标与约束条件

考虑到城市化带来的人口增加等环境压力，选择各规划水平年各节点城镇生物需氧量(COD)负荷排放量最小作为环境目标，即

$$\min\{TCOD=\sum_{s=1}^{3}\sum_{j=1}^{n}COD(s,j)\} \tag{5-18}$$

式中：$COD(\cdot)$是各水平年各地区的 COD 负荷排放总量，可由下列方程确定

$$\begin{aligned}COD(s,j)=&\left[\sum_{k=2}^{7}B(s,j,k)X(s,j,k)+UP(s,j)PU(s,j)\right]K_{SE}(s,j)B_{SE}(s,j)\\&+\left[\sum_{k=2}^{7}B(s,j,k)X(s,j,k)+UP(s,j)PU(s,j)\right][1-K_{SE}(s,j)]\end{aligned} \tag{5-19}$$

式中：$B(\cdot)$是各节点单位产值的 COD 排放量；$UP(\cdot)$是城镇人均生活 COD 排放量；$PU(\cdot)$是城镇人口总数；$K_{SE}(\cdot)$是各节点污水处理百分率；$B_{SE}(\cdot)$是城镇污水处理后 COD 的剩余量。

污水排放量关系式为

$$\begin{aligned}&M(s,j)DB\leqslant\sum_{k=2}^{7}WX(s,j,k)X(s,j,k)+WPU(s,j)PU(s,j)\\&M(s,j)DB\geqslant K_{SE}(s,j)\left[\sum_{k=2}^{7}WX(s,j,k)X(s,j,k)+WPU(s,j)PU(s,j)\right]\end{aligned} \tag{5-20}$$

式中：$M(\cdot)$、DB 分别是各节点标准污水处理厂个数和每个厂的污水处理能力；$WX(\cdot)$是单位产值的污水排放量；$WPU(\cdot)$是城镇人均生活污水排放量；其他符号含义同前。

5.4.3.4　城镇就业率目标

以城镇就业率最大为目标

$$\max \sum_{s=1}^{3} \sum_{j=1}^{n} EMP(s,j) \tag{5-21}$$

劳动力方程为

$$LAB(s,j) = PU(s,j)KPU(s,j) + PV(s,j)KPV(s,j) \tag{5-22}$$

式中：$PU(\cdot)$为城镇人口总数；$KPU(\cdot)$为城镇人口中劳动力；$PV(\cdot)$为农村人口总数；$KPV(\cdot)$为农村向城市的允许迁移劳动力系数。

城市就业能力为

$$NEE(s,j) = \sum_{k=1}^{6} NEM(s,j,k)X(s,j,k) \tag{5-23}$$

$$EMP(s,j) = \frac{NEE(s,j)}{LAB(s,j)} \tag{5-24}$$

式中：$NEM(\cdot)$为各部门单位产值的就业人数。

5.4.3.5　生态目标

以绿色当量面积最大为目标

$$\max \sum_{s=1}^{3} \sum_{j=1}^{n} GREEN(s,j) \tag{5-25}$$

生态系统是地球上生命的支持系统，其对人类的贡献有多种，包括直接贡献和间接贡献。简要概括有涵养水源、保护土壤、固定 CO_2 和释放氧气、游憩、保护野生动物、教育、科研、历史文化等几类价值。同时生态系统内部不同组成，如草地、灌木、乔木、湿地及农业作物对生态系统贡献率又各自不同。基于生态系统的复杂性，对于生态系统的综合评价研究一直是研究生态学科的一项重要任务。林草面积较长期一直作为衡量生态系统功能好坏的一项重要指标（方创琳，2001），显然这一指标较为粗糙。生态绿色当量面积是将林草（包括人工林和天然林）、作物、水面和城市绿化等面积按其对绿洲保护的重要程度折算成的标准生态面积。近年来，绿色当量面积作为区域生态综合评价指标得到应用（邵东国，1999；黄兴文，2002），其通过绿色当量找到生态系统各子系统生态价值数量的转换关系，即将林草（包括人工林和天然林）、作物、水面和城市绿化等面积按其对生态保护重要程度折算成的标准生态面积。中国科学院的黄志先博士试着寻找森林生态系统与其他生态系统之间的生态资产价值的数量转化关系，近似地评估出其他生态系统的单位生态资产与森林生态系统的关系。研究表明，1 亩森林生态系统的绿色当量与 6 亩草地生态系统相当；1 亩草地又相当于 1.25 亩农作物。陈仲新、张新时参照 Costanza 等的分类方法和经济参数对中国湿地生态系统年生态效益研究较有代表性，但在现有经济发展水平下衡量可能有些偏高，1 亩湿地的绿色当量大约相当于 15 亩森林，可将单位森林面积的绿色当量计为 100。显然，绿色当量面积大小与水资源丰枯系列相关。引入绿色当量

面积计算公式

$$A = \frac{W - W'}{(ET_0 - r) \cdot K_p} \tag{5-26}$$

式中：A 为绿色当量面积；r 为区域内年降水量；W 为区域内年均净客水资源量，即客水消耗量；W'为区域内年均工业和人畜净耗水量；K_p 为绿洲内主要植物的综合植物系数；ET_0 为按彭曼公式计算的参考作物腾发量(Reference Crop Evapotranspiration)。

5.4.3.6 水资源平衡约束条件

上述5个目标除相互促进、相互制约外，还同时都受水资源系统的控制与制约，考虑因素有上节点来水、区间入流、接收其他节点的回归水、流域调入调出水量、生活及工业引水、农业引水、水库蓄水变化、水库水量损失、节点泄流等。水量平衡方程如下：

方程1

$$W_{上} + W_{区间} + W_{回归} + W_{调入} + S_{时段初} - W_{生} - W_{农} - W_{调出} - S_{时段末} - W_{库损} - W_{泄} = 0 \tag{5-27}$$

式中：$W_{上}$ 为本时段上节点来水；$W_{区间}$为本时段该节点的区间入流；$W_{回归}$为本时段该节点接收的回归水；$W_{调入}$为本时段自外流域调入本节点的水量；$S_{时段初}$为本时段初水库蓄水量，非水库节点此项为零；$W_{生}$ 为本时段该节点的生活及工业引水；$W_{农}$ 为本时段该节点的农业引水；$W_{调出}$为本时段该节点向外流域调水量；$S_{时段末}$为本时段末水库蓄水量，非水库节点此项为零；$W_{库损}$为本时段水库损失量，非水库节点此项为零；$W_{泄}$ 为本时段该节点下泄水量。

方程2：对 n 电站 t 时段其出流量等于基荷发电流量、峰荷发电流量与弃水之和，即

$$PKQ_{t,n} + BSQ_{t,n} + SPL_{t,n} - Q_{t,n,c} = 0 \tag{5-28}$$

式中：$PKQ_{t,n}$为时段 t 电站节点 n 的峰荷发电泄水量；$BSQ_{t,n}$为时段 t 电站节点 n 的基荷发电泄水量；$SPL_{t,n}$为时段 t 电站节点 n 的弃水量；$Q_{t,n,c}$为时段 t 泄水量。

方程3：供水约束

$$-Dv_nDS_{t,n,c} - Dvgw_nDG_{t,n,c} + Ar_{n,c}Crm_{t,n,c}FR_{t,n,c} = Ar_{n,c}Rm_{t,n,c} \tag{5-29}$$

式中：Dv_n 为电站节点 n 的渠系引水系数；$Dvgw_n$ 为电站节点 n 的地下引水系数；$DS_{t,n,c}$为时段 t 电站节点 n 作物 c 的地表水引水量；$DG_{t,n,c}$为时段 t 电站节点 n 作物 c 的地下水抽水量；$Ar_{n,c}$为电站节点 n 作物 c 的种植面积；$Crm_{t,n,c}$为时段 t 电站节点 n 作物 c 的作物月需水量；$FR_{t,n,c}$为时段 t 电站节点 n 作物 c 的

月需水量满足百分比；$Rm_{t,n,c}$为时段 t 电站节点 n 作物 c 利用的有效降水量。

本方程计算农作物各月需水满足的百分比。对各节点，每种作物各月凡需水量为正时均写出此方程(需水为零时表示该月不需灌溉或降水已满足需求)。

方程 4

$$AF_{n,c} - FR_{t,n,c} \leqslant 0 \tag{5-30}$$

式中：$AF_{n,c}$为电站节点 n 作物 c 的年需水量满足百分比；其他符号含义同前。

本方程计算各农作物的年需水量满足百分比。

方程 5

$$W_{n,c,1} + W_{n,c,2} - Cra_{n,c}AF_{n,c} = 0 \tag{5-31}$$

式中：$Cra_{n,c}$为电站节点 n 作物 c 的年需水量；其他符号含义同前。

本方程计算各农业节点各种作物的灌水量。

5.5　流域水资源模拟模型

模拟模型主要研究在一定的系统输入条件下，采用不同运行规则时的系统响应，即系统物理、经济等特征。建立黄河水资源模拟模型的基本目标是研究不同运行规则及分水政策对黄河水资源利用带来的影响。模拟模型是分析和评价水资源系统规划方案的有效工具，它适合描述复杂的黄河水资源系统的运行过程，并且对系统参数和运行政策做出评价。模拟模型具有以下特点：

(1)能直接反映水资源系统多目标要求，包括经济的、社会的、环境的要求。

(2)采用相对简单的数学方法进行水平衡分析和经济分析。

(3)具有通用性、直观性，易于为模型编制人员以外的其他技术人员和管理人员所理解和使用。

(4)处理非线性问题较为方便。

模拟模型有以下几方面功能：①分别对子区、区域和全流域进行水资源供需平衡分析；②根据综合用水要求，对梯级水库进行联合补偿调节；③对地表水和地下水进行联合运用；④对不同用水部门进行经济分析，对农业用水的经济分析拟重点研究；⑤水利工程运用应反映水库防洪、防凌、排沙的需求。

虽然模拟模型不能自行判断方案的优劣，但它提供了一个各方案相互比较的基础。在研究黄河流域多节点、多分区的水资源分配问题上，模型规模和适应能力有很大灵活性。由于对水资源系统能够进行更细致的描述，模拟模型的计算和评价成果将更准确。

由于黄河流域情况复杂，建立模拟模型作了以下假定：①计算时段为月；②不考虑河道径流传播时间；③不考虑河道槽蓄影响；④不考虑河道内水量及含沙量对可引水量的影响。

5.5.1 经济系统模拟模型[6]

水资源经济系统供需平衡模拟模型根据区域发展策略逐年模拟农业需水过程、工业需水过程、国民生活需水及环境用水过程。水资源供需平衡设计框架如图 5-4 所示。

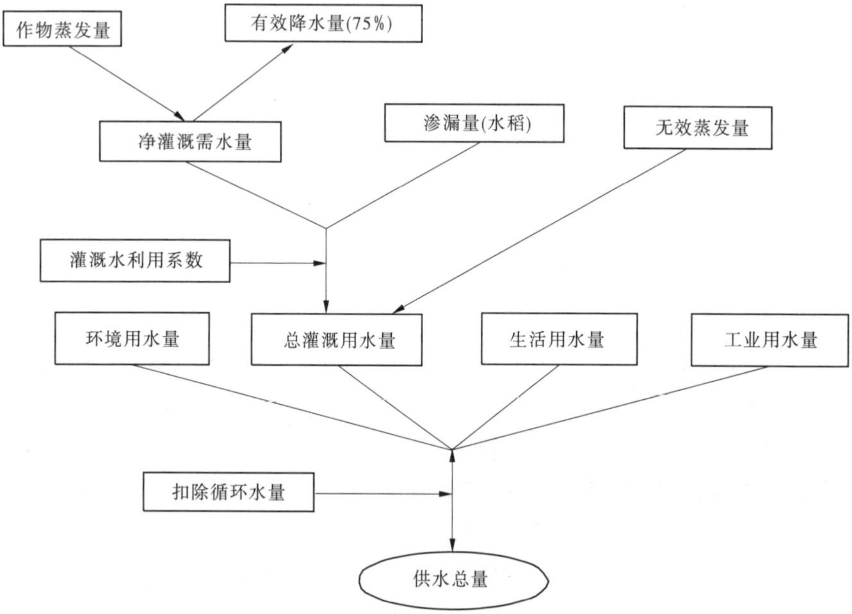

图 5-4 水资源供需平衡设计框架

5.5.1.1 模拟模型设计原理及内容

需水预测分生活需水、生产需水和生态环境需水三大类，国民经济行业和生产用水行业分类见表 5-2，用水户分类及其层次结构见表 5-3。生活需水是指城镇居民生活用水和农村居民生活用水。生产需水是指有经济产出的各类生产活动所需的水量，包括第一产业(种植业、林牧渔业)、第二产业(工业、建筑业)及第三产业(商饮业、服务业)。对于河道内其他生产活动如水电、航运等，其用水一般不消耗水资源的数量。生态环境需水分为维护生态环境功能需水和生态环境建设需水两类。

不同用水行业(户)，需水预测方法不同；同一用水行业(户)，也可用多种方法预测。需水预测可采用多种方法，以净定额及水利用系数预测方法为基本方法，同时也可用趋势法、机理预测法、人均用水量预测法、弹性系数法等其他方法进行复核。对各种方法的预测成果应进行相互比较和检验，经综合分析后提出需水预测成果。

表 5-2　国民经济行业和生产用水行业分类

三大产业	7 部门	17 部门	40 部门(投入产出表分类)	部门序号
第一产业	农业	农业	农业	1
第二产业	高用水工业	纺织	纺织业、服装皮革羽绒及其他纤维制品制造业	7、8
		造纸	造纸印刷及文教用品制造业	10
		石化	石油加工及炼焦业、化学工业	11、12
		冶金	金属冶炼及压延加工业、金属制品业	14、15
	一般工业	采掘	煤炭采选业、石油和天然气开采业、金属矿采选业、非金属矿采选业、煤气生产和供应业、自来水的生产和供应业	2、3、4、5、25、26
		木材	木材加工及家具制造业	9
		食品	食品制造及烟草加工业	6
		建材	非金属矿物制品业	13
		机械	机械工业、交通运输设备制造业、电气机械及器材制造业、机械设备修理业	16、17、18、21
		电子	电子及通信设备制造业、仪器仪表及文化办公用机械制造业	19、20
		其他	其他制造业、废品及废料	22、23
	电力工业	电力	电力及蒸汽热水生产和供应业	24
	建筑业	建筑业	建筑业	27
第三产业	商饮业	商饮业	商业、饮食业	30、31
	服务业	货运邮电业	货物运输及仓储业、邮电业	28、29
		其他服务业	旅客运输业、金融保险业、房地产业、社会服务业、卫生体育和社会福利业、教育文化艺术及广播电影电视业、科学研究事业、综合技术服务业、行政机关及其他行业	32、33、34、35、36、37、38、39、40

注:本表来源于《全国水资源综合规划技术细则》。

总体来讲,农业需水包括农田灌溉和林牧渔业需水。对于井灌区、渠灌区和井渠结合灌区,应根据节约用水的有关成果,分别确定各自的渠系水利用系数及灌溉水利用系数,并分别计算其净灌溉需水量和毛灌溉需水量。农田净灌溉定额根据作物需水量并考虑田间灌溉损失来进行计算,毛灌溉需水量根据计算的农田净灌溉定额和比较选定的灌溉水利用系数进行预测。林牧渔业需水包括林果地灌溉、草场灌溉、牲畜用水和鱼塘补水等 4 类。根据当地试验资料或现状典型调查,分别确定林果地和草场灌溉的净灌溉定额;根据灌溉水源及灌溉方式,确定渠系水利用系数;结合林果地与草场发展面积预测指标,进行林地和草场灌溉净灌溉需水量和毛灌溉需水量预测。鱼塘补水量是为维持鱼塘一定水面面积和相应水深所需要补充的水量，采用亩均补水定额方法计算，亩均补水定额可根据鱼塘渗漏量及水面蒸发量与降水量的差值加以确定。

表 5-3　用水户分类及其层次结构

一级	二级	三级	四级	说明
生活	生活	城镇生活	城镇居民生活	仅为城镇居民生活用水（不包括公共用水）
		农村生活	农村居民生活	仅为农村居民生活用水（不包括牲畜用水）
生产	第一产业	种植业	水田	水稻等
			水浇地	小麦、玉米、棉花、蔬菜、油料等
		林牧渔业	灌溉林果地	果树、苗圃、经济林等
			灌溉草场	人工草场、灌溉的天然草场、饲料基地等
			牲畜	大、小牲畜
			鱼塘	鱼塘补水
	第二产业	工业	高用水工业	纺织、造纸、石化、冶金
			一般工业	采掘、食品、木材、建材、机械、电子、其他（包括电力工业中非火（核）电部分）
			火（核）电工业	循环式、直流式
		建筑业	建筑业	建筑业
	第三产业	商饮业	商饮业	商业、饮食业
		服务业	服务业	货运邮电业、其他服务业、城市消防、公共服务及城市特殊用水
生态环境	河道内	生态环境功能	河道基本功能	基流、冲沙、防凌、稀释净化等
			河口生态环境	冲淤保港、防潮压碱、河口生物等
			通河湖泊与湿地	通河湖泊与湿地等
			其他河道内	根据河流具体情况设定
	河道外	生态环境功能	湖泊湿地	湖泊、沼泽、滩涂等
		其他生态建设	城镇生态环境美化	绿化用水、城镇河湖补水、环境卫生用水等
			其他生态建设	地下水回补、防沙固沙、防护林草、水土保持等

注：①本表来源于《全国水资源综合规划技术细则》。②农作物用水行业和生态环境分类等因地而异，可根据各地区情况确定。③分项生态环境用水量之间有重复，提出总量时取外包线。④河道内其他非消耗水量的用户包括水力发电、内河航运等，未列入本表，但文中已作考虑。⑤生产用水应分成城镇和农村两类口径分别进行统计或预测。⑥建制市成果应单列。

工业用水年内分配相对均匀，仅对年内用水变幅较大的地区通过典型调查进行用水过程分析，计算工业需水量月分配系数，确定工业用水的年内需水过程。其方法可采用万元增加值用水量法进行预测。工业取水定额与经济发展水平和水资源条件密切相关，用水定额具有明显的区域特性。经济发达和水资源紧缺地区,取水定额相对较低。工业用水定额预测方法包括重复利用率法、趋势法、规划定额法和多因子综合法等,以重复利用率法为基本预测方法。

目前我国还没有统一的建筑业用水定额,只有少数省份或城市制定了建筑业用水管理定额,各地建筑业用水管理定额也相差很大。各地建筑用水定额大多只是笼统地给出每平方米建筑用水的指标。

第三产业用水采用城市综合生活用水量减去城市居民家庭生活用水量和城市市政环境用水量的方法进行计算。

5.5.1.2　需水量计算

1)农业灌溉总需水量

(1)作物需水量。1979 年联合国粮食及农业组织(Food and Agriculture Organization of the United Nations)从众多的作物需水量计算方法中,推荐使用彭曼修正法[4]。自此之后,利用彭曼公式计算作物需水量在世界上应用较为普遍。首先,一般根据农作物(i)生长特性把作物生长划分 4 个阶段(j),并已知每月作物潜在腾发量(ET_p)和不同生长阶段在不同月份(p)的各自天数(m_{pj});其次,确定适合当地作物系数(K_{Cij}),其值与作物类别、作物生育阶段和主要气象条件有关。计算公式如下

$$ET_i = \sum_{j=1}^{4} \sum_{month_p \in j} ET_p \times m_{pj} \times K_{Cij} \tag{5-32}$$

(2)有效降水量。众所周知,所有的降水量并不是全部都被作物有效利用,部分水量因地表径流、深层渗漏或蒸发等而损失掉,不被作物所吸收利用。一个生长季节作物有效降水量就是指落在作物生长季节内的所有有效降水量,其计算公式如下

$$EP_k = \sum_{month_p \in season_k} \frac{m_{pk}}{n_{pk}} \times \begin{cases} p_{75p}(125 - 0.2 \times p_{75p})/125 & (p_{75p} < 250\text{mm}) \\ 125 + 0.1 \times p_{75p} & (p_{75p} \geqslant 250\text{mm}) \end{cases} \tag{5-33}$$

式中:m_{pk}是 p 月落在 k 生长季节的天数;n_{pk}是指 p 月的天数。

(3)净的灌溉需水量。净的灌溉需水量计算公式如下

$$NET_{ik} = \max\{ET_i - EP_k, 0\} \tag{5-34}$$

(4)总灌溉需水量。总灌溉需水量包括地面用水与地下用水两部分,其中地面灌溉用水公式如下

$$Surf\ Irri.div = (1 - \%gwirri.area)\left(\frac{NET_{paddy} + Percolation_{paddy}}{Irri.Effi.Surf_{paddy}} + \frac{\sum_{i \in othercrops} NET_i}{Irri.Effi.Surf_{other}}\right) \tag{5-35}$$

地下灌溉用水计算公式如下

$$Groundwater\ Irri.div = (\%gwirri.area) \times \frac{\sum_{i\in allcrops} NET_i + Percolation_{paddy}}{Irri.Effi.GW} \quad (5\text{-}36)$$

用水平衡方程如下

$$BF = Return\ Flow\ of\ irrigation = Total\ irri.div - \sum_{i\in allcrops} NET_i \quad (5\text{-}37)$$

2)城镇生活需水量

2000年黄河流域城镇生活用水量为12.9亿 m^3,农村生活用水量为11.8亿 m^3,其用水定额分别为99L/(人·d)、44L/(人·d)。根据黄河流域人口发展规划,考虑未来生活质量不断提高,用水水平也会相应提高,用水定额应逐步增大。预计到2010年、2020年和2030年水平城镇居民需水量分别为19.4亿 m^3、26.7亿 m^3 和34.7亿 m^3,需水定额分别为106L/(人·d)、115L/(人·d)和124L/(人·d)。在详细分析历史用水量系列资料的基础上,综合考虑社会经济的不断发展、居民生活消费水平的持续提高、节水技术的应用与推广、水管理水平的不断提高和强化,以及水价的调整和暂住人口的变化等,确定城镇生活需水量。

3)农村生活需水量

农村生活用水又可划分为农村居民生活用水和牲畜用水,其需水量仍根据农村人口增长和牲畜发展预测结果,采用定额法分别进行计算和预测。预计到2010年、2020年和2030年水平黄河流域农村居民用水量分别为13.7亿 m^3、14.6亿 m^3 和14.2亿 m^3,需水定额分别为54L/(人·d)、63L/(人·d)和72L/(人·d)。黄河流域牲畜总头数由2000年的8 877.8万头发展到2030年的13 286.4万头,其中大牲畜由2000年的1 563.5万头发展到2030年的2 122.9万头;小牲畜由2000年的7 314.3万头(只)发展到2030年的11 163.5万头(只),大牲畜年均增长率为1.02%,小牲畜年均增长率为1.42%。

农村生活需水量计算公式如下

$$Don\ watdemand = \left\{ \begin{array}{l} totpop \times pop\ with\ pipewater\ supply \times \\ urbanpop \times percapita\ demand_{urban} + ruralpop \times percapita\ demand_{rural} \end{array} \right\} \times 365 + \left\{ \sum_{i\in cattle,pigs,otheranimals)} number\ of\ \ animals_i \times per\ head\ demand_i \right\} \times 365 \quad (5\text{-}38)$$

4)工业需水量

随着社会进步和经济发展,工业在国民经济各部门中所占比重越来越大,其需水量也相应地不断增加,但影响工业需用水量大小的因素主要有工业发展情况、技术水平和产业结构等。当工艺水平和工业结构基本不变时,工业产值是主要影响因素。随着科学技术的发展、产业结构的调整、工艺水平的不断提高,以及节水技术的不断完善，工业用水的重复利用率不断提高，单位工业产值的需用水量也会不断下降。预测工业需水量首先将工业划分为高用水、火电、一般工业三大类，高用水工业包括纺织、造纸、石化、化工、冶金、食品等六个行业；一般工业包括采掘业、制造业、其他工业和规模以下工业。参考的统计年鉴包括中国统计年鉴、省(区)统计年鉴、城市统计年鉴、农业统计年鉴、人口统计年鉴、城市供水年鉴、城市建设统计年鉴、水利统计年鉴、水资源公报等。各年鉴中的指标统计口径和统计范围有一定差异，应注意对其核对。原则上要求以中国统计年鉴为主要依据，经综合分析后确定。

5.5.2　水资源调配仿真模型[28]

流域水资源系统在物理上由各种元素如供水水源、用水户、水库工程及它们之间的输水连线等组成。建立仿真模型的目的就是要用计算机算法来表示原型系统的物理功能和它的经济效果，因此模型建立的第一步需要把实际的流域系统概化为由节点和连线组成的网络系统。该系统应该既能够反映实际系统的主要特征及各组成部分之间的相互联系，又便于使用数学语言对系统中各种变量、参数之间的关系进行表述。

5.5.2.1　水资源调配仿真模型的建立

以黄河流域为例，水资源调配是基于规则下的合理配置，通过制定目标来实现，黄河流域水资源临界调控的目标可分为三类，即防洪减灾目标、生态目标和水资源利用目标。同时，由于仿真模型是用于描述给定运行规则情况下流域在系列年中的运行情况，上述目标也就成为确定模型运行规则的依据。

1)防洪减灾目标

保证防洪和防凌安全。主要是针对暴雨洪水和冰凌洪水，实际操作中通常是通过控制水库水位和下泄流量来体现的。

(1)防凌目标

$$\min(\max(\mathrm{abs}(QC(\text{兰州},t)-Qf_1(t)))) \tag{5-39}$$

$$\min(\max(\mathrm{abs}(QC(\text{花园口},t)-Qf_2(t)))) \tag{5-40}$$

式中：$QC(\text{兰州},t)$、$QC(\text{花园口},t)$分别为兰州和花园口断面 t 时段的流量；$Qf_1(t)$、$Qf_2(t)$分别为 t 时段兰州和花园口断面满足防凌要求的流量阈值，其阈值区间为

$$Qf_{1\min}(t)\leqslant Qf_1(t)\leqslant Qf_{1\max}(t) \tag{5-41}$$

$$Qf_{2\min}(t)\leqslant Qf_2(t)\leqslant Qf_{2\max}(t) \tag{5-42}$$

(2)防洪目标：为下游河道行洪和堤防安全提供必要的保障，同时满足汛期冲沙、减少泥沙淤积，而控制下游河段流量，通常为控制花园口断面的汛期流量满足

防洪减淤阈值,即

$$Qh_{1\min}(t) \leqslant Qh_1(t) \leqslant Qh_{1\max}(t) \tag{5-43}$$

式中:$Qh_1(t)$ 指花园口断面汛期 t 时段的流量;$Qh_{1\min}(t)$指花园口断面汛期 t 时段不淤积的最小流量;$Qh_{1\max}(t)$指花园口断面汛期 t 时段防洪的最大流量。

(3)控制水库防洪水位及下泄流量,确保大坝水库及下游地区安全,即

$$Z_{\min}(m,t) \leqslant Z(m,t) \leqslant Z_{\max}(m,t) \tag{5-44}$$

$$QRc_{\min}(m,t) \leqslant QRc(m,t) \leqslant QRc_{\max}(m,t) \tag{5-45}$$

式中:$Z(m,t)$、$QRc(m,t)$分别为第 m 水库 t 时段的水库水位和下泄流量。

2)生态目标

提供必要的生态环境用水,维持黄河流域生态系统平衡。

(1)生产实践证明,为解决冲沙和断流问题,必须保证利津断面一定流量,即

$$QS_{\min}(t) \leqslant QC(\text{利津},t) \tag{5-46}$$

式中:$QC(\text{利津},t)$指利津断面 t 时段的流量。

(2)控制节点主要污染物排放量和保证水质达到要求:

达标排放目标

$$c_{kj}^r - c_0^r \tag{5-47}$$

总量控制目标

$$\sum_{k=1}^{K} 0.01 d_j^k p_j^k \left(\sum_{i=1}^{I(k)} x_{ij}^k + \sum_{c=1}^{M} x_{cj}^k \right) = w_0 \tag{5-48}$$

式中:c_{kj}^r 为 k 子区间 j 用户污染物排放的浓度(主要工业污水数量比例);c_0^r 为污染物达标排放允许的浓度;w_0 为允许排放的总量。

3)水资源利用目标

水资源利用目标是追求缺水量最小,并且分布合理,重点解决地区间的水量合理分配及不同需水部门的水量分配问题。在干旱年份供水量不能满足需水要求时,通过合理调度优化径流时空分布过程,使缺水量最小且分布合理。在实现上述目标的前提下,寻求上游梯级水库以及三门峡、小浪底两水库的合理运行方式,提高发电效益。

(1)水资源利用目标

$$\min(w) = \sum_{i=1}^{N} \sum_{t=1}^{T} \{ \theta(t) [QP(i,t) - QG(i,t)] \Delta T(t) \} \tag{5-49}$$

式中:w 为缺水量;i 为供水子系统的编号,根据节点图,$i=1,2,\cdots,35$;t 为计算总时段,$t=1,2,\cdots,T$;$\theta(t)$为 t 时段缺水判别系数,当 $QP(i,t)-QG(i,t)<0$ 时,不缺水,$\theta(t)$为 0,当 $QP(i,t)-QG(i,t)>0$ 时,$\theta(t)$为 1;$\Delta T(t)$为调度时间。

(2)发电量日标

$$\max E = \sum_{i=1}^{N}\sum_{t=1}^{T}[N(i,t) \times \Delta T(t)] \tag{5-50}$$

式中:E 为总发电量;$N(i,t)$为第 i 个子系统在第 t 时段的平均出力。

5.5.2.2　约束条件

(1)节点水量平衡约束(见图 5-5)。当不考虑水量传播因素时,

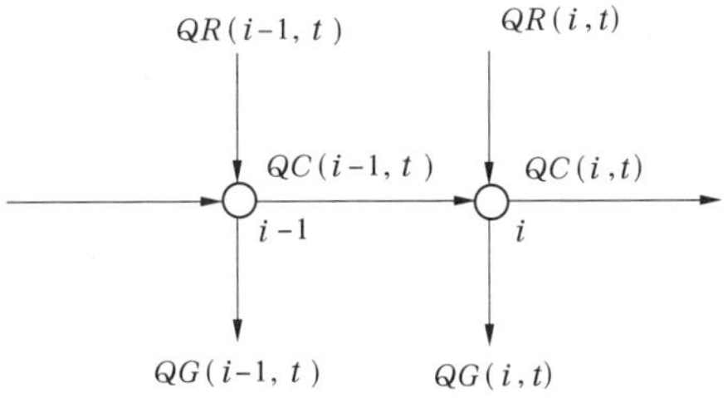

图 5-5　节点水量平衡约束

$$QC(i,t) = QC(i-1,t) + QR(i,t) - QG(i,t) - QL(i,t) + QT(i,t) \tag{5-51}$$

第 i 节点出流应等于上一节点 $i-1$ 出流与区间来水之和,扣除区间实际供水及区间损失,再加上区间退水。

考虑水量传播因素时

$$\begin{aligned} QC(i,t) = {} & QY(i,t) + \kappa r\alpha(i)QR(i,t-1) + [1-\kappa r\alpha(i)]QR(i,t) \\ & - \kappa p\alpha(i)QG(i,t-1) - [1-\kappa p\alpha(i)]QG(i,t) + \kappa t\alpha(i) \\ & QT(i,t-1) + [1-\kappa t\alpha(i)]QT(i,t) - QL(i,t) \end{aligned} \tag{5-52}$$

式中:κr、κp、κt 分别为区间来水、区间供水、区间退水项水量传播折扣系数;$QY(i,t)$为满足节点间水流连续性约束。

(2)节点间水流连续性约束

$$QY(i,t) = \alpha(i)QC(i-1,t-1) + [1-\alpha(i)]QC(i-1,t) \tag{5-53}$$

式中:$\alpha(i)=K(i)/\tau(i)$,$k(i)$为第 i 个电站出力系数。

(3)水库水量平衡约束

$$V(m,t+1) = V(m,t) + [QRu(m,t) - QRc(m,t)]\Delta T(t) - LW(m,t) \tag{5-54}$$

(4)水库库容约束

$$V_{\min}(m) \leqslant V(m,t) \leqslant V_{\max}(m,t) \tag{5-55}$$

式中:$V_{\min}(m)$为死库容;$V_{\max}(m,t)$为当月最大库容。

(5)防凌约束

$$QF_{\min}(m,t) \leqslant QRc(m,t) \leqslant QF_{\max}(m,t) \tag{5-56}$$

上述防凌约束主要针对刘家峡水库和小浪底水库而言。

(6)出库流量约束

$$QRc_{\min}(m,t) \leqslant QRc(m,t) \leqslant QRc_{\max}(m,t) \tag{5-57}$$

$QRc_{\min}(m,t)$的确定与各省(区)用水水库最小需供水量 $QBu(m,t)$、防凌要求的 $QF_{\min}(m,t)$以及生态要求的 $QS_{\min}(t)$有关。$QRc_{\max}(m,t)$的确定与最大过机流量 $QD_{\max}(n,t)$、防凌要求的 $QF_{\max}(m,t)$有关。

(7)出力约束

$$N_{\min}(n,t) \leqslant N(n,t) \leqslant N_{\max}(n,t) \tag{5-58}$$

式中:$N_{\min}(n,t)$为机组技术最小出力;$N_{\max}(n,t)$为装机容量。

(8)变量非负约束。

5.5.2.3 模型变量说明

1)水库部分

$V(m,t)$、$Z(m,t)$:第 m 个水库 t 时段初库容、水位;

$V_{\max}(m,t)$、$V_{\min}(m,t)$、$Z_{\max}(m,t)$、$Z_{\min}(m,t)$:第 m 个水库 t 时段初允许库容、水位上下限;

$QRu(m,t)$、$QRc(m,t)$:第 m 个水库 t 时段入库、出库流量;

$LW(m,t)$:第 m 个水库 t 时段损失水量;

$QRc_{\min}(m,t)$、$QRc_{\max}(m,t)$:第 m 个水库 t 时段最小、最大允许出库流量;

$QBu(m,t)$、$QF_{\min}(m,t)$、$QF_{\max}(m,t)$:第 m 个水库 t 时段最小需补水量、防凌约束的最小出库流量和最大出库流量阈值。

2)电站部分

$N(n,t)$、$N_{\min}(n,t)$、$N_{\max}(n,t)$:第 n 个电站 t 时段出力、允许最小出力和最大出力;

$QD(n,t)$、$QDD(n,t)$:第 n 个电站 t 时段发电流量、弃水流量;

$H(n,t)$:第 n 个电站 t 时段平均发电水头(径流式电站按设计水头计算);

$QD_{\min}(n,t)$、$QD_{\max}(n,t)$:第 n 个电站 t 时段最小、最大允许过机流量;

$ZD(n,t)$:第 n 个电站 t 时段尾水水位;

$k(n)$:第 n 个电站出力系数。

3)河道部分

$QR(i,t)$、$QP(i,t)$、$QT(i,t)$、$QL(i,t)$、$QS(i,t)$:第 $i-1$ 节点与第 i 节点区间 t 时段区间支流来水、区间需水、区间退水、区间损失和缺水流量;

$QG(i,t)$:第 $i-1$ 节点与第 i 节点区间 t 时段实际供水量;

$QY(i,t)$、$QC(i,t)$:第 i 节点 t 时段上一节点来水流量和本节点出流量;

$Qf_{1min}(t)$、$Qf_{1max}(t)$：兰州断面 t 时段防凌要求的最小、最大流量阈值；

$Qf_{2min}(t)$、$Qf_{2max}(t)$：花园口断面 t 时段防凌要求的最小、最大流量阈值；

$QS_{min}(t)$：维持生态平衡所要求的利津断面 t 时段的最小流量阈值，包括汛期冲沙水量和非汛期生态基流；

$\alpha(i)$：第 $i-1$ 节点与第 i 节点区间河段水量演算经验系数，该系数是在马斯京根演算方法的基础上推导出的适用于月、旬流量传播特点的径流演算经验参数；

$\tau(i)$、Δt：河段水流传播时间、调度时段长。

5.5.2.4　仿真模型的求解

1)模型求解原则

由于黄河流域水资源利用的多目标性和复杂性，需要使用宏观系统仿真技术进行研究，使决策者能在各种可能的调控手段下对系统进行观察了解，这样就保证了成果的实用性、方便性和灵活性。基于以上原因，各调控备选方案都是在一定的调控措施下，通过仿真方法来得到的。

黄河控制性工程包括4个调节水库、6个径流式电站，各工程主要任务不同、功能各异。上游龙羊峡—青铜峡梯级同属西北电网，在电力上互相补偿，主要以发电为主，兼顾防洪、防凌、供水，工程的调度实施由电力部门负责；中游三门峡和小浪底两水库，主要以防洪减淤为主，兼顾供水、灌溉和发电，工程调度由水利部门负责；万家寨水库主要是为向山西供水而建，库容调节能力低，对长期调度影响不大。同时，考虑目前的实际调度管理状况和各调控目标要求，确定如下仿真模型运行的基本原则：

(1)实行全河统一调度，遵循先支流后干流、上下游补偿调节的原则。

(2)各支流和干流，在保证生态用水和环境用水前提下，优先满足生活、工业用水，尽量保证农业用水。

(3)时段供水量实行断面控制，并以省际配水为主。

(4)三门峡、小浪底水库运行原则。三门峡、小浪底水库调度主要考虑黄河下游河段的生态用水和工农业用水、防凌和防洪等要求。根据黄河下游目前实际情况，各目标的优先满足次序为防凌防洪、生态用水、城市生活用水、工农业用水和发电。在调度时首先发挥自身的调节作用，不能满足要求时再由上游龙羊峡、刘家峡水库进行补偿。

(5)龙羊峡、刘家峡水库放水次序原则。龙羊峡、刘家峡水库负责满足黄河上中游河段的用水、防凌及上游梯级电力要求。根据水库单位能量水头损失最小原理，任何梯级水电站水库的蓄放水次序安排中，一般以单位水深库容小的水库先蓄后放，而单位水深库容大的后蓄先放为原则。黄河上游梯级水电站群中，龙羊峡水库每米的库容在2.0亿～3.7亿 m^3，而刘家峡水库每米的库容为0.8

亿～1.2 亿 m^3,所以根据一般的规律来说,刘家峡水库应该先蓄后放。但是,由于黄河上游的综合利用任务繁重,刘家峡水库难以独立承担,如果按以上原则进行调度,不仅刘家峡水库能量指标增加不大,而且影响梯级电站指标和开发任务的完成。另外,目前梯级电站补偿、被补偿的效益计算尚未建立和健全,运行调度涉及到各省电业部门的效益。鉴于这些原因,龙羊峡、刘家峡水库的蓄放水次序除了遵循上述原则外,研究中结合用水任务和实际调度经验进行了合理安排,主要体现在龙羊峡、刘家峡水库联合运行中。

(6)龙羊峡、刘家峡两库的联合运行问题。龙羊峡、刘家峡水库调度首先满足刘家峡—三门峡区间的防凌和供水要求,并对上游径流式电站进行电力补偿,满足梯级保证出力。按照上述放水次序原则,在宁蒙河段灌溉用水高峰期,当天然径流满足不了用水要求时,由于刘家峡水库库容小,并且离供水区较近,所以首先由刘家峡水库补水,加大下泄流量,使刘家峡、盐锅峡、八盘峡、青铜峡等电站在系统基荷运行,多发电,而龙羊峡、李家峡电站则担任调峰和备用任务,尽可能使龙羊峡水库多蓄少补,避免刘家峡水库后期弃水。在凌汛前期,刘家峡水库应先放,保持必要的防凌库容,充分蓄龙羊峡水库发电泄放水量。在凌汛期,刘家峡水库出库水量受到限制,此时需由龙羊峡、李家峡电站进行出力补偿。在发电控制运用期,为了提高水量利用率,并增加刘家峡水库发电量,把龙羊峡水库作为出力补偿水库,其泄水存于刘家峡水库,以提高用水高峰期的补水量,并抬高发电水头。另外,为满足下游工农业用水和保证生态环境用水,龙羊峡、刘家峡水库调度时应保证河口镇断面一定的补水流量。

2)模型求解步骤

模型求解之前,首先需计算各节点缺水量和水库补水的下限值。

(1)各节点缺水量模型。图 5-6 为节点水量平衡分析图。对于$i-1$节点和 i 节点区间河段,若区间来水 $QR(i,t)$不能满足区间用水计划 $QP(i,t)$,其差值 $QS(i,t)$为区间缺水,即

$$QS(i,t) = QR(i,t) - QP(i,t) - QL(i,t) \tag{5-59}$$

式中:$QL(i,t)$为节点损失水量。

当 $QS(i,t)<0$ 时,有缺水,需要由$i-1$节点的来水 $QC(i-1,t)$进行补偿;当 $QS(i,t)\geqslant 0$ 时,有余水进入下一节点。

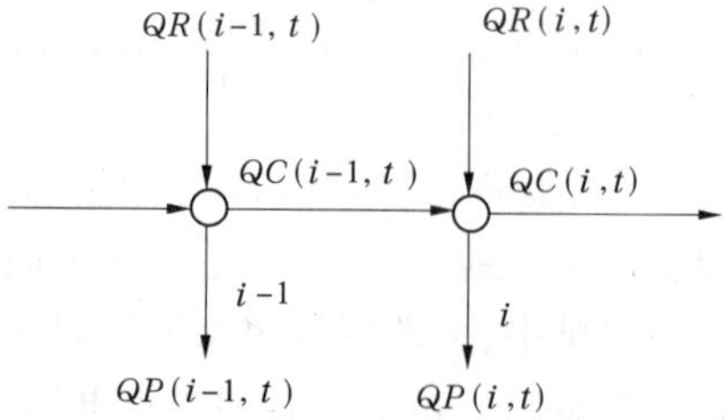

图 5-6 节点水量平衡分析图

(2)水库补水下限模型。第 m 个水库与第 $m+1$ 个水库之间各河段区间缺水之和为上游第 m 个水库供水的下限值$QBu(m, t)$。

不考虑水量传播时间

$$QBu(m,t) = \sum_{i=k(m)+1}^{k(m)+l(m)} QQ(i,t) \tag{5-60}$$

考虑水量传播时间

$$QBu(m,t) = \sum_{i=k(m)+1}^{k(m)+l(m)} [(1-\alpha(i))QQ(i,t) + \alpha(i)QQ(i,t+1)] \tag{5-61}$$

式中：$k(m)$为 m 水库的节点编号；$l(m)$为 m 水库直接供水的河段数；$QQ(i,t)$由下式计算

$$QQ(i,t) = \Delta Q(i,t) + QS(i,t) \tag{5-62}$$

当 $QQ(i,t) \leqslant 0$ 时，有

$$\Delta Q(i+1,t) = QC(i,t) \tag{5-63}$$

当 $QQ(i,t) > 0$ 时，有

$$\begin{cases} \Delta Q(i+1,t) = QQ(i,t) + QC(i,t) \\ \Delta Q(k(m)+1,t) = 0 \end{cases} \tag{5-64}$$

(3)仿真步骤。根据上述黄河水资源调控原则及目标，一个时段的主要仿真步骤如下，图 5-7 为仿真模型求解流程图。

第一步，确定仿真计算参数，包括防凌约束最大值、最小值，利津断面生态需水量，河口镇补水流量，上游梯级最小出力。

第二步，根据各支流来水和用水，对支流用水节点进行水量平衡，计算水库节点的供蓄情况。如果支流在满足用水外还有多余水量，则汇入相应干流节点。

第三步，按照式(5-59)计算干流各节点缺水量。

第四步，根据干流来水信息、用水计划以及支流汇入情况，考虑水量传播和水量损失，用式(5-61)～式(5-64)分别求出龙羊峡、刘家峡、三门峡、小浪底水库的补水下限。

第五步，应用式(5-65)，结合防凌、供水、生态等计算龙羊峡、刘家峡、三门峡、小浪底水库的放水约束上、下限。

$$\begin{cases} QRc_{\min}(m,t) = \max\{QBu(m,t), QF_{\min}(m,t), QD_{\min}(m,t)\} \\ QRc_{\max}(m,t) = \min\{QF_{\max}(m,t), QD_{\max}(m,t)\} \end{cases} \tag{5-65}$$

式中：$QF_{\min}(m,t)$、$QF_{\max}(m,t)$分别为 m 水库 t 时段为满足防凌约束的最小、最大放水；$QD_{\min}(m,t)$、$QD_{\max}(m,t)$分别为最小发电放水(按单机计算)和最大发电放水(按最大过机流量计算)。

第六步，推求各水库初始调度线

$$QRc(m,t) = \min\{QRc_{\min}(m,t), QRc_{\max}(m,t)\} \tag{5-66}$$

由式(5-66)计算得出的水库初始调度线能够满足供水和防凌目标。

第七步，水库仿真计算。由上游水库到下游水库，计算各水库初始调度线对

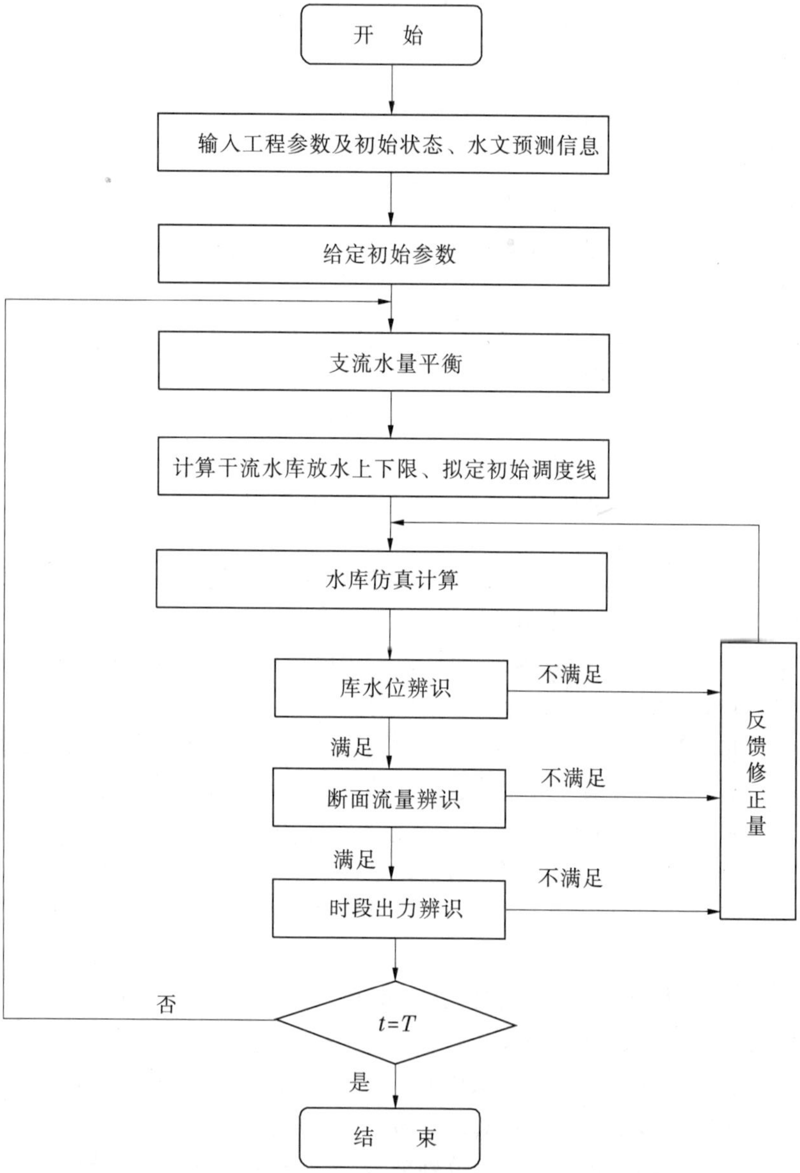

图 5-7　仿真模型求解流程图

应的水库库容和出力,计算公式如下

$$V(m,t+1) = V(m,t) + \{QRc(m-1,t) + \sum_{i=k(m-1)+1}^{k(m)} [QR(i,t) - QG(i,t) - QL(i,t)] - QRc(m,t)\}\Delta t \tag{5-67}$$

$$N(n,t) = k(n)QD(n,t)H(n,t) \tag{5-68}$$

$$NSUM(t) = \sum_{n=1}^{7} N(n,t) \tag{5-69}$$

式中：$NSUM(t)$为上游梯级出力。

第八步，在线辨识反馈。本次计算在仿真模型中加入了三层辨识反馈结构，即库水位辨识、断面流量辨识和出力辨识，如图 5-8 所示。每一层都包含一个辨识被测量和一个反馈量，通过对被测量仿真输出和期望输出的辨识，反馈相应的修正量，然后重新进行仿真，直到满足给定允许误差要求为止。

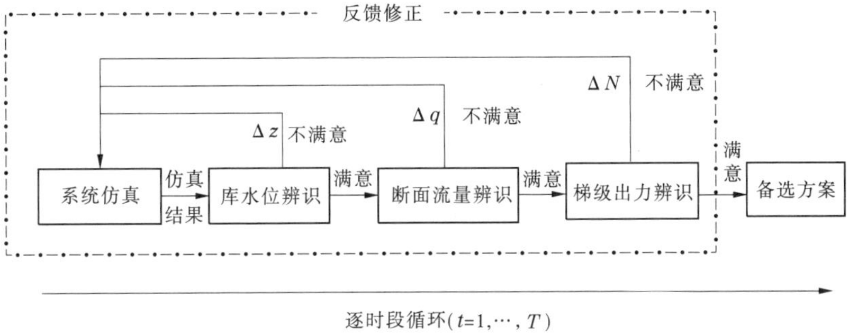

图 5-8　系统辨识结构示意图

库水位辨识：判断水库水位是否满足约束(5-52)。如果水库水位大于最大值，则加大放水。

若刘家峡水库水位小于最小值，即 $Z(2,t) < Z_{\min}(2,t)$，说明刘家峡水库为下游补水量过大，此时段需要龙羊峡水库加大补水，即 $QRc(1,t) = QRc(1,t) + \Delta Q$，来满足刘家峡水库与三门峡水库之间的用水需求。同样，如果三门峡或小浪底水库水位低于允许最小值，则需刘家峡水库加大放水。

若龙羊峡水库水位小于最小值，即 $Z(1,t) < Z_{\min}(1,t)$，或龙羊峡水库加大补水后使刘家峡水库放水，即 $QRc(2,t) > QRc_{\max}(2,t)$，说明下游用水不能满足，这时需要对供水进行打折。

断面流量辨识：如果河口镇断面流量小于设定的河口镇补水约束、利津断面流量小于下游河口地区生态需水量，那么需要上游水库放水来满足断面流量约束。

出力辨识：如果梯级时段出力小于梯级时段最小出力要求，即 $NSUM(t) < NSUM_{\min}(t)$，那么在凌汛前期，由刘家峡水库补偿，保持一定的防凌库容，在丰水期和其他时段，由龙羊峡水库补偿，以提高水利用率，并增加刘家峡水库的发电水头。

5.6　水资源整体配置模型框架

水资源整体配置模型框架见图 5-9。

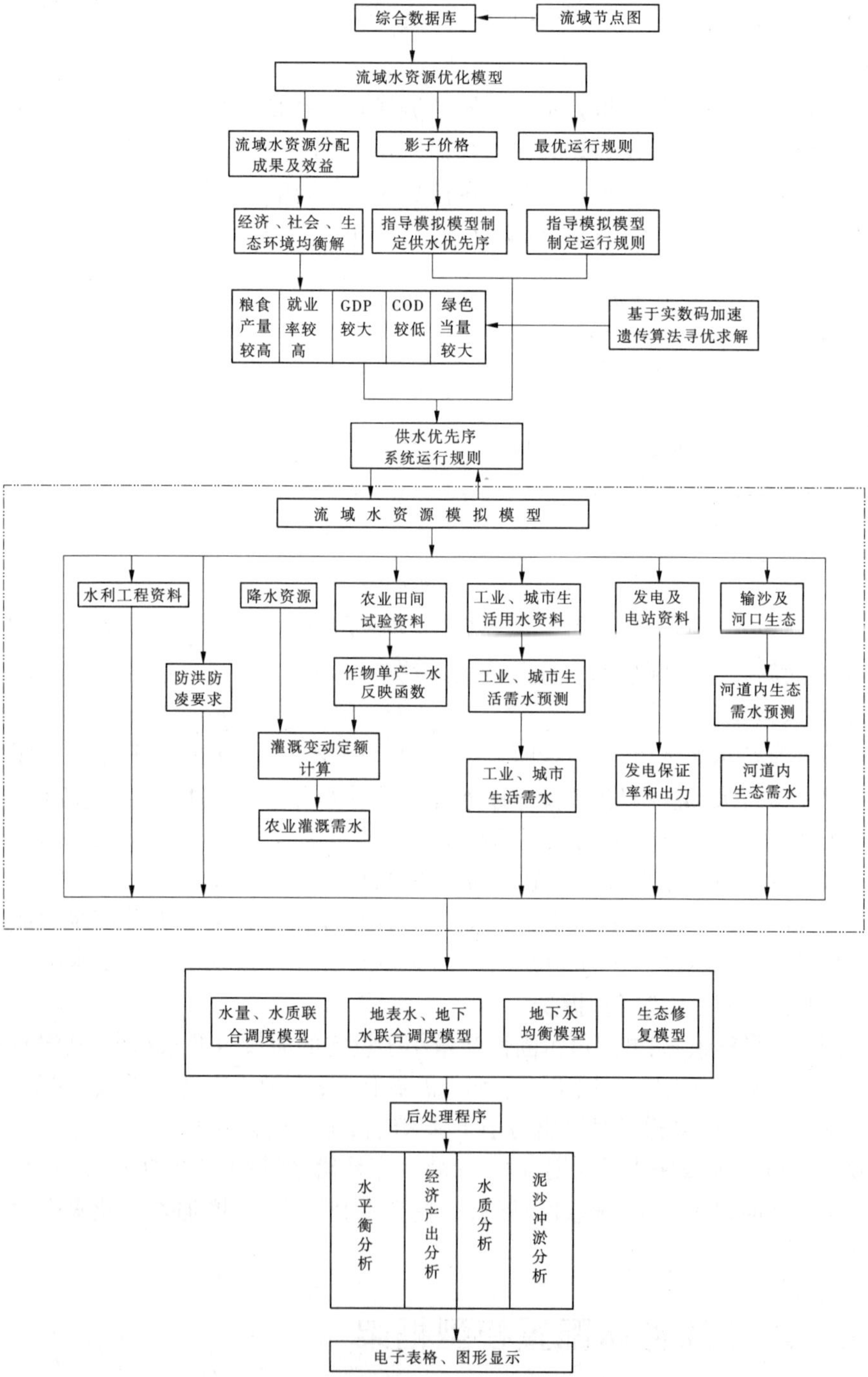

图 5-9　水资源整体配置模型框架

5.7　宁夏经济用水与生态用水配置

5.7.1　配置的目标、原则

5.7.1.1　配置的目标

区域水资源合理配置服务于区域可持续发展，而区域可持续发展包括两个方面的内容，即生态环境良性运转和社会经济持续发展。因此，水资源配置的目标是实现区域生态环境保护和社会经济发展两大系统之间以及两大系统内部用水的协调关系，以区域水资源的可持续利用支撑和实现流域社会经济的可持续发展。

5.7.1.2　配置的原则

1)公平公正原则

水资源属于稀缺性资源，是人们生活、生产和生态环境的基本需要，因此水资源合理配置首先必须坚持公平公正原则。区域水资源合理配置要增加地区之间、近期和远期之间、用水目标之间、用水人群之间对水量和水环境容量的公平分配。宁夏各地区之间要统筹全局，合理分配过境水量，避免部分或个别地区因水资源过度短缺而严重干扰区域社会发展秩序，或造成生态环境系统的严重退化，在全区上保证宁夏各地区之间以及其内部水资源的合理分配；要协调近、远期不同水平年区域治理规划和社会发展规划的水资源需求关系；用水目标上，要优先保证最为必要的生态用水，在此基础上兼顾经济用水和一般生态用水，同时在经济用水中要在保障供水的前提下兼顾综合利用；用水人群中，要注意提高农村饮水保障程度，并保证城市低收入人群的用水。

2)安全用水原则

人畜用水应优先满足。在此基础上，合理安排生产、生态用水，在一定的范围内使恶化的生态环境得到遏制且逐渐得到改善。因此，供水顺序为生活、工业、生态、农业。一般生活和工业用水的主要来源是地下水；农业供水首先是利用地表水，其次是开采地下水；生态用水主要引用地表水。

3)有效性原则

效率是水资源合理配置的最主要的目标之一，因此本次水资源合理配置必须坚持有效性原则。通过各种措施提高参与生活、生产和生态过程的水量及其有效程度，增加对降水的直接利用，减少水资源转化过程和用水过程中的无效蒸发；一水多用和综合利用，增加单位供水量对农作物、工业产值和GDP的产出；减少水污染，增加有效水资源量等。如在保证粮食安全等相关前提基础上，压缩低产出的农业用水，而转为第二、第三产业等高产出用水；压缩低收益的粮食作物用水，而转为高产出的经济作物用水等内容，建立与区域水资源承载能力相适应的高效经济体系。另外在生态用水方面，也要强调单方水所实现的生态服务功能。

4)可持续性原则

在水资源配置过程中必须坚持以水资源的可持续利用支持经济社会的可持续发展原则。对宁夏这一水资源相对短缺的区域来说，随着社会经济的发展，应通过控制压缩灌区的灌溉面积、退耕还林还草、调整种植结构和加大节水力度等方式来降低社会经济用水量，从而保障宁夏的生态环境用水量，促进区域的可持续发展。

5.7.2　模型计算过程

5.7.2.1　农业灌溉总需水量

1)作物需水量

采用彭曼公式所计算的宁夏参考作物需水量见表5-4。

表5-4　彭曼公式计算的宁夏参考作物需水量　　(单位:mm/d)

月份	1	2	3	4	5	6	7	8	9	10	11	12	全年
ET_0	0.515	1.096	2.09	3.748	4.63	4.969	4.93	4.141	2.812	1.66	0.749	0.198	962.3mm

宁夏不同农作物的作物系数见表5-5。

表5-5　宁夏不同农作物的作物系数

作物名称	生长月份							
	3	4	5	6	7	8	9	10
春小麦	0.85	0.85	1.35	1.31	0.61	—	—	—
套种玉米	—	—	1.35	1.31	1.03	1.43	1.22	—
单种玉米	—	0.26	0.37	1.32	1.26	0.99	0.26	—
水稻	—	1.00	1.00	1.05	1.16	1.16	0.94	0.62
套种大豆	—	0.31	0.47	1.07	1.12	1.12	0.83	0.50
瓜菜	—	0.35	0.38	0.86	1.01	0.85	0.53	—
枸杞	—	0.51	0.82	1.10	1.20	1.20	1.15	—
果树	—	0.45	0.85	1.15	1.25	1.25	1.20	—
牧草	—	0.53	0.70	0.94	0.85	0.70	0.50	—

宁夏农作物生长阶段及作物系数见表 5-6。

表 5-6　宁夏农作物生长阶段及作物系数

作物名称	开播时间（月·日）	生育期		生长期		成熟期		末期	
		持续天数(d)	作物系数	持续天数(d)	作物系数	持续天数(d)	作物系数	持续天数(d)	作物系数
水稻	5.15	30	1.20	50	1.15	50	1.10	40	0.80
小麦	3.15	40	0.85	100	0.78	30	1.15	40	0.30
玉米	4.15	30	0.30	40	0.75	50	1.20	30	0.60
其他谷类	5.15	30	0.30	40	1.15	40	1.15	30	0.25
豆类	4.15	40	0.40	30	0.78	40	1.15	30	0.55
油料	4.15	30	0.35	20	0.75	20	1.10	20	0.35
蔬菜	5.15	20	0.60	40	0.85	30	1.10	30	0.90
薯类	4.15	40	0.50	40	0.83	40	1.15	30	0.75
甜菜	5.15	60	1.00	80	1.00	90	1.00	50	1.00
水果	5.15	60	0.75	120	1.00	120	0.75	65	0.75
其他作物	5.15	30	1.00	30	1.00	30	1.00	30	1.00

2)有效降水量

计算宁夏全区年降水量首先要对水资源进行分区，水资源分区按黄河流域统一分区划分，宁夏在黄河流域一级区中分为 3 个二级区、7 个三级区，见表 5-7。

表 5-7　宁夏水资源分区

二级区	三级区	分区名称	面积(km^2)
$Ⅳ_3$		兰州—河口镇区间	38 532
	$Ⅳ_{3-1}$	兰州—大柳树	2 291
	$Ⅳ_{3-3}$	黄河一级支流两岸诸沟	29 668
	$Ⅳ_{3-4}$	引黄灌区	6 573
$Ⅳ_5$		龙门—三门峡区间	8 236
	$Ⅳ_{5-8}$	渭河	3 281
	$Ⅳ_{5-6}$	泾河	1 050
	$Ⅳ_{5-5}$	马莲河、蒲河、茹河、洪河	3 905
$Ⅳ_8$	$Ⅳ_{8-1}$	盐池内流区	5 032
合计			51 800

根据宁夏各分区逐年平均降水量系列(1956～1995 年)进行频率计算,各分区统计参数及不同频率年降水量见表 5-8。

表 5-8　宁夏各分区统计参数及不同频率年降水量

分区名称	降水量均值(mm)	C_v	C_s/C_v	不同频率年降水量(mm)			
				20%	50%	75%	95%
$Ⅳ_{3-1}$	253	0.26	2.0	306	248	207	157
$Ⅳ_{3-3}$	273	0.27	2.0	330	268	222	165
$Ⅳ_{3-4}$	180	0.33	2.0	227	173	138	95
$Ⅳ_{5-5}$	452	0.25	2.0	542	443	371	285
$Ⅳ_{5-6}$	662	0.20	2.0	768	655	569	459
$Ⅳ_{5-8}$	466	0.23	2.0	550	457	391	308
$Ⅳ_{8-1}$	254	0.29	2.0	315	246	201	147
银南地区	232	0.29	2.0	285	226	183	135
银川市	199	0.30	2.0	247	193	155	111
石嘴山市	191	0.36	2.0	244	183	141	96
固原地区	434	0.24	2.0	516	425	360	278
宁南山区	327	0.24	2.0	389	320	271	209
全区	292	0.23	2.0	346	283	241	191

宁夏逐月降水量(75%)见表 5-9。

表 5-9　宁夏逐月降水量(75%)　　(单位:mm)

月份	1	2	3	4	5	6	7	8	9	10	11	12	总计
降水量	3.75	5.49	3.37	4.37	4.25	66.13	23.00	98.43	20.00	7.49	4.37	0	241

根据式(5-35)～式(5-37)即可计算出农业灌溉总需水量。

5.7.2.2　生活总需水量

生活需水量分为城镇生活需水量、农村生活需水量两部分。

1)城镇生活需水量

宁夏 2000 年城镇生活需水量人均综合定额 202.9L/(人·d)。在详细分析历史用水量系列资料的基础上,综合考虑社会经济不断发展、居民生活消费水平的持续提高、节水技术的应用与推广、水管理水平的不断提高和强化,以及水价的调整和暂住人口的变化等,分析和制定出宁夏不同水平年的城镇生活需水定额。

2)农村生活需水量

农村生活用水又可划分为农村居民的生活用水和牲畜用水,其需水量仍根据农村人口增长和牲畜发展预测结果,采用定额法分别进行计算和预测。

5.7.2.3　工业需水量

随着社会进步和经济发展,工业在国民经济各部门中所占比重越来越大,其需水量也相应地不断增加,影响工业需用水量大小的因素主要有工业发展情况、技术水平和产业结构等。当工艺水平和工业结构基本不变时,工业产值是主要影响因素。随着科学技术的发展、产业结构的调整、工艺水平的不断提高,以及节水技术的不断完善,工业用水的重复利用率不断提高,单位工业产值的需用水量也会不断下降。

宁夏 1995 年、2000 年工业取用水量分别为 2.61 亿 m^3 和 4.768 亿 m^3,分别占总取用水量的 3.0%、5.5%,其综合万元产值取用水量分别为 $214m^3$/万元和 $142m^3$/万元。2003 年综合万元产值取用水量达到 $101m^3$/万元,高于全国的平均水平 $73m^3$/万元(2003 年),也高于西北地区平均值 $95m^3$/万元。可见,宁夏的工业取用水标准是比较高的,其节水潜力巨大。通过大力挖潜改造、提高工艺水平、改进工艺用水技术、对工业冷却水系统进行全面的技术改造、改进现有锅炉用水技术,以及在有条件的企业大力推行工业废水的厂内重复使用和厂际之间的串联使用等,大力推广节水技术,可进一步提高水的重复利用率。2003 年宁夏水重复利用率为 45%,低于全国平均水平 10 个百分点。根据优化模型筛选的方案,再综合宁夏具体发展规划确定的综合万元产值需水定额来计算工业需水量。

5.7.2.4　优化模型参数变量的趋势估计

由多目标的模型可以看出,影响运行结果的主要参数有中间需求与最终需求比例的变化、最终需求内积累与消费的比例变化、资本产出率的变化以及投资率的变化、单位产值的 COD 排放量、城市人口人均生活 COD 排放量、粮食单位面积产量等。对这些参数的变化趋势进行分析是在宁夏发展阶段的基本估计的基础上进行的,而参数变化趋势本身是进行增长速度和结构变化预测以及经济与社会、生态环境协调发展的重要前提条件。

1)粮食单位亩产变化估计

宁夏全区粮食作物种类较多,主要有小麦、水稻、玉米、马铃薯。这四种粮食作物占总粮食产量的 90%以上,2003 年该比例达到 94%。近年来,玉米、马铃薯种植面积呈快速上升趋势,因此全区粮食单产的变化主要与这四种作物单产变化情况相似。

从历史上看,宁夏南部山区的粮食单产水平一直是相当低的,从新中国成立到 1988 年的 40 年时间里,宁南山区的粮食单产一直徘徊在 50kg/亩以下;1988

年以后，粮食单产稍有提高，但仍然在 80kg/亩以下，最近几年达到 100kg/亩左右，这主要是由较差的自然条件所决定的。

灌区粮食单产可大致划分为 3 个时期：波动徘徊期（1949～1970 年）、显著增长期（1971～1984 年）和相对稳定波动期（1985～2000 年）。1949～1970 年的 20 多年间，灌区各地的粮食单产水平变化不大且水平不高，一般在 150kg/亩上下波动。1971～1984 年是灌区各地粮食单产增加比较显著的时期，灌区平均单产由 1971 年的 178kg/亩较快地提高到 1984 年的 327kg/亩。进入 1985 年以后，粮食单产变化呈现出明显的波动性，1998 年达到最高值 400kg/亩，这种趋势主要是小麦和水稻单产变化的综合作用造成的。

在 20 世纪 80 年代以前，全区平均单产一般徘徊在 100kg/亩以下；进入 80 年代以后，粮食单产有所提高，从 80 年代以前的 100kg/亩以下提高到 80 年代末的 170kg/亩左右；90 年代末提高到 230kg/亩左右，如图 5-10 所示。全区粮食单产提高缓慢主要是山区粮食单产提高缓慢造成的。

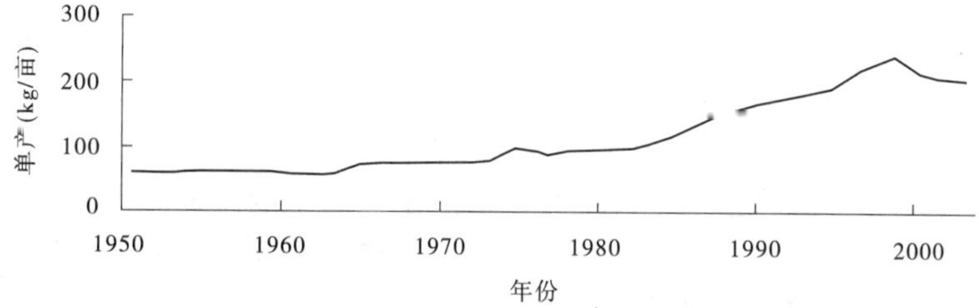

图 5-10 宁夏粮食单产变化曲线

2)时间序列模型对粮食亩产预测的应用

粮食产量及亩产预测工作是近年来有关学者研究的热点，预测方法也多种多样，但从目前的研究水平看，要达到十分精确的估算还很难。粮食亩产的高低主要与生产技术水平、自然生态条件（正常年份与干旱年份）密切相关。由图 5-10可知，宁夏粮食亩产随着时间推移而逐渐上升。粮食亩产是以时间为自变量的函数，随着时间的推移，人们的生产技术水平越来越高，同时粮食亩产还受到“干旱”这个质的影响，正常年份粮食亩产较高，干旱年份粮食亩产较低。

分别应用时间序列模型对小麦、玉米、水稻、马铃薯亩产进行预测。表 5-10 为时间序列模型预测全区粮食亩产误差。表 5-11 为时间序列模型预测未来粮食亩产。

3)人均粮食期望消耗量的确定

人均粮食期望消耗量的确定应在保证粮食安全的前提下，随着人们的生活水平而不断变化。国家食物与营养咨询委员会主任卢良恕认为，食物安全的含义包括几个方面：从数量的角度，要求人们既能买得到又能买得起需要的基本食品；从质量的角度，要求食物的营养全面、结构合理、卫生健康；从发展的角度，要求食物的获取应注重生态环境的保护和资源利用的可持续性。

表 5-10 时间序列模型预测全区粮食亩产误差 (单位：kg/亩)

年份	粮食亩产				小麦亩产				玉米亩产			
	实际值	预测值	差	%	实际值	预测值	差	%	实际值	预测值	差	%
1998	240.2	214.3	25.9	10.7	199.0	193.4	5.6	2.9	466.0	439.5	26.5	6.0
1999	235.0	221.1	13.9	5.9	201.0	213.1	-12.1	-6.0	437.0	445.9	-8.9	-2.0
2000	207.9	228.0	-20.1	-9.7	183.0	187.4	-4.4	-2.3	429.8	451.8	-22.0	-5.1
2001	234.1	235.0	-0.9	-0.4	186.2	196.5	-10.3	-5.5	427.6	457.3	-29.7	-6.9
2002	228.4	242.1	-13.7	-6.0	172.8	170.1	2.7	1.6	448.3	462.3	-14.0	-3.0
2003	223.7	249.3	-25.6	-11.4	157.9	158.8	-0.9	-0.6	465.1	467.1	-2.0	-0.4

年份	水稻亩产				马铃薯亩产			
	实际值	预测值	差	%	实际值	预测值	差	%
1998	625.6	562.3	63.3	10.1	139.6	129.2	10.4	7.4
1999	627.0	563.6	63.4	10.1	135.0	138.3	-3.3	-2.4
2000	601.7	564.8	36.9	6.1	117.3	143.9	-26.6	-22.7
2001	555.3	566.0	-10.7	-1.9	163.6	148.0	15.6	9.5
2002	573.3	567.0	6.3	1.1	142.5	151.2	-8.7	-6.1
2003	529.4	567.9	-38.5	-7.2	171.9	153.9	18.0	10.5

表 5-11 时间序列模型预测未来粮食亩产 (单位：kg/亩)

年份	粮食亩产	小麦亩产	玉米亩产	水稻亩产	马铃薯亩产
2005	263.8	196.6	475.8	569.6	158.3
2010	301.3	208.1	493.9	573.1	166.0
2015	339.9	216.7	508.7	575.9	171.4
2020	379.3	221.9	521.3	578.2	175.5
2025	418.8	223.1	532.1	580.1	178.9
2030	458.1	219.7	541.8	581.5	181.8

卢良恕提出了基本小康社会(2010 年)、全面小康社会(2020 年)、向富裕过渡时期(2030 年)三个阶段的食物安全目标(见表 5-12)。

可以看出，宁夏人均粮食占有量目前已经达到向富裕过渡的人均粮食占有量，粮食产量已有剩余(见表 5-13)。

表 5-12 阶段的食物安全目标

阶段	粮食	油料	糖料	水果	肉类	禽蛋
基本小康(2010 年)	391	24	111	49	52	19
全面小康(2020 年)	437	29	116	55	53	22
向富裕过渡(2030 年)	472	33	125	59	553	24

表 5-13 宁夏粮食产量及人均粮食占有量

项目	1990 年	1995 年	2000 年	2002 年	2003 年
宁夏人口总数(人)	4 656 774	5 123 845	5 543 214	5 715 376	5 800 000
粮食产量(t)	1 917 028	2 032 529	2 527 416	3 019 140	2 702 000
人均粮食占有量(kg)	411.66	396.68	455.95	528.25	465.86

4)水环境预测

水环境预测包括两个方面的内容:各规划水平年各分区的污水总量和相应的污染物排放量。污染物排放量针对宁夏的实际情况,考虑 COD 这个水环境指标。

(1)污水排放量预测。污水排放量预测包括城镇人口定额废污水排放量预测和工业万元产值污水排放量预测。

城镇人口定额废污水排放量预测:污水产生量的预测源于计算子区的供水数据,由供需水平衡模型中的供水量扣除蒸发、泄漏和人畜及产品挟带损失量后作为污水不产生量,该算法已得水量平衡的证实。考虑到不同工业技术水平和地区差异,污水产生系数城镇按 0.65～0.81 计算,农村地区由于排放污水没有进入排水系统,可不予考虑。

城镇人口定额废污水排放量由下式计算

$$q_n = Q_n \times f_w \times (1 - f_p) \tag{5-70}$$

式中:Q_n 为不同水平年城镇人口生活取用水量定额;f_w 为不同水平年供水产污系数;f_p 为城镇管网漏损率。

表 5-14 为宁夏城镇人口污水产生量定额预测值。

表 5-14 宁夏城镇人口污水产生量定额预测值

水平年	2000	2010	2020	2030
用水定额(L/(人·d))	202.7	229.6	257.2	270
f_w	0.75	0.78	0.80	0.81
f_p(%)	20	15	10	8
人均污水产生量(L/(人·d))	121.62	152.22	185.18	201.20

工业万元产值污水排放量预测：根据表 5-14 历史数据进行回归分析，得出宁夏工业万元产值排放量预测值，多元回归方程为 $y = -0.7687x^2 + 2.9722x + 123.37$，$R^2 = 0.8333$。不同水平年宁夏工业万元产值污水排放量预测值见表 5-15。

表 5-15　宁夏工业万元产值污水排放量预测值　（单位：m^3/万元）

水平年	2000	2005	2010	2020	2030
工业万元产值污水排放量	117.8	101	70	50	30

(2)污染物排放量预测。宁夏经济在“九五”、“十五”期间迅速发展，而绝大多数企业没有配套的废污水处理设施，对环境造成了极大的污染。

污染物排放量预测中的城镇生活污染源污染物排放量预测和工业污染物排放量预测分别由历史调查统计量的回归推测所得。

城镇生活污染源污染物排放量预测：

城镇生活污染源预测年度污染物排放量由下式计算

$$N_n = C_n \times P_n \times 3.65 \tag{5-71}$$

式中：N_n 为 n 子区预测年生活污染源污染物排放量，t/a；C_n 为预测年生活污染源污染物日排放量，g/(人·d)；P_n 为 n 子区预测年人口数，万人。城镇生活污染源污染物排放量是根据城市规划、各城镇生活污水的排放形式及特点，参考《给排水设计手则》确定的。宁夏不同水平年城镇生活污染源污染物排放量预测值见表 5-16。

表 5-16　宁夏不同水平年城镇生活污染源污染物排放量预测值　（单位：g/(人·d)）

水平年	2000	2005	2010	2020	2030
城镇生活污染源污染物排放量	42	45	49	60	70

工业污染物排放量预测：工业污染物年度排放量采用下式计算

$$I_n = X_n \times PP_n \times TF_n \tag{5-72}$$

式中：I_n 为 n 子区污染物排放量，t/a；X_n 为预测年度 n 子区产值，万元；PP_n 为预测年度工业万元产值排污量，t/万元；TF_n 为预测年度工业科技进步系数。

宁夏工业万元产值污染物排放量预测值见表 5-17。

5)城市就业能力预测

宁夏劳动年龄人口众多，国民教育水平较低，就业矛盾十分突出。主要表现在：劳动力供求总量矛盾和就业结构性矛盾同时并存，城镇就业压力加大和农村富余劳动力向非农领域转移速度加快同时出现，新成长劳动力就业和失业人员再就业问题相互交织。

表 5-17 宁夏工业万元产值污染物排放量预测值 （单位：kg/万元）

水平年	2000	2005	2010	2020	2030
工业万元产值污染物排放量	57.7	50.6	45	30	20

城镇就业能力高低与各部门单位产值的就业人数、产业结构密切相关。各部门单位产值的就业人数与生产力的水平有关，大体上讲，随着生产力水平进一步提高，单位产值的就业人数是逐渐下降的。表 5-18 为宁夏单位产出从业人数分析结果。

表 5-18 宁夏单位产出从业人数分析结果

项目	产出（亿元）				从业人数（万人）				单位产出从业人数（万人/亿元）			
	1999年	2000年	2001年	2002年	1999年	2000年	2001年	2002年	1999年	2000年	2001年	2002年
总计	601.46	690.46	785.45	898.37	272.3	275.5	279.0	282.4	0.453	0.399	0.355	0.314
第一产业	77.95	77.75	85.31	92.50	158.5	158.6	157.1	155.8	2.033	2.040	1.842	1.684
第二产业	373.22	443.07	499.98	575.77	47.2	50.0	51.7	55.1	0.126	0.113	0.103	0.096
第三产业	150.29	169.50	200.16	239.10	66.6	66.9	70.2	71.5	0.443	0.395	0.351	0.299

城镇化进程的普遍规律是，城镇化率达到 30%左右后，城镇化将进入加速发展阶段。“十五”、“十一五”期间，随着宁夏进入经济结构战略性调整的新阶段，城镇化率年均提高 1～1.2 个百分点，“十五”期间全区城镇将吸纳农村人口 29 万～33 万人，农村人口绝对数开始下降。表 5-19 为宁夏城镇化率预测值。

表 5-19 宁夏城镇化率预测值

项目	水平年			
	2000	2002	2005	2010
总人口（万人）	554	571	590	628
城镇人口（万人）	148.86	158.93	188.80	232.36
农村人口（万人）	405.14	412.07	401.20	395.64
城镇化率（%）	26.87	27.83	32	37

综合上述，随着单位产值的从业人员数量减少，城镇化进程步伐加快，宁夏面临着城镇就业越来越严峻的形势。为了进一步对宁夏的就业情况进行预测，本书对宁夏单位产值从业人数进行预测，见表 5-20。

表 5-20　宁夏单位产值从业人数预测值　（单位：万人/亿元）

项目	水平年			
	2000	2010	2020	2030
第一产业	2.040	1.312	0.923	0.523
第二产业	0.113	0.074 5	0.042 3	0.022 1
第三产业	0.395	0.210	0.176	0.092 3

5.7.3　多目标优化模型备选方案生成

以上对宁夏宏观经济多目标规划模型的参数趋势做了估计。对区域经济发展、社会及环境参数的基本估计是进行水资源优化配置研究的基础，直接关系到需水预测和水环境预测以及多目标条件下的水资源优化配置方案分析。通过多目标规划模型生成备选方案，将备选方案提交给决策者进行协调，以形成最终推荐方案，再对最终推荐方案进行详细模拟，模拟方法的使用是基于长期发展过程中的经济不确定性和水文现象的随机性对区域发展模型及相应的水资源开发利用策略的影响，在优化配置方案形成后又分别对农业、工业、生活、生态环境需水进行模拟分析。备选方案主要决策变量见表 5-21。

5.7.4　模拟模型计算结果

宁夏经济用水量利用 PODIUMSim 模型计算，生态用水量利用第 4 章计算结果，图 5-11为宁夏水资源利用平衡表示意图。表 5-22 为宁夏经济用水与生态用水系统模拟方案。

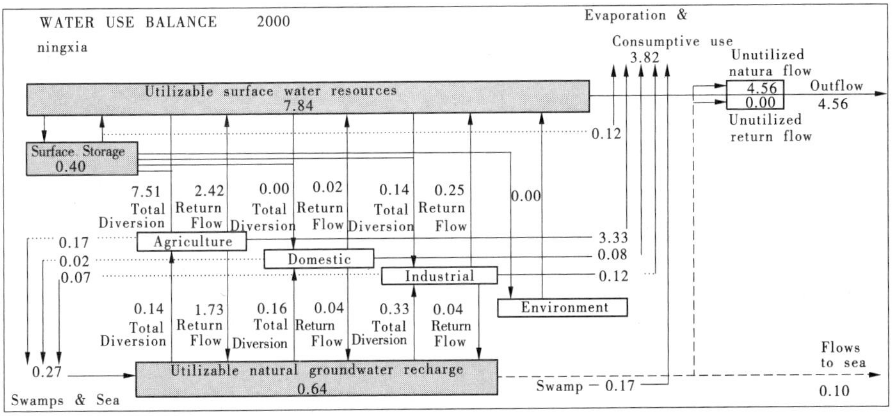

图 5-11　宁夏水资源利用平衡表示意图

表 5-21　方案主要决策变量

水平年	方案	国内生产总值			粮食		城镇就业率	生态经济当量面积	废水排放量	化学耗水量	水处理投资	COD人均负荷	用水量(亿 m^3)				
		总值(亿元)	增长率(%)	人均值(元/人)	产量(万 t)	人均值(kg/人)	(%)	(万亩)	(亿 m^3)	(万 m^3)	(亿元)	(g/(人·d))	农业用水	工业用水	生活用水	生态用水	总量
2000	现状	265.57	9.80	4 799	254.2	458.58	95.4	—	1.50	17.45	—	86.25	77.90	4.77	1.69	2.84	87.20
2010	方案 a	630.7	9.02	9 793.5	280.0	434.85	94.1	97.8	4.57	17.81	3.17	54.32	73.7	5.30	3.70	2.80	85.50
	方案 b	648.9	9.33	10 075.9	280.0	434.78	94.4	97.8	4.65	18.20	3.19	55.63	73.7	5.45	3.70	2.80	85.65
	方案 c	670.5	9.69	10 410.7	280.0	434.85	94.7	97.8	4.74	18.67	3.22	57.18	73.7	5.63	3.70	2.80	85.83
	方案 d	700.7	10.17	10 880.0	280.0	434.85	95.1	97.8	4.87	19.32	3.29	59.35	73.7	5.89	3.70	2.80	86.09
	方案 e	725.3	10.55	11 263.0	280.0	434.85	95.5	97.8	4.97	19.85	3.32	61.13	73.7	6.10	3.70	2.80	86.30
2020	方案 a	1 370.3	8.07	18 719.9	310.8	424.54	93.9	108.3	8.34	28.78	12.06	55.04	70.31	6.40	5.50	3.10	85.31
	方案 b	1 420.2	8.15	19 401.6	310.8	424.54	94.4	108.3	8.60	29.59	12.42	56.73	70.31	6.63	5.50	3.10	85.34
	方案 c	1 520.2	8.53	20 767.8	310.8	424.54	94.8	108.3	8.77	31.21	13.23	60.14	70.31	7.10	5.50	3.10	86.01
	方案 d	1 640.3	8.88	22 408.5	310.8	424.54	95.2	108.3	8.94	33.15	14.17	64.23	70.31	7.66	5.50	3.10	86.57
	方案 e	1 720.6	9.02	23 505.5	310.8	424.54	95.4	108.3	9.20	34.45	14.78	66.96	70.31	8.04	5.50	3.10	86.95
2030	方案 a	2 700.6	7.02	33 342.0	323.77	400.21	93.1	122.3	14.89	40.00	9.97	23.82	68.23	11.60	7.30	3.50	90.63
	方案 b	2 900.2	7.40	35 806.3	323.77	400.21	93.5	122.3	15.75	42.24	11.37	25.67	68.23	12.46	7.30	3.50	91.49
	方案 c	3 100.6	7.39	38 276.7	323.77	400.21	93.8	122.3	16.61	44.48	11.87	27.48	68.23	13.32	7.30	3.50	92.35
	方案 d	3 320.5	7.31	40 995.3	323.77	400.21	94.3	122.3	17.55	46.95	12.27	29.38	68.23	14.26	7.30	3.50	93.29
	方案 e	3 558.8	7.54	43 937.4	323.77	400.21	94.8	122.3	18.58	49.62	13.68	31.55	68.23	15.29	7.30	3.50	94.32

表 5-22　宁夏经济用水与生态用水系统模拟方案

水平年	区域	需水(亿 m^3)				耗水(亿 m^3)					供水(亿 m^3)				供水率(%)			
		农业需水	生活需水	工业需水	生态需水	农业耗水	生活耗水	工业耗水	生态耗水	耗水合计	农业供水	生活供水	工业供水	生态供水	农业供水	生活供水	工业供水	生态供水
2000	宁夏	76.50	1.60	4.70	4.58	33.30	0.80	1.20	4.58	39.88	76.50	1.60	4.70	4.58	100	100	100	100
2010	宁夏	68.70	2.20	9.30	4.58	31.20	1.11	2.50	4.58	39.39	68.70	2.20	9.30	4.58	100	100	100	100
	银川	18.45	0.59	3.34	0.83	8.38	0.30	0.90	0.83		18.45	0.59	3.34	0.83				
	石嘴山	9.23	0.40	2.78	0.93	4.19	0.20	0.75	0.93		9.23	0.40	2.78	0.93				
	吴忠	38.03	0.79	2.97	2.68	17.27	0.40	0.80	2.68		38.03	0.79	2.97	2.68				
	固原	2.85	0.42	0.19	0.14	1.29	0.21	0.05	0.14		2.85	0.42	0.19	0.14				
2020	宁夏	67.00	3.31	13.70	4.58	31.90	1.60	4.00	4.58	42.08	62.65	3.31	13.70	4.58	93.51	100	100	100
	银川	17.91	0.83	4.66	0.83	8.53	0.40	1.36	0.83		16.75	0.83	4.66	0.83				
	石嘴山	8.96	0.55	4.24	0.93	4.27	0.27	1.24	0.93		8.38	0.55	4.24	0.93				
	吴忠	36.92	1.26	4.47	2.68	17.58	0.61	1.30	2.68		34.53	1.26	4.47	2.68				
	固原	3.06	0.67	0.32	0.14	1.46	0.32	0.09	0.14		2.86	0.67	0.32	0.14				
2030	宁夏	65.40	5.72	17.90	4.58	32.50	2.40	5.60	4.58	45.08	56.14	5.72	17.90	4.58	88.84	100	100	100
	银川	17.48	1.44	6.09	0.83	8.69	0.60	1.91	0.83		15.01	1.44	6.09	0.83				
	石嘴山	8.75	0.95	5.54	0.93	4.35	0.40	1.73	0.93		7.51	0.95	5.54	0.93				
	吴忠	36.04	2.17	5.84	2.68	17.91	0.91	1.83	2.68		30.94	2.17	5.84	2.68				
	固原	2.98	1.16	0.42	0.14	1.48	0.49	0.13	0.14		2.56	1.16	0.42	0.14				

参考文献

[1] 冯尚友. 水资源系统工程. 武汉:湖北科学技术出版社, 1991

[2] 华士乾. 水资源系统分析指南. 北京:水利电力出版社 ,1988

[3] 黄晓荣. 宁夏经济用水与生态用水合理配置研究:[博士论文]. 成都:四川大学,2005

[4] 翁文斌,王忠静,赵建世. 现代水资源规划——理论、方法和技术. 北京:清华大学出版社,2004

[5] MIKEBASIN: http://www. dhisoftware. com/MIKEBASIN/Download, Aquarius: http://www. fs. fed. us/rm/value/aquariusdwnld. html, WMS: http://www. ems - i. com/WMS/WMS-Overview/wms _ overview. html, Waterware: http://www. ess. co. at/MANUALS/WATERWARE/R51reference. html

[6] International Water Management Institute User's Manual for PODIUMSim - Policy Dialogue Model: Version Ⅱ ,april 2003: http://www. iwmi. cgiar. org/tools/podium _ sim. htm

[7] 许新宜,王浩,甘泓,等. 华北地区宏观经济水资源规划理论与方法. 郑州:黄河水利出版社,1997

[8] 常炳炎,薛松贵,张会言,等. 黄河流域水资源合理分配和优化调度. 郑州:黄河水利出版社,1998

[9] 赵建世. 水资源系统整体模型研究. 中国科学 E 辑,2004,34(增刊)

[10] 赵建世. 基于复杂适应理论的水资源优化配置整体模型研究:[博士论文]. 北京:清华大学,2003

[11] 王浩. 黄河流域水资源演变规律与二元演化模型报告. 中国水利水电科学研究院水资源所,2004

[12] 游进军,王浩,甘泓. 水资源系统模拟模型研究进展. 水资源进展,2006(5)

[13] 游进军,甘泓,王浩. 水资源配置模型研究现状与展望. 水资源与水工程学报,2005(9)

[14] 游进军. 水资源系统模拟理论与实践:[博士论文]. 北京:中国水利水电科学研究院,2005

[15] P. Rogers Giering. Use of Systems Analysis in Water Management. Water Resources Research,1986,22(9)

[16] X. Cai, D. C. Mckinney, L. Lasdon. Piece - by - piece approach for solving large nonlinear water resources management model . J of water resources planning and management (ASCE),2001,127(6)

[17] L. D. 詹姆斯,R. R. 李. 水资源规划经济学. 北京:水利电力出版社, 1984

[18] 冯尚友. 多目标决策理论方法与应用. 武汉:华中理工大学出版社,1991

[19] 冯尚友. 水资源系统分析应用的目前动态开发性趋势. 系统工程理论与实践,1990(5)

[20] 顾基发. 多目标决策进展. 北京:万国学术出版社,1993

[21] 杨剑波. 多目标决策方法与应用. 长沙:湖南出版社,1996

[22] 曲晓飞. 基于协商对策的多人多目标决策. 大连:大连理工大学出版,1990

[23] 董增川. 大规模多目标系统决策理论、方法及应用:[博士论文]. 南京:河海大学,1989

[24]《现代应用数学手册》编委会.现代应用数学手册.北京:清华大学出版社,1998
[25] 王忠静.干旱内陆河区水资源承载力与可持续利用研究:[博士论文].北京:清华大学出版社,1998
[26] 尤祥瑜,谢新民,孙仕军.我国水资源配置模型研究现状与展望.中国水利水电科学研究院学报,2004(2)
[27] 王浩.宏观经济水资源规划多目标决策分析方法研究及应用.水利学报,1995(12)
[28] 彭少明.黄河流域水资源调控方案研究:[硕士论文].西安:西安理工大学,2004

第6章 流域水资源合理配置评价研究

6.1 研究的背景和意义

水资源既是人类赖以生存的基础性资源，又是社会发展的经济性资源，同时还是支撑生态环境系统循环运转必不可少的资源。随着我国经济社会发展和水资源供求状况的变化，水资源短缺成为国家发展的严重制约因素。为了贯彻落实国家新时期的治水方针，适应经济社会发展的需要，着力解决新时期水资源的开发、利用、配置、节约、保护和治理等重大问题，加强水资源科学管理，提高水的利用效率，建设节水型社会，促进水资源可持续利用，水利部、国家发展改革委于2003年在全国范围内开展了水资源综合规划编制工作。

结合黄河流域水资源统一管理与调度需求，对水资源统一调度后的社会、经济、资源和生态效应进行科学评估，为最终制定黄河流域的水资源合理利用与生态环境保护措施提供强有力的决策依据和技术手段，也为南水北调东、中、西线水利工程提供相关数据，对黄河流域水资源统一管理具有重大意义。

6.2 国内外研究进展综述

水资源配置方案的评价是基于水资源及其开发利用综合评价前提下根据供需平衡计算生成不同配置方案的评价。首先，水资源及其开发利用综合评价包括两大方面内容，即水资源调查评价和水资源开发利用情况调查评价，前者的评价对象是以"四水"转换为基本特征的天然水循环的要素和过程，而后者则将人类开发利用水资源所形成的以"供—用—耗—排"为基本结构的人工侧支水循环的要素和过程作为评价目标。

我国关于水资源综合评价体系的研究始于20世纪80年代末。1981年出版了《中国水资源初步评价》，1987年出版了《中国水资源评价》，1989年出版了《中国水资源利用》，同时各大流域和各省（市、自治区）都开展了相应的水资源评价等工作。随着社会生产力的发展，水资源社会和生态服务功能的不断升级，人类活动正在从各方面影响着水循环过程，人类活动密集区的水资源演变规律已经并继续发生深刻变革，具体包括两方面：一是人类活动从系统和结构两方面影响流域天然水循环过程，从而改变了单一自然驱动力作用下的流域天然水资源演变规律,如温室效应改变了降水和蒸发特性;二是由于人工侧支水循环和天然主循环在通量上存在此消彼涨的动态依存联系,因此人工取用水直接造成天然水循环通量的减少,而且改变了水资源时空分布及其质量特性,导致流域水循环的天然服务功能明显下降,并引发了一系列生态环境问题。基于上述流域水资源深刻演变背景,水资源开发利用综合评价指标体系及方法的研究越来越受到重视,研究经历了由简单到复杂、由局部到全面、由单项到综合的过程。水资源配置方案的评价也在此基础上得到不断深入的研究。影响评价结果的关键因素有三个[1,2]:评价指标的选取、指标权重的确定、评价方法的选择。

6.2.1　评价指标体系的研究进展

水资源评价所处理的具体对象是指标体系,根据评价目的的不同,所构建的指标体系也不同。现有评价指标体系大多是针对评价区域(流域)的社会经济可持续发展水平、水资源开发利用水平、用水水平和区域水资源承载能力构建指标体系。

具有代表性的是 1996 年左启东等[3]在近 20 年来不同流域和地区水资源评价工作的基础上,提出了包括自然、人文、经济、管理等方面的评价指标体系。该体系首先选定 114 项指标,为了便于简化计算和增强可操作性,进一步筛选出 47 项评价指标,其中无因次相对比值指标 24 项。这些评价指标可分为 5 大类,分别是水资源开发自然与社会背景、水资源质量综合评价、水资源开发条件、水资源开发现状与背景、水资源管理及利用效果。这套指标体系既考虑了水资源利用现状和开发利用前景,同时又考虑了不同来水丰枯代表年型变化对水资源的不同供需要求,以及水量和水质之间的关系。水资源的条件、利用现状和开发利用程度,不仅反映可利用水量的客观和现状条件,而且反映当地经济发展水平与水资源开发利用的关系,同时也反映土地资源和气象干旱等条件之间的相对关系。这套指标层次分明、反映全面,是早期较完善的一套指标体系。然而由于评价指标较多,且部分指标间具有相关关系,从而影响评价结果;同时,由于认识水平的限制,未考虑生态评价指标。

20 世纪末以来,对水资源配置及其开发利用综合评价指标体系的研究进入了高潮。这些指标体系体现了在维持水的持续性和生态系统整体性前提下,支持人口、资源、环境与经济协调发展和满足代内、代际人用水需要的水资源可持续利用全过程。比较有代表性的成果是卞建民等 2000 年在《水土保持通报》发表的《水资源可持续评价的指标体系研究》,该文通过分析水资源可持续利用的含义及影响因素,建立了水资源可持续利用评价的指标体系,该体系包含了水资源的可供给性、水资源开发的技术水平和管理水平及水资源的综合效益。

2003 年,刘恒等在《水科学进展》发表了《区域水资源可持续利用评价指标体系的建立》[4]，该文立足于区域(流域)水资源的特点，考虑到区域(流域)内社会经济发展对水的依赖程度，以及社会经济发展水平的差异，借鉴国际可持续发展标准和国内其他资源可持续发展的认知水平，遵循科学、实用及简明的原则，构建水资源可持续发展评价指标体系，将水资源可持续利用指标体系分成3个层次，分别为目标层、准则层和指标层。目标层为水资源可持续利用度；准则层有5个：水资源条件、水资源开发利用效率、生态环境状况、水资源合理配置、水资源管理能力；指标层有97个指标。该指标体系属于研究性指标体系，理论性强，指标分类和结构较全面和完善，然而部分指标赋值困难，应用性不强。例如农业节水单方投资、工业节水单方投资、外调水调入工程平均单方供水成本等指标都需要利用单独的经济模型进行测算，另外文章还缺乏应用分析。

2003年，中国水利水电科学研究院水资源所承担完成科技部"十五"国家科技攻关课题"黑河流域水资源调配管理信息系统研究"，其中专题之一"黑河流域水资源合理配置评价研究"(2001BA610A－02－03)为流域水资源合理配置方案评价建立范例。该专题遵循指标选取的独立性、离散性和可操作性原则，对指标进行筛选和完善，并考虑数据的实际获得情况，最后采用63项指标群作为最终的评价指标，其中社会合理性指标14项、经济合理性指标7项、生态合理性指标16项、资源合理性指标17项、效率合理性指标6项、发展协调性指标1项、全局指标2项。通过查新，此专题是第一次在重大项目中建立了较完备的指标体系对拟定的配置方案进行评价，较好地解决了水资源配置评价的多层次、多目标、群决策问题，实际评价效果也不错。但由于指标数据受实际情况的制约，难以进行定量化筛选，另外还存在指标间的强相关性。

2005年，沈珍瑶、杨志峰在《自然资源学报》发表了《黄河流域水资源可再生性评价指标体系与评价方法》，该文基于定性分析结果初步建立了黄河流域水资源可再生性评价指标体系，该指标体系共有32个指标，分别反映水资源可再生性的天然、天然－人为复合及社会三大特性。对黄河流域9个行政分区、19个流域二级分区的所有32个指标值进行了获取工作，获取了其中大部分指标值。针对黄河流域的实际资料，利用灰色关联分析方法与主成分分析方法对定性所得的指标体系进行筛选，最终确定19个指标作为评价指标。该指标体系及各自权重由纯数学方法筛选而最后确定，虽然排除人为因素的干扰，然而没有很好地体现出各指标对作为可再生黄河水资源的充分条件是保持流域水循环过程的相对稳定的影响大小。因此，评价结论与实际情况有较大出入。

6.2.2 指标权重问题的研究进展

水资源可持续利用评价的许多方法如综合评价法都需要确定各指标的权重。评价中权重的确定非常关键，它直接决定着综合评价的结果。

关于权重的研究，目前主要定权方法有德尔菲法、头脑风暴法、AHP 方法、主成分分析法、熵法、关联度法、基于加速遗传的投影寻踪法等。这些方法有些是主观赋权法，有些是客观赋权法。主观赋权法更多地依赖专家知识、经验，客观赋权法则通过调查数据计算、指标的统计性质确定权重。目前探索的前沿是主客观组合判别方法、群定权重和不完全信息情况下权重的确定方法，还有对权重稳定性的研究。

1996 年，刘宏将专家评判法与主成分分析法、灰色关联法有机结合起来，提出了一种综合赋权方法。谢崇宝在对层次分析法(AHP)进行研究的基础上，认识到专家思维具有模糊性，用固定数 1～9 标度具有人为性，认为要求专家给出的初始判断矩阵满足传递性是过于苛刻的，因为专家所给的仅是二元比较矩阵，它并不需要对多元关系的传递性负责[5]。谢崇宝的研究表明，改造后的判断矩阵是完全满足传递性的，因而也是无需调整的，其理论特征向量正好等于初始判断矩阵按方根法求得的近似权向量。1997 年，蔡辉提出了权重整合的 Bayes 估计的收缩整合法[6]，该法对样本较小的情况较为适合。1999 年，王明文对群决策中专家权重的确定问题，给出了一种客观赋权方法，并受 Bayes 观点的启发，将此方法进一步完善，把主观权重与客观权重结合起来，这种结合方法为识别专家水平提供了一种新思路[7]。2000 年曹庆奎将熵权应用于水环境评价之中，得到了评价指标的客观权重，从计算结果来看，有时得到的权值较为平均[8]。2002 年，徐泽水研究了目标权重未事先确知的多目标决策问题，提出了一种先进行局部优化再组合赋权并对方案排序的两阶段决策方法[9]。该法不仅避免了获取偏好信息的困难，而且利用了规范化评价的信息，评价结果较为客观可靠。协商权重属于群定权重的一种，混沌优化算法是求解协商权重模型、组合权重模型以及群决策理想决策者模型这一类非线性、多维问题的有力工具。国内对混沌优化算法的研究是近几年的事。王靖等以企业技术创新能力评价排序问题为实证范例，对德尔菲法、层次分析法、熵值法和模糊聚类分析法测定评价指标权重的可信度做了比较研究，探索各自的适用范围和优缺点，通过理论分析特别是实证比较认为，样本数据完整，则熵值法可信度较高；如果缺乏样本数据，则应采用 AHP 法，其可信度高于德尔菲法；若样本中含有大量的模糊数据，且同一层次指标个数较多，就采用模糊聚类分析法分类，再用 AHP 法分别求子类的权重。该文对于各种主客赋权方法的适用范围做了较深入的研究[10]。

6.2.3　评价方法研究进展

国内外文献表明，与水有关的综合评价问题主要集中在水利工程综合评价、水质综合评价、水灾害综合评价、灌区改造与扩建工程方案评价、流域(区域)水资源可持续利用评价。由于衡量水资源优化配置方案好坏的尺度是方案实施后产生的效益,这里的效益包括社会效益、经济效益和生态环境效益等,反映每一种效益的指标可分成多等级,每一种又包括多个指标,除此之外还要考虑方案的技术可行性,因此水资源规划方案的评选是一个多指标评选问题。多属性、多目标决策问题有各种各样的表现形式,但其基本特点主要有两个。第一是指标属性间的不可公度性。这是指各指标间通常没有统一的度量标准,一般经济目标的单位多以货币值表示;环境质量的单位多以物理量、化学生物要求等指标表示;社会福利因素复杂,更难用统一的指标来度量,因而难以进行比较。第二是指标间的矛盾性。由于资源受限制,各指标与目标间的权益是相互矛盾、相互竞争的,要同时在所需要的水平上达到全部最优是不可能的,增加某一指标的属性,可能使另一指标属性变坏,因而通常不存在一般意义的最优方案。因此,评价方法多采用综合评价法。

近年来随着应用数学的发展,新的综合方法也被应用于实际评价工作中。比如综合评分法、主成分分析、因子分析、距离综合评价法、模糊综合评价法、灰色关联分析法、层次分析(AHP)法、数据包络分析(DEA)法、多维标度法、ELECTRE 等,还有一些是通过这些方法耦合后得到的方法。这些方法目前还没有统一的认识,尚处于争鸣状态。其各自特点如下:

(1)综合评分法。其基本方法是通过建立若干层次的指标体系,采用聚类分析、判别分析和主观权重确定方法,最后给出评判结果。特点是方法直观,计算简单。

(2)不确定性评判法。主要包括模糊评判与灰色评判,模糊评判采用模糊联系合成原理进行综合评价,方法大多以多级模糊综合评价方法为主。该法的特点是能够将定性、定量指标进行量化。

(3)多元统计法。主要包括主成分分析和因子分析。该法是研究如何将多指标问题化为较少的综合指标问题。综合指标是原来多个指标的线性组合,虽然这些线性综合指标是不能直接观测到的,但这些综合指标问题互不相关,能反映原来多指标的信息。

(4)灰色关联分析法。首先,在多层次分析结构模型的基础上,最低层各个定量指标序列依据空间理论的数学基础,按照规范性、对称性、整体性和接近性原则,确定参考序列和若干比较序列对最低层各个定量指标序列之间的关联系数;其次,结合相对重要性权重,逐层计算各序列与母序列的关联度,如果比较序列与母序列的关联度大,则认为两者相对变化基本一致,反之,两者变化差异较大;最后,做出比较序列之间的相对优劣排序。

(5)层次分析(Analytic Hierarchy Process,简称 AHP)法。该法是一种定性与定量分析相结合的目标决策分析方法,其最大优点是可以将决策者的经验判断给予量化,在目标(因素)结构复杂且缺乏必要的数据情况下更为实用,已成为处理难以完全用定量方法来分析的社会经济系统的一种有效工具。它将复杂的研究系统分成几个层次，使原来的系统整体上大为简化，然后通过逐层分析最终得出合理分配总目标的实现程度。

(6)数据包络分析法。该法自美国运筹学家 A.Charnes、W.W.Cooper 和 E.Rhodes 于 1978 年提出以后不断完善并在实际中广泛应用。该法是在“相对效率评价”概念基础上发展起来的一种新的系统分析方法，是运筹学研究的新领域。它主要采用数学规划方法，利用观察得到的系统输入输出数据，对生产部门生产的技术有效性和规模有效性进行评价。

水资源可持续利用是一个复杂的巨系统，如何选取理想的指标评价标准和评价方法，目前还没有公认的标准和方法。综合评价法能否恰当地体现各子系统之间的本质联系和水资源可持续利用思想的内涵还值得商榷，应用主观评价法确定指标权重，其科学性也值得怀疑，目前最大的难点在于难以解决指标体系中指标的重复问题。多元统计法的主成分分析、因子分析为解决指标的重复提供了可能。主成分分析在第一个主成分分量的贡献率小于 85% 时，需要将几个分量合起来，使贡献率大于 85%，对于这种情况，虽然处理方法很多，但目前仍然存在一些争论。因子分析由于求解不具有唯一性，在选择评价问题的适合解时，如何采用适合标准，目前还有各种不同的看法。模糊评判与灰色法为评价主观、定性指标提供了可能，但其受到指标量化和算子选择方法的限制。协调度是根据使用一组微分方程来表示系统的演化过程，虽然协同的支配原理表明，系统的状态变量按其临界行为可分为慢变量和快变量，根据非平衡相变的最大信息熵原理可以简化模型的维数，但是快变量和慢变量的数目确定没有理论上的证明，因而该法仅停留在利用协同原理解释和研究大量复杂系统的演化过程。另外对于发展度、资源环境承载力、环境容量以及可持续利用的结构函数尚需进一步研究，多维标度方法则在多目标综合评价的方法和众多指标整合为一个量纲的评价指标中仍需进一步研究。

以上这些方法中，很好地处理定性问题的方法是模糊综合评价法。但这种方法也有不足，在水问题的综合评价中尤显不足，这是因为规划评价和水资源优化配置方案评价中涉及的评价指标众多，建立每一个指标的隶属函数是一件不容易的事。2001 年阮本清就流域的用水水平评价方法进行了初步的较为系统的研究，用多层次灰关联综合评价方法对黄河下游沿黄地区进行了评价，得到了不错的结果，是至今为止比较完整的区域(流域)用水水平评价的研究成果。近几年来，DEA 方法在水资源管理问题中也有所应用，但研究问题的面较窄，应用领域需进一步拓宽。2003 年王志良运用该方法对我国 1999 年各省(市)宏观水资源管理水平进行了评价，提供了一种有益的探索。

6.2.4 简要评述

水资源可持续指标体系具有复杂性、广泛性、动态性和地域性等特点，研究难度非常大，目前研究工作尚处于探讨阶段，主要存在以下问题：

(1)现有指标体系还未能从水循环、水量平衡、水文特性、生态效应、经济促进的角度准确描述水资源评价以及水资源配置不同方案对保持流域水循环过程的相对稳定的影响，宏观尺度上的流域(区域)水资源可持续利用指标体系研究还较少。

(2)对人类活动作用下的水资源演变背景认识不足，现有指标体系中大多缺乏体现变化环境下水资源演化过程和揭示演化规律的评价指标。

(3)基础数据不支持，限制了利用多元统计方法来筛选指标，还没有很好地解决指标体系的系统性和指标间的独立性。

(4)合理确定权重还是尚未解决的难题。权重既要体现出评价者对指标的偏好，又要反映该指标在评价中所提供客观信息量的大小。如何通过协商最终达成一致而建立主客观权重组合方法还需要深入研究。

(5)缺乏新理论、新方法应用研究。随着近几年应用数学的新理论、新方法不断出现，比如粗糙集理论、物元可拓集理论、系统科学理论、基因算法、模拟退火算法、混沌算法、人工神经网络、智能决策支持系统理论，数学建模与计算工具的性能也在不断提高，这些都为尝试解决水资源管理问题提供了有利条件，不过实际研究成果不多。

6.3 模型构建及指标体系的建立

目前国际上进行的流域水资源配置行为，所依赖的内在机制可以划分为以用户、以边际成本价格、以行政管理手段和以水市场运行机制进行水资源配置 4 个方面，对于流域水资源配置的评价也大多从经济、效率、公平等方面展开，关于流域水资源配置的定量评价指标体系尚未真正建立。本书以水资源可持续开发利用支撑的社会经济可持续发展理论为依据，以人 - 生态环境 - 社会 - 经济协调发展为目标，研究水资源配置的评价理论，并在评价理论基础上研究构建定量评价配置方案的框架系统，以及定量反映评价结果的评价指标体系。考虑目前研究的不足，人水和谐的现代理念对流域水资源调配合理性的要求可总结为 4 条系统判别准则，即社会合理性、经济合理性、生态环境合理性、工程效率合理性。社会合理性：根据人均用水量大致相等、尊重现状、缺水率大致均衡和产水优先标准，进行现实评估操作。经济合理性：利用市场调控加以配置，体现在水资源开发措施上就是必须符合边际投入最小化，如开源和节流的边际成本的比较，在保证生活用水的基础上使综合供水效益最大化，如单方水 GDP 产出、单方水粮食生产效率等指标的确定。生态环境合理性：以区域生态环境保护目标下生态环境需水量作为其最小需水量，剩余的那部分水量作为社会经济可利用量进行内部调配。工程效率合理性：通过对效率指标的具体考察来确定调配的合理性，如工农业配水指标是否高于流域平均用水标准，调配工程是否使区域水资源无效蒸发向减少方向发展。本次研究提出了以流域水资源禀赋评价为先天条件，结合流域水资源开发利用水平评价为后天基础，通过基于加速遗传算法（RAGA）的投影寻踪（PPC）方法为主，辅以模糊物元、灰色关联方法，综合集结针对北方河流以基于供需严重不平衡条件下的缺水配置和基于输沙要求、维持河流健康生命、保持干流主要断面最小控制流量为特征描述的不同配置方案进行评价，流域水资源合理配置评价整体框架如图 6-1 所示。

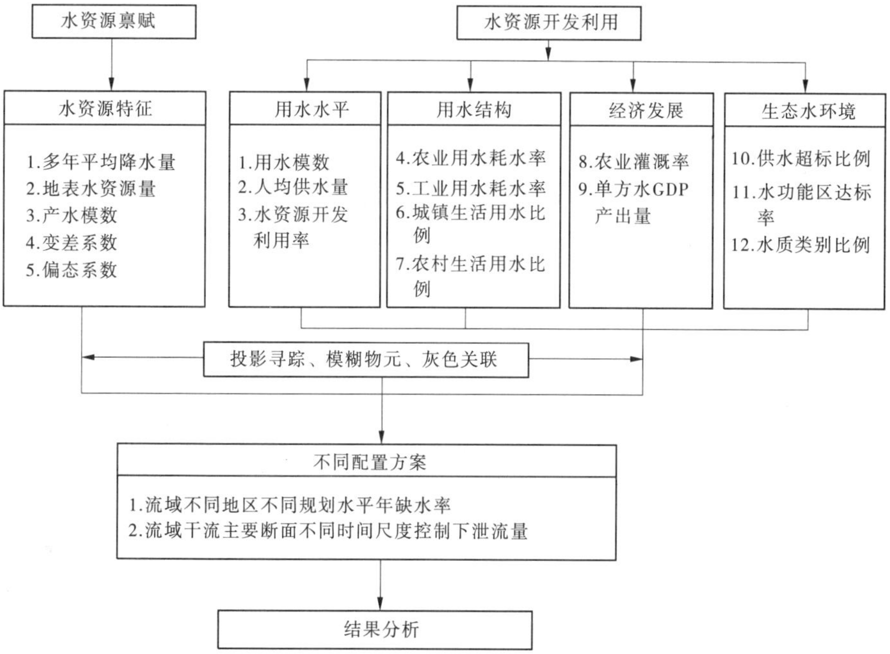

图 6-1　流域水资源合理配置评价模型框架

从图 6-1 分析得出，流域水资源配置方案评价不是单纯传统地对流域各分区缺水率进行评价，而是首先考虑到流域各分区水资源禀赋的差异，同时也考虑到各分区在水资源开发利用水平的后天不同，既突出水资源初始水权的地位，又强调水资源对经济发展的促进作用，提倡把水资源配置到水资源利用效率、效益相对较高的地区和部门；既体现水资源在流域内经济社会和谐分配的内在要求，同时也体现维持河流健康生命、人水和谐的外在需求。

在具体指标筛选中，建立众多包罗万象的指标体系并对这些指标赋值，相对大流域而言既不可行也不科学，另外指标相关性也影响评价结果的科学性。选择指标不宜太多，以指标独立性强、方向性和表征明显为佳。

在研究和确定具体指标体系时，遵循如下原则。

6.3.1 科学性原则

指标的选择、指标权重的确定、数据计算必须以公认的科学理论(如模糊理论、系统科学、统计学)为依据。在对复杂系统的运行过程及各方面的相关关系做出准确、全面分析的基础上，综合考虑环境、经济、社会等方面，使指标具有全面性的同时，又满足指标的相对独立性和客观性。

6.3.2 系统性原则

水资源配置方案合理性评价是一个多属性的复杂系统，涉及到水资源条件、水资源配置格局和开发利用程度、经济社会发展水平、生态环境保护程度、水环境状况、水资源管理水平等多个方面，而这些方面又有着极其复杂的联系，为此，所选取指标能够对现代环境下的水资源多属性特征和演变过程进行全面描述。

6.3.3 代表性原则

影响水资源配置方案合理评价的因素众多，与之对应的描述指标也众多。从实用、可操作的角度看，评价指标不宜过多、过滥，应选择有代表性主要指标，构建综合评价指标体系。代表性指标选取还应具有方向性和独立性，即能够对水资源及其开发利用的方向具有指导意义，并且指标间应具有独立性或弱关联性。

6.3.4 可操作性原则

指标体系涉及的指标量化及数据难易程度和可靠性的问题一直是困扰水资源综合评价的最大难题。本研究尽量利用现有水资源调查评价、水资源开发利用评价以及国家、政府有关的规范、标准和统计资料，注意选择能够反映系统发展状况的综合指标和具有代表性的指标。总体而言，指标数据来源真实可靠。

流域水资源评价指标体系见表 6-1。

表6-1　流域水资源评价指标体系

指标	计算过程或公式	特征描述
多年平均降水量(mm)	雨量站资料系列推求	水文循环中最活跃的因子,反映区域气候、水资源总体及分布状况
地表水资源量(mm)	实测径流还原计算和天然径流量系列一致性处理	反映下垫面产水特征及变化情况
产水模数(km^3/km^2)	水资源总量/计算面积	反映水资源空间分布
变差系数	方差 σ 与数学期望的比值	反映降水变化特性和分布离散度
偏态系数	$C_s = \frac{E(X-\overline{x})^3}{\sigma^3}$	变差系数显示出离散的特征,而偏态系数反映分布对重心(期望值)是否对称
用水模数(1)(km^3/km^2)	总用水量/用水面积	反映单位用水面积的用水水平
人均供水量(2)(m^3/人)	总供水量/总人口	反映区域人均供水水平
水资源开发利用率(3)(%)	当地水资源总供水量/当地水资源总量	反映区域水资源开发利用程度
农业用水耗水率(4)(%)	农业耗水量/农业用水量	反映农灌耗水强度
工业用水耗水率(5)(%)	工业耗水量/工业用水量	反映地区工业综合耗水程度
城镇生活用水比例(6)(%)	城镇生活用水量/总用水量	反映城镇生活用水占总用水量的比例
农村生活用水比例(7)(%)	农村生活用水量/总用水量	反映农村生活用水占总用水量的比例
农业灌溉率(8)(%)	农田灌溉面积/耕地面积	反映耕地灌溉水平
单方水GDP产出量(9)(元/m^3)	GDP/总用水量	反映地区用水效益
供水超标比例(10)(%)	供水超标量/总供水量	反映供水水质状况
水功能区达标率(11)(%)	达标河长/评价河长	反映河流自净潜力特征
水质类别比例(12)(%)	劣Ⅴ类河流长/评价河流长	反映河流污染情况
缺水率(%)	需水预测与供水预测的缺口	反映缺水程度
入海水量(亿m^3)	各断面下泄流量	反映河流健康生命

评价计算方法主要采用基于实数编码的加速遗传算法(RAGA)的投影寻踪(PPC)技术,投影寻踪通过确定某个准则函数,将高维数据投影到低维子空间,使投影后的数据可以很好地进行分类或预测,而且信息量损失最小,权重由数据本身结构确定,受人为因素影响小。这个过程通过 RAGA 来实现的优点是搜索空间大、精度高、收敛速度快,克服了二进制编码过程烦琐、计算量大、易出现早熟收敛的问题;从某种程度上解决了高维度的非线性优化模型求解难题;可通过模糊物元、灰色关联方法进行检验计算,最后综合得出结果,可行度较高。

6.4 水资源配置评价方法研究

6.4.1 基于实数编码加速遗传算法[11~14]

针对水资源配置评价指标体系,结合流域实际情况,建立相应的评价模型。构建的模型分不同规划水平年,对流域各分区的水资源配置情况(包括社会、经济、生态、资源等)进行评价,综合、全面地反映水资源配置方案对全流域的效应,从而评价配置方案的合理性。从目前来看不论哪一种模型,目前都涉及到权重矩阵,对于权重矩阵,多由专家凭经验给出,因此存在较大的主观性和人为干扰因素。一种新的等级评判分类模型即投影寻踪(PPC)分类模型带来与以前评判分类模型迥然不同的思路和方法,并在遗传算法基础上,提出了基于实数编码的加速遗传算法(RAGA)的投影寻踪(PPC)分类模型。通过实例研究,其独具匠心的数值计算在投标评判中得心应手,便捷、高效,较能克服以往数学方法的诸多弊端。

6.4.1.1 实数编码的加速遗传算法

遗传算法是在 20 世纪 70 年代初期由美国密歇根(Michigan)大学的 Holland 教授发展起来的。1975 年,Holland 发表了第一本比较系统论述遗传算法的专著《Adaptation in Natural and Artificial Systems》。遗传算法主要借用生物学中"适者生存"的规律。其主要特征体现为:

(1)进化发生在解的编码上。这些编码按生物学的术语称为染色体。由于对解进行编码,优化问题的一切性质都通过编码来研究。编码和解码是遗传算法的一个主题。

(2)自然选择规律决定哪些染色体产生超过平均数的后代。遗传算法中,通过优化问题的目标而人为地构造适应函数以达到好的染色体产生超过平均数的后代。

(3)当染色体结合后,随机的变异会造成子代同父代的不同。

(4)当染色体结合后,双亲的遗传基因的结合使得子代保持父代的特征。

遗传算法的主要步骤如下：

第一步，选择问题的一个编码，给出一个有 N 个染色体的初始群体

$$pop(t), t := 1 \tag{6-1}$$

第二步，对群体 $pop(t)$ 中的每一个染色体 $pop_i(t)$ 计算它的适应函数

$$f_i = fitness(pop_i(t)) \tag{6-2}$$

第三步，若停止规则满足，则算法停止；否则，计算概率

$$p_i = \frac{f_i}{\sum_{i=1}^{N} f_i} \quad (i = 1,2,\cdots,N) \tag{6-3}$$

以概率分布(6-1)从 $pop(t)$ 中随机选一些染色体构成一个种群

$$newpop(t + 1) = \{pop_j(t) \mid j = 1,2,\cdots,N\} \tag{6-4}$$

第四步，通过交配，交配概率为 p_c，得到一个有 N 个染色体的 $crosspop(t+1)$；

第五步，以一个较小的概率 p，使得一个染色体、一个基因发生变异，形成 $mutpop(t+1)$，$t := t+1$，一个新的群体 $pop(t) = mutpop(t)$，返回第二步。

传统的遗传算法，即标准遗传算法(SGA)的编码方式通常采用二进制，即所用的编码符号集由二进制符号“0”和“1”组成。它所构成的个体基因型是一个二进制编码符号串。二进制编码的优点在于编码简单，交叉、变异等遗传易于实现，便于利用模式定理对算法进行理论处理；缺点在于遗传运算的随机特征使其局部搜索能力较差，SGA 的寻优效率明显依赖于优化变量初始变化区间的大小，初始区间越大，SGA 的有效性就越差，同时 SGA 还不能保证全局收敛性。为了克服二进制编码方法的这些缺陷，采用实数编码，使个体编码长度等于其决策变量的个数。实数编码具有几个优点：①适合于在遗传算法中表示范围较大的数；②适合于精度要求较高的遗传算法；③便于较大空间的遗传搜索；④改善了遗传算法的计算复杂性，提高了运算效率；⑤便于遗传算法与经典优化方法的混合使用；⑥便于设计针对问题的专门知识的知识型遗传算子；⑦便于处理复杂的决策变量约束条件。

其具体步骤如下：第一步，产生初始种群；第二步，计算染色体适应度；第三步，计算基于序的评价函数；第四步，选择操作；第五步，交叉操作；第六步，变异操作；第七步，进化迭代，选取优秀个体变化区间；第八步，加速运算。为了克服初始区间大小对寻优效率的影响，RAGA 设置了加速运算这一步骤，即把进化迭代所产生的优秀个体的变量变化区间作为变量新的初始变化区间，形成加速运行，这样优秀个体区间急速缩小，迅速靠近最优点。

综合上述即构成了基于实数编码的加速遗传算法。

6.4.1.2 RAGA 建模

例如,求解如下最小化问题

$$\begin{cases}\min f(x) \\ a(j) \leqslant x(j) \leqslant b(j)\end{cases} \tag{6-5}$$

(1)优化变量的实数编码。采用如下线性变换

$$x(j) = a(j) + y(j)[b(j) - a(j)] \quad (j = 1,2,\cdots,p) \tag{6-6}$$

式中:f 为优化的目标函数;p 为优化变量的数目。

式(6-6)把初始变量区间$[a(j),b(j)]$上的第 j 个待优化变量 $x(j)$ 对应到$[0,1]$区间上的实数 $y(j)$,$y(j)$即为 RAGA 中的遗传基因。此时,优化问题所有的变量对应的基因顺次连在一起问题解的编码形式$(y(1),y(2),\cdots,y(p))$,称为染色体。

(2)父代群体的初始化。设父代群体规模为 n,生成 n 组$[0,1]$组区间上的均匀随机数(简称随机数),每组有 p 个,即$\{u(j,i)\,|\,j=1,2,\cdots,p\}$,把各 $u(j,i)$作为初始群体的父代个体值 $y(j,i)$。把 $y(j,i)$代入式(6-6)得优化变量值 $x(j,i)$,再经式(6-5)得到相应的目标函数 $f(i)$,把$\{f(i)\,|\,i=1,2,\cdots,n\}$按从大到小排序,对应个体$\{y(j,i)\}$也跟着排序,目标函数值越小则该个体适应能力越强,称排序后最前面的 k 个个体为优秀个体,使其直接进入下一代。

(3)计算父代群体的适应度评价。评价函数用来对种群中的每个染色体 $y(j,i)$设定一个概率,以使该染色体被选择的可能性与该染色体的适应性相对应。染色体的适应性越强,被选择的可能性越大。基于序的评价函数(用 $eval(y(j,i))$来表示)是根据染色体的序进行再生分配,而不是根据其实际的目标值。设定参数 $\alpha\in(0,1)$,定义基于序的评价函数为

$$eval(y(j,i)) = \alpha(1-\alpha)^{i-1} \quad (i = 1,2,\cdots,n) \tag{6-7}$$

这里 $i=1$ 意味着染色体是最好的,$i=n$ 说明染色体是最差的。

(4)进行选择操作,产生第一个子代群体$\{y_1(j,i)\,|\,j=1,2,\cdots,p\}$。选择过程是以旋转赌轮 n 次为基础的,每次旋转都为新的种群选择一个染色体,赌轮按每个染色体的适应度来选择染色体。选择过程可以表述如下:

每个染色体 $y(j,i)$计算累积概率 $q_i(i=0,1,2,\cdots,n)$为

$$\begin{cases} q_0 = 0 \\ q_i = \sum\limits_{j=1}^{i} eval(y(j,i)) \quad (j = 1,2,\cdots,p;i = 1,2,\cdots,n)\end{cases} \tag{6-8}$$

从区间$[0,q_i]$中产生一个随机数 r,若 $q_{i-1}<r\leqslant q_i$,则选择第 i 个染色体 $y(j,i)$。

重复步骤(2)和步骤(3),共 n 个复制的染色体组成新一代个体。在上述过程中,并没有满足条件 $q_n=1$。实际上,可以将所有的 q_i 除以 q_n,使得 $q_n=1$,新

得的概率同样与适应度成比例。只要不介意概率方面解释上的困难，这一点并不影响进化过程。

(5)对父代的种群进行杂交操作。首先定义杂交参数作为交叉操作的概率，这个概率说明种群中有期望值为 $p_c \cdot n$ 个染色体将进行交叉操作，为确定交叉操作的父代，从 $i=1$ 到 n 重复以下过程：从[0,1]中产生随机数 r，如果 $r<p_c$，则选择 $y(j,i)$作为一个父代，用 $y'_1(j,i)$，$y'_2(j,i)$…表示选择的父代，并把它们随机分成下面的配对

$$(y'_1(j,i),y'_2(j,i)),(y'_3(j,i),y'_4(j,i)),(y'_5(j,i),y'_6(j,i))\cdots$$

当父代个体数为奇数时，可以去掉一个染色体，也可以再选择一个染色体，以保证两两配对。以$(y'_1(j,i),y'_2(j,i))$为例解释交叉操作过程，采用算术交叉法，即首先从[0,1]中产生一个随机数 c，然后，按以下形式在 $y'_1(j,i)$和 $y'_2(j,i)$之间进行交叉操作，并产生如下的两个后代 X 和 Y

$$\begin{cases} X = c \cdot y'_1(j,i) + (1-c) \cdot y'_2(j,i) \\ Y = (1-c) \cdot y'_1(j,i) + c \cdot y'_2(j,i) \end{cases} \tag{6-9}$$

如果可行集是凸的，这种凸组合交叉运算在两个父代可行的情况下，能够保证两个后代也是可行的。但是，在许多情况下，可行集不一定是凸的，或很难验证其凸性，此时必须检验每一个后代的可行性。如果两个后代都可行，则用它们代替其父代，产生新的随机数 c，重新进行交叉操作，直到得到两个可行的后代为止。注意，仅可用可行的后代取代其父代，当新一代个体不可行时，也可采用一些修复策略使之变成可行染色体。

经过以上杂交操作得到第二代群体$\{y_2(j,i)\mid j=1,2,\cdots,p;i=1,2,\cdots,n\}$。

(6)进行变异操作。定义变异参数 p_m 作为遗传系统中的变异概率，这个概率表明，种群中将有期望值为 $p_m \cdot n$ 个染色体用来进行变异操作，进行变异的父代选择过程与交叉操作相似，由 $i=1$ 到 $i=n$，重复下列过程：从区间[0,1]中产生随机数 r，如果 $r<p_m$，则选择染色体 $y(j,i)$作为变异的父代，对每个选择的父代用 $y'_3(j,i)$表示，按下面的方法进行变异，在 R^n 中随机选择变异方向d，则

$$y'_3(j,i) + Md \quad (i = 1,2,\cdots,p) \tag{6-10}$$

若式(6-10)是不可行的，那么置 $M=0$，无论 M 为何值，总用 $X=y'_3(j,i)+Md$ 代替 $y'_3(j,i)$，经过变异操作得到新一代种群$\{y_3(j,i)\mid j=1,2,\cdots,p;i=1,2,\cdots,n\}$。

(7)演化迭代。由前面的步骤(4)～(6)得到的 $3n$ 个子代个体，按其适应度函数值从大到小进行排序，选取最前面的$(n-k)$个子代个体作为新的父代个体种群。算法转入步骤(3)，进行下一轮演化过程，重新对父代个体进行评价、选

择、杂交和变异，如此反复。

(8)上述7个步骤构成标准遗传算法(SGA)。可以看出，SGA的寻优效率明显依赖于优化变量初始化区间的大小，初始化区间越大，SGA的有效性越差，而且不能保证全局收敛性。研究表明，SGA中的选择算子、杂交算子操作的功能随进行迭代次数的增加而逐渐减弱，在应用中常出现在远离全局最优点的地方SGA即停止寻优。因此，根据对SGA的选择、杂交、变异这3个算子的寻优性能的分析和大量数据实验，采用加速方法迭代时优化变量的新的变化空间，如果进化的次数过多将减弱加速算法的寻优能力。算法转入步骤(1)，重新运行SGA，如此加速，则优秀个体的变化区间逐步缩小，与最优点的距离越来越近，直至最优个体的目标函数数值小于某一设定值或算法运行达到预定加速次数，算法结束，此时把当前群体中最优秀个体作为RAGA的寻优结果。

6.4.1.3 PPC 模型的原理及步骤

投影寻踪可用于高维数据分析，既可作探索性分析，又可作确定性分析。

Friendman 和 Tukey 模仿有经验的数据分析工作者的做法，提出了一种把整体的散布程度和局部的凝聚程度结合起来的新指标来作类聚和分类分析。

PPC方法的特点主要可以归纳为以下几点：①自然科学中有许多数据不符合正态分布和人们对数据没有多少先验信息，需要从数据本身找出其结构或特征。PPC方法能成功地克服高维数据的“维数祸根”所带来的严重困难，这是因为它对数据的分析是在低维子空间上进行的，对1～3维的投影空间来说数据点是足够密的，足以发现数据在投影空间的结构或特征。②PPC方法可以排除与数据结构和特征无关的，或关系很小的变量的干扰。③PPC方法为使用一维统计方法解决高维问题开辟了途径。PPC方法可以将高维数据投影到一维子空间上，再对投影后的一维数据进行分析，比较不同一维投影的分析结果，找出好的投影。④PPC方法与其他非参数方法一样可以用来解决某种非线性问题。PPC问题虽然是以数据的线性投影为基础的，但它找的是线性投影中的非线性结构，因此它可以用来解决一定程度的非线性问题，如多元非线性回归。

PPC模型的建模过程包括以下几步：

第一步，样本评价指标集的归一化处理。设各指标值的样本集为$\{x^*(i,j)|i=1,2,\cdots,n;j=1,2,\cdots,p\}$，其中$x^*(i,j)$为第$i$个样本第$j$个指标值，$n$、$p$分别为样本的个数(样本容量)和指标的数目。为消除各指标值的量纲和统一各指标值的变化范围，可采用下式进行极值归一化处理：

对于越大越优的指标

$$x(i,j)=\frac{x^*(i,j)-x_{\min}(j)}{x_{\max}(j)-x_{\min}(j)} \tag{6-11}$$

对于越小越优的指标

$$x(i,j)=\frac{x_{\max}(j)-x^{*}(i,j)}{x_{\max}(j)-x_{\min}(j)} \tag{6-12}$$

式中：$x_{\max}(j)$、$x_{\min}(j)$分别为第 j 个指标的最大值和最小值；$x(i,j)$为指标特征值归一化的序列。

第二步，构造投影指标函数 $Q(a)$。PPC 方法就是把 p 维数据$\{x^{*}(i,j)|j=1,2,\cdots,p\}$综合成以 $a=\{a(1),a(2),a(3),\cdots,a(p)\}$为投影方向的一维投影值 $Z(i)$

$$Z(i)=\sum_{j=1}^{p}a(j)x(i,j)\quad(i=1,2,\cdots,n) \tag{6-13}$$

然后根据$\{Z(i)|i=1,2,\cdots,n\}$的一维散布图进行分类。其中 a 为单位长宽向量。综合投影指标值时，要求投影值 $Z(i)$的散布特征为局部投影点尽可能密集，最好凝聚成若干个点团，而在整体上投影点团之间尽可能散开。因此，投影指标函数可以表达成

$$Q(a)=S_Z D_Z \tag{6-14}$$

式中：S_Z 为投影值$Z(i)$的标准差；D_Z 为投影值$Z(i)$的局部密度，即

$$S_Z=\sqrt{\frac{\sum_{i=1}^{n}[Z(i)-E(Z)]^2}{n-1}} \tag{6-15}$$

$$D_Z=\sum_{i=1}^{n}\sum_{j=1}^{n}(R-r(i,j))\cdot u(R-r(i,j)) \tag{6-16}$$

式中：$E(Z)$为序列$\{Z(i)|i=1,2,\cdots,n\}$的平均值；R 为局部密度的窗口半径，它的选取既要使包含在窗口内的投影点的平均个数不太少，避免滑动偏差值太大，又不能使它随着 n 的增大而增加太高，R 可以根据实验来确定，一般可取值为 $0.1S_Z$；$r(i,j)$为样本之间的距离，$r(i,j)=|Z(i)-Z(j)|$；$u(t)$为一单位阶越函数，当 $t\geqslant 0$ 时其函数值为 1，当$t<0$ 时其函数值为 0。

第三步，优化投影指标函数。当各指标值的样本集给定时，投影指标函数 $Q(a)$只随着投影方向 a 的变化而变化，不同的投影方向反映不同的数据结构特征，最佳投影方向就是最大可能暴露高维数据某类特征结构的投影方向，因此可以通过求解投影指标函数最大化问题来估计最佳投影方向，即

最大化目标函数

$$\max Q(a)=S_Z\cdot D_Z \tag{6-17}$$

约束条件

$$\sum_{j=1}^{p}a^2(j)=1 \tag{6-18}$$

这是一个以$\{a(j)|j=1,2,\cdots,p\}$为优化变量的复杂非线性优化问题，用传

统的优化方法处理较难。因此,本书应用模拟生物优胜劣汰与群体内部染色体信息交换机制的基于实数编码的加速遗传算法(RAGA)来解决其高维全局寻优问题。

第四步,分类(优序排列)。把由第三步求得的最佳投影方向 a^* 代入式(6-12)后可得各样本点的投影值 $Z^*(i)$。将 $Z^*(i)$与 $Z^*(j)$进行比较,二者越接近,表示样本 i 与 j 越倾向于分为同一类。若按 $Z^*(i)$值从大到小排序,则可以将样本从优到劣进行排序。

本部分的难点是,如何将庞大的指标体系成功地应用于流域尺度上的多目标、多层次的群决策问题。

6.4.2 模糊物元分析方法[1,2,15~20]

可拓学是我国学者蔡文教授于 1983 年创立的一门新学科,经过近 20 年的探索,可拓学的理论框架基本形成。它包含物元理论和可拓数学两部分。在物元理论和可拓数学的基础上,蔡文提出了具有使用价值的可拓方法,主要有物元可拓方法、评价方法、菱形思维方法、物元变换方法,进而给出了具体的在各领域应用的可拓工程方法,其中属于评价方法的优度评价法、真伪信息判别法、物元相容度判别法,可以应用到与水问题相关的识别、评价和决策问题中。

6.4.2.1 基本概念

1)物元

对于事物 M,其特征 C 的量值为 V,我们可以用有序三元组

$$R = (M, C, C(M)) \tag{6-19}$$

作为描述事物的基本元,简称物元。事物 M、特征 C 和量值 V 称为物元的三要素。推广到一般情况可得到新的概念:如果事物 M 有 n 个特征 $c_1, c_2, \cdots, c_n$ 和相应的量值 $v_1, v_2, \cdots, v_n$,则称式(6-20)中的 R 为 n 维物元

$$R = (M, C, V) = \begin{bmatrix} M & c_1 & v_1 \\ & c_2 & v_2 \\ & \vdots & \vdots \\ & c_n & v_n \end{bmatrix} = \begin{bmatrix} R_1 \\ R_2 \\ \vdots \\ R_n \end{bmatrix} \tag{6-20}$$

物元概念既包含了事物质的方面,也包含了事物量的方面,是一个承载定量信息和定性信息的完美载体。

(1)经典域物元和理想物元。给定论域 U,设 M_0 是 U 的子集,令

$$R_0 = (M_0, C, V_0) = \begin{bmatrix} M_0 & c_1 & v_{10} \\ & c_2 & v_{20} \\ & \vdots & \vdots \\ & c_n & v_{n0} \end{bmatrix} \tag{6-21}$$

其中 V_{i0} 的取值范围是区间 $< a_{i0}, b_{i0} >$，可记为 $V_{i0} = < a_{i0}, b_{i0} >$，$i = 1, 2, \cdots, n$，称 $< a_{i0}, b_{i0} >$ 为 M_0 关于 C 的经典域，经典域的直观含义是事物各属性变化的基本区间。称

$$R_0 = \begin{pmatrix} M_0 & c_1 & < a_{10}, b_{10} > \\ & c_2 & < a_{20}, b_{20} > \\ & \vdots & \vdots \\ & c_n & < a_{n0}, b_{n0} > \end{pmatrix} \tag{6-22}$$

为 M_0 的经典域矩阵，有时也称 R_0 为经典域物元。

如果对所有的 i，$S_i \in V_{i0}$ 是属性 c_i 的最佳取值，此时称

$$R_0 = \begin{pmatrix} M_0 & c_1 & s_1 \\ & c_2 & s_2 \\ & \vdots & \vdots \\ & c_n & s_n \end{pmatrix} \tag{6-23}$$

为 M_0 的理想物元。

(2)模糊物元和复合模糊物元。如果式(6-19)中 $c(M)$ 代表描述事物 M 的属性 c 的模糊量值，称对应的 R 为模糊物元。将 m 个 n 维物元组合在一起，便构成 m 个事物 n 维复合物元 R_{mn}。若将 R_{mn} 的量值改写为模糊物元量值，称为 m 个事物 n 维复合模糊物元，记为

$$\underline{R}_{mn} = \begin{pmatrix} & c_1 & c_2 & \cdots & c_n \\ M_1 & v_{11} & v_{12} & \cdots & v_{1n} \\ M_2 & v_{21} & v_{22} & \cdots & v_{2n} \\ \vdots & \vdots & \vdots & & \vdots \\ M_m & v_{m1} & v_{m2} & \cdots & v_{mn} \end{pmatrix} \tag{6-24}$$

式中：$\underline{R}_{mn}$ 为 m 个事物 n 维复合模糊物元；M_i 为第 i 个事物；c_j 为第 j 项特征；v_{ij} 为第 i 个事物第 j 项特征对应的模糊量值，$i = 1, 2, \cdots, m$；$j = 1, 2, \cdots, n$。

(3)从优隶属度。有些属性值是效益型的，有些是成本型的，还有些是区间型及其他类型的。如果依据这些指标进行物元间的比选，需要对属性值进行处理。在物元可拓学中一般采用将属性值转化为从优隶属度的方法。

对于效益型属性

$$u_{ij} = \frac{v_{ij} - \min\limits_{1 \leqslant i \leqslant m} v_{ij}}{\max\limits_{1 \leqslant i \leqslant m} v_{ij} - \min\limits_{1 \leqslant i \leqslant m} v_{ij}} \tag{6-25}$$

式中：u_{ij} 为第 i 个事物第 j 项特征值 v_{ij} 所对应的从优隶属度。

对于成本型属性

$$u_{ij}=\frac{\max\limits_{1\leqslant i\leqslant m}v_{ij}-v_{ij}}{\max\limits_{1\leqslant i\leqslant m}v_{ij}-\min\limits_{1\leqslant i\leqslant m}v_{ij}} \tag{6-26}$$

对于区间型属性

$$u_{ij}=\begin{cases}1-\dfrac{a-v_{ij}}{\max\{(a-\min\limits_{1\leqslant i\leqslant m}v_{ij}),(\max\limits_{1\leqslant i\leqslant m}v_{ij}-b)\}} & (v_{ij}<a)\\ 1 & (v_{ij}\in[a,b])\\ 1-\dfrac{v_{ij}-b}{\max\{(a-\min\limits_{1\leqslant i\leqslant m}v_{ij}),(\max\limits_{1\leqslant i\leqslant m}v_{ij}-b)\}} & (v_{ij}>b)\end{cases} \tag{6-27}$$

式中各符号意义同前。

注意,式(6-25)~式(6-27)只适用使三式有意义情况下的物元分析。对于使三式无意义的物元,可考虑设计采用其他从优隶属度函数。处理后可得到形如式(6-28)的物元优属度矩阵

$$\underline{R}_{mn}=\begin{Bmatrix} & c_1 & c_2 & \cdots & c_n\\ M_1 & u_{11} & u_{12} & \cdots & u_{1n}\\ M_2 & u_{21} & u_{22} & \cdots & u_{2n}\\ \vdots & \vdots & \vdots & & \vdots\\ M_m & u_{m1} & u_{m2} & \cdots & u_{mn}\end{Bmatrix} \tag{6-28}$$

2)关联函数和关联度

在可拓数学中,给定论域 U 及其中的一个集合 A,用$(-\infty,+\infty)$中的数来描述 U 中的元素 u 属于或不属于 A 的程度,记为 $K(u)(-\infty<K(u)<+\infty)$。$K(u)\geqslant 0$ 表示 u 属于 A 的程度;$K(u)\leqslant 0$ 表示 u 不属于 A 的程度;$K(u)=0$表示 u 属于 A 又不属于 A。函数 $K(u)$称为 U 的关于集合 A 的关联函数,函数值称为关联度。

在不同的问题中,建立的关联函数是不同的,到底采用何种形式的关联函数,具体问题应具体分析。应用距离可衡量普通物元与理想物元的关联度,也可作为衡量某物元(如方案)的某一属性与理想物元对应属性间接近程度的尺度。一般地,当评价指标之间相关性不大时,多用欧氏距离;如果各指标间相关性较大,多用马氏距离,这在一定程度上可以消除指标间的相关性对综合评价结果的影响。人们习惯上采用欧氏距离,所以在选择评价指标时要尽量避免强相关。

欧氏(Euclid)距离

$$D_i=\sqrt{\sum_{j=1}^{n}(y_{ij}-y_j)^2} \tag{6-29}$$

马氏(Mahalanobis)距离

$$D_i = \sqrt{\left|(Y_i - Y) \cdot \sum^{-1}(Y_i - Y)^{-1}\right|} \tag{6-30}$$

式中：$\sum^{-1}$为 Y 的差协方阵。

6.4.2.2　基于模糊物元分析的水资源合理配置评价思路

在模糊物元分析的基础上，结合欧氏贴近度的概念，提出了基于欧氏贴近度的模糊物元分析方法。在区域水资源优化配置时，一般都会给出若干备选规划方案。把若干备选规划方案作为物元的事物，以它们的各项评价指标及其相应的模糊量值构造复合模糊物元，通过计算与标准模糊物元之间的欧氏贴近度，实现对水资源配置方案的综合评价与排序。

第一步，确定备选方案 $A_1, A_2, \cdots, A_m$ 对应的复合模糊物元矩阵

$$\underline{R}_{mn} = \begin{bmatrix} & c_1 & c_2 & \cdots & c_n \\ A_1 & v_{11} & v_{12} & \cdots & v_{1n} \\ A_2 & v_{21} & v_{22} & \cdots & v_{2n} \\ \vdots & \vdots & \vdots & & \vdots \\ A_m & v_{m1} & v_{m2} & \cdots & v_{mn} \end{bmatrix} \tag{6-31}$$

第二步，按公式(6-25)～式(6-27)计算出式(6-31)对应的复合模糊物元优属度矩阵

$$\underline{R}_{mn} = \begin{bmatrix} & c_1 & c_2 & \cdots & c_n \\ A_1 & u_{11} & u_{12} & \cdots & u_{1n} \\ A_2 & u_{21} & u_{22} & \cdots & u_{2n} \\ \vdots & \vdots & \vdots & & \vdots \\ A_m & u_{m1} & u_{m2} & \cdots & u_{mn} \end{bmatrix} \tag{6-32}$$

第三步，先求理想物元

$$R_0 = \begin{bmatrix} M_0 & c_1 & \max\limits_{1 \leqslant j \leqslant n} v_{1j} \\ & c_2 & \max\limits_{1 \leqslant j \leqslant n} v_{2j} \\ & \vdots & \vdots \\ & c_n & \max\limits_{1 \leqslant j \leqslant n} v_{nj} \end{bmatrix} \tag{6-33}$$

然后按式(6-29)、式(6-30)计算各方案与理想方案之间的距离 $D_i^2 (i = 1, 2, \cdots, m)$。

第四步，若采用欧式贴近度表征二者的贴近程度，则按式(6-34)计算

$$\rho h_j = 1 - \sqrt{\sum_{j=1}^{n} \omega_j D_j^2} \tag{6-34}$$

式中：ω_j 为权重。

根据 ρh_j 大小对方案进行优劣排序,最大值对应的方案 A_i 即为由 FMEA 评价方法得到的最终推荐方案。

6.4.3 灰色关联度法[2,21~23]

根据我国学者邓聚龙教授提出的灰色理论可知,水资源配置方案选择问题本身是一个灰色系统,因为该系统中既有被了解的白色信息,又有尚未被了解的黑色信息,而更多的是一般定性了解的灰色信息。水资源配置方案评价指标体系之间并不是相互独立的,尽管它们之间的关系不明确,但是实际上却是存在关系的,这种关系从本质上讲是一种灰色关系。GRA 方法的基本思想是计算每个评价对象与最佳理想集之间的关联度,其作用类似于距离评价方法中的距离。如果关联度大,则评价对象就比较好,否则,评价对象就差。

6.4.3.1 灰色关联度投影法原理

1)确定决策矩阵

设被决策的水资源配置方案集合为 A,$A=\{$方案 1,方案 2,…,方案 $n\}=\{A_0,A_1,\cdots,A_n\}$。一般情况下,指标有效益型、成本型、固定型和区间型几种类型。所谓效益型指标是指属性值愈大愈好的指标;所谓成本型指标是指属性值愈小愈好的指标;所谓固定型指标是指属性值既不能太大又不能太小,而以稳定在某个固定值为最佳的一类指标;所谓区间型指标是指属性值以落在某个固定区间内为最佳的一类指标。根据指标类型的不同,对指标集 G 可作如下划分

$$G=\bigcup_{i=1}^{4}\Omega_i,\quad \Omega_i\cap\Omega_j=\varnothing\quad(i、j=1,2,3,4;i\neq j)\tag{6-35}$$

式中:$\Omega_i(i=1,2,3,4)$分别为效益型指标集、成本型指标集、固定型指标集和区间型指标集;$\varnothing$ 为空集。

2)初始化决策矩阵

为了消除量纲和量纲单位不同所带来的不可公度性,首先要对原始数据进行无量纲处理。

对于效益型指标,一般可令

$$Z_{ij}=\frac{y_{ij}-\min(y_j)}{\max(y_i)-\min(y_j)}\quad(i=1,2,\cdots,n;j\in\Omega_1)\tag{6-36}$$

式中:$\max(y_j)$、$\min(y_j)$分别为 G_j 指标的最大值和最小值。

对于成本型指标,令

$$Z_{ij}=\frac{\max(y_j)-y_{ij}}{\max(y_j)-\min(y_j)}\quad(i=1,2,\cdots,n;j\in\Omega_2)\tag{6-37}$$

式中:$\max(y_j)$、$\min(y_j)$的意义同前。

对于固定型指标,令

$$Z_{ij}=1-\frac{|y_{ij}-y_j^*|}{\max\limits_i|y_{ij}-y_j^*|}\quad(i=1,2,\cdots,n;j\in\Omega_3)\tag{6-38}$$

式中：y_j^* 为 G_j 指标的最佳稳定值。

对于区间型指标，令

$$Z_{ij}=\begin{cases}1-\dfrac{q_{1j}-y_{ij}}{\max\{(q_{1j}-\min(y_j),\max(y_j)-q_{2j}\}} & (y_{ij}>q_{1j})\\ 1 & (y_{ij}\in[q_{1j},q_{2j}])\\ 1-\dfrac{y_{ij}-q_{2j}}{\max\{(q_{1j}-\min(y_j),\max(y_j)-q_{2j}\}} & (y_{ij}>q_{2j})\end{cases}\tag{6-39}$$

式中：$[q_{1j},q_{2j}]$为 G_j 指标的最佳稳定区间；$\max(y_j)$、$\min(y_j)$的意义同前；$i=1,2,\cdots,n;j\in\Omega_4$。记无量纲化处理后的决策矩阵为 $Z=(Z_{ij})_{n\times m}$。

3)确定灰色关联决策矩阵

以公式 y_{ij} 为母序列，以 Z_{ij} 为子序列就可以得到其他决策与相对最佳方案的灰色关联度 r_{ij}，即

$$r_{ij}=\frac{\min\limits_n\min\limits_m|y_{ij}-z_{ij}|+\lambda\max\limits_n\max\limits_m|y_{ij}-z_{ij}|}{|y_{ij}-z_{ij}|+\lambda\max\limits_n\max\limits_m|y_{ij}-z_{ij}|}\tag{6-40}$$

通常情况下，分辨系数 λ 在(0,1)之间取值。一般情况下依据式(6-41)中的数据情况多在 0.1～0.5 间取值。λ 越小越能提高系数间的差异。这样可求得由$(n+1)m$ 个 r 组成的矩阵，称为灰色关联度判断矩阵，即

$$r_{nm}=\begin{pmatrix}r_{11} & r_{12} & \cdots & r_{1m}\\ r_{21} & r_{22} & \cdots & r_{2m}\\ r_{31} & r_{32} & \cdots & r_{3m}\\ \vdots & \vdots & & \vdots\\ r_{n1} & r_{n2} & \cdots & r_{nm}\end{pmatrix}\tag{6-41}$$

由于水资源配置方案中各个指标的重要性不同，故要进行加权处理，设加权向量$W=[W_1,W_2,W_3,\cdots,W_m]^{\mathrm{T}}$，经过加权后得到灰色关联决策矩阵

$$W_m r_{nm}=\begin{pmatrix}W_1r_{11} & W_2r_{12} & \cdots & W_mr_{1m}\\ W_1r_{21} & W_2r_{22} & \cdots & W_mr_{2m}\\ W_1r_{31} & W_2r_{32} & \cdots & W_mr_{3m}\\ \vdots & \vdots & & \vdots\\ W_1r_{n1} & W_2r_{n2} & \cdots & W_mr_{nm}\end{pmatrix}\tag{6-42}$$

4)排序

依据关联度大小排序。

6.4.3.2 权重

权重有主观赋权法和客观赋权法两类。

1)主观赋权法

主观赋权法是采用综合咨询评分的定性方法确定权重,然后对标准化后的数据进行综合,主观赋权法有综合指数法、德尔菲法、层次分析法、环比法等。

(1)德尔菲法。德尔菲法又称专家规定程序调查法,它是以古希腊城市德尔菲(Delphi)命名的。该法主要是由调查者拟定调查表,按照既定程序,以函件的方式分别向专家组成员征询调查,专家组成员又以匿名的方式交流意见,经过几次的征询和反馈,专家组成员的意见将会逐步趋于集中,最后获得具有很高准确率的集体判断结果。德尔菲方法得到的指标权重为 $w_1^{(1)}, w_2^{(1)}, \cdots, w_n^{(1)}$,德尔菲法的基本步骤如下:

第一步,选择专家。选择多位既有实践经验又有理论修养的水资源专家。

第二步,将研究任务、待定权数的 n 个指标和定权规则及有关资料发给选定的专家,请他们独立地给出各指标的权值。

第三步,回收结果并计算各指标权数的均值与标准差。

第四步,将计算的结果及补充资料返还给各位专家,要求所有的专家在新的基础上重新确定系数。

第五步,重复上述第三步和第四步,直至 n 个指标权数与其均值的离差不超过预先给定的标准为止,也就是各专家的意见趋于一致,以此时各指标权数的均值作为该指标的权数 $w_1^{(1)}, w_2^{(1)}, \cdots, w_n^{(1)}$。

(2)层次分析法。层次分析(AHP)法是将与决策总是有关的元素分解成目标、准则、方案等层次,在此基础之上进行定性和定量分析的决策方法。该方法是美国运筹学家匹茨堡大学教授萨蒂于 20 世纪 70 年代初,在为美国国防部研究"根据各个工业部门对国家福利的贡献大小而进行电力分配"课题时,应用网络系统理论和多目标综合评价方法,提出的一种层次权重决策分析方法。这种方法的特点是在对复杂的决策问题的本质、影响因素及其内在关系等进行深入分析的基础上,利用较少的定量信息使决策的思维过程数学化,从而为多目标、多准则或无结构特性的复杂决策问题提供简便的决策方法,尤其适合于对决策结果难以直接准确计量的场合。层次分析法的步骤如下:

第一步,通过对系统的深刻认识,确定该系统的总目标,弄清规划决策所涉及的范围,所要采取的措施、方案和政策,实现目标的准则、策略和各种约束条件等,广泛地收集信息。

第二步,建立一个多层次的递阶结构,按目标的不同、实现功能的差异,将系统分为几个等级层次。

第三步,确定以上递阶结构中相邻层次元素间相关程度。按规定的标度值

构造比较判断矩阵 $A=(a_{ij})_{n\times n}$，对 A 作一致性检验，计算比较判断矩阵的最大特征值 λ_{max}，并由 λ_{max} 解特征方程

$$AX = \lambda_{max} x \tag{6-43}$$

得到对应 λ_{max} 的特征向量 $X=\{x_1,x_2,\cdots,x_n\}$，最后将特征向量归一化，得到指标的权重向量 $w=\{w_1,w_2,\cdots,w_n\}$。

第四步，计算各层元素对系统目标的合成权重，进行总排序，以确定递阶结构图中最底层各个元素在总目标中的重要程度。

2)客观赋权法

客观赋权法通常有熵值法和因子分子法。熵值法是根据指标的变异信息量确定权数。因子分析法从众多的变量中分解出少数几个公共因子，减少了评价指标维数。因子分析法计算过程比较复杂，一般必须用计算机完成，而熵值法的计算过程相对简单。这里主要介绍熵值法。

熵值法是在客观条件下，由评价指标值构成的判断矩阵来确定指标权重的一种方法，它能尽可能地消除各因素权重的主观性，使评价结果更符合实际。其计算步骤如下：

第一步，构建 m 个方案 n 个评价指标的判断矩阵

$$R = (x_{ij})_{mn} \qquad (i = 1,2,\cdots,m; j = 1,2,\cdots,n)$$

第二步，将判断矩阵归一化处理，得到归一化判断矩阵

$$b_{ij} = \frac{x_{ij} - x_{min}}{x_{max} - x_{min}} \tag{6-44}$$

式中：x_{max}、x_{min}分别为同指标下不同事物中最满意者(越小越满意或越大越满意)或最不满意者。

第三步，根据熵的定义，m 个评价方案 n 个评价指标可以确定评价指标的熵

$$H_j = -\frac{1}{\ln n}\left(\sum_{j=1}^{n} f_{ij}\ln f_{ij}\right) \quad (i = 1,\cdots,m; j = 1,2,\cdots,n) \tag{6-45}$$

$$f_{ij} = \frac{b_{ij}}{\sum_{j=1}^{n} b_{ij}} \tag{6-46}$$

为使 $\ln f_{ij}$ 有意义，一般需要假定当 $f_{ij}=0$ 时，$f_{ij}\ln f_{ij}=0$。但当 $f_{ij}=1$，$\ln f_{ij}=0$ 时，$f_{ij}\ln f_{ij}$ 也等于零，这显然不切合实际，与熵的含义相悖，故需对 f_{ij} 加以修正，将其定义为

$$f_{ij} = \frac{1 + b_{ij}}{\sum_{j=1}^{n}(1 + b_{ij})} \tag{6-47}$$

计算指标的熵权：

$$\omega_j = \frac{1 - H_i}{n - \sum_{i=1}^{m} H_i}, W = (\omega_j)_{1\times n}, \sum_{j=1}^{n} \omega_j = 1 \tag{6-48}$$

6.4.4 综合集结

经分析,投影寻踪、灰色关联和模糊物元三种方法对同一样本序列进行评价结果是不完全一致的。究其原因是在于各自计算方法的原理不一样。灰色关联和模糊物元分析方法属于模糊数学方法,两者都使用隶属函数来刻划样本对理想最佳方案的隶属程度,较好地揭示了样本排序上的模糊性,但隶属函数的构造往往带有主观性而且运算也较复杂。例如模糊物元采用欧氏距离或马氏距离作为对理想最佳方案的隶属程度,灰色关联运用表征比较数列与标准数列的某一点上的关联性为特征的关联系数来描述每个评价对象与最佳理想集之间的关联程度,两种方法原理大致一样,但具体的数学表达式是不一样的。投影寻踪是处理多因素复杂问题的一种统计方法,其基本思路是将高维数据向低维空间进行投影,通过低维投影数据的散布结构来研究高维数据特征。其关键是构造合理的投影目标函数,这是高维数据向低维空间投影所遵循的规则,也是寻找最优投影方向的依据。该目标函数是在一维空间散布的类间距离和类内密度同时取得最大值。这一步骤通过实数编码的加速遗传算法来实现。投影寻踪与灰色关联分析、模糊物元分析方法的区别在于前者无须预先给定指标权重,而是根据样本资料自身的特性来实现评价,人为干扰少,同时,采用较先进的遗传方法来进行数值寻优,原始信息量损失较少。

基于以上方法都具有各自的计算原理,评价如同不同专家对同一事物判断打分一样,最后取平均值作为评价的最后结果,本书评价软件列出综合集结的成果正是来自这样的思路。

6.5 多目标多属性评价软件的开发

开发实用便捷可视化界面通用软件是相当必要的。多目标多属性评价软件的核心原理是基于实数编码的加速遗传算法的投影寻踪分类模型。基于加速遗传算法的投影寻踪分类模型(RAGA－PPC)具体应用到分析计算中,首先是将指标体系(高维数据)投影到一维子空间上,然后借助于 RAGA 算法建立投影寻踪分类模型,经过多次运算后寻找最佳投影方向,最终形成评价指标值并进行排序。同时,还建立了用做对比和辅助评价手段的物元分析法和灰色关联度法。

由于各种模型对评价数据提供信息的利用率不同,评价结果提供的信息量也有所区别。为了使评价结论更加趋于真实可靠,通用软件还将 3 种评价方法做了综合集结。其基本原理如下：设有 A、B、C 三个待评方案，其真正的排序假定是 123(A 第一，B 第二，C 第三)。如果这一真实情况是未知的，则需要采用各种方法进行评价。若各种评价方法的结果都是随机的，则下面 6 种情况出现的概率应该相同，即 123、132、213、231、312、321。实际上，各种方法的排序结果不会是随机的。虽然每种方法不可能都作出完全准确的评价(如 123)，但至少不能作出完全相反的评价(如 321)。同时，上述排序中的第四种情况(231)与第五种情况(312)也不可能出现。因为不可能把最好的方案排到最后一位，或者把最差的方案排到第一位。这样，评价的结果只能出现前面三种情况，即 123、132、213。最后，把各种评价方法所得到的结果进行综合集结，其结果便认为是可靠的评价结果。

6.5.1　运行环境

可视化界面计算软件的编制平台是 Visual Basic 6.0。该软件可在操作系统 Win2000 或 WinXP 下运行，系统中需安装 Office2000 或以上版本。

6.5.2　操作流程及界面

(1)点击桌面图标进入登录界面，如图 6-2 所示。输入用户名和密码，点击确定后即可进入计算主界面。

图 6-2　登录界面

(2)计算主界面如图 6-3 所示。计算前，先完成基本参数输入，然后按顺序操作(包括分析计算、综合集结、结果显示和文件另存等功能)即可。在参数设置界面中，提供了数据的手工输入和文本输入（Excel 表格）两种输入方式。另外，还可对已经输入的指标值进行查询、修改和保存修改等操作。

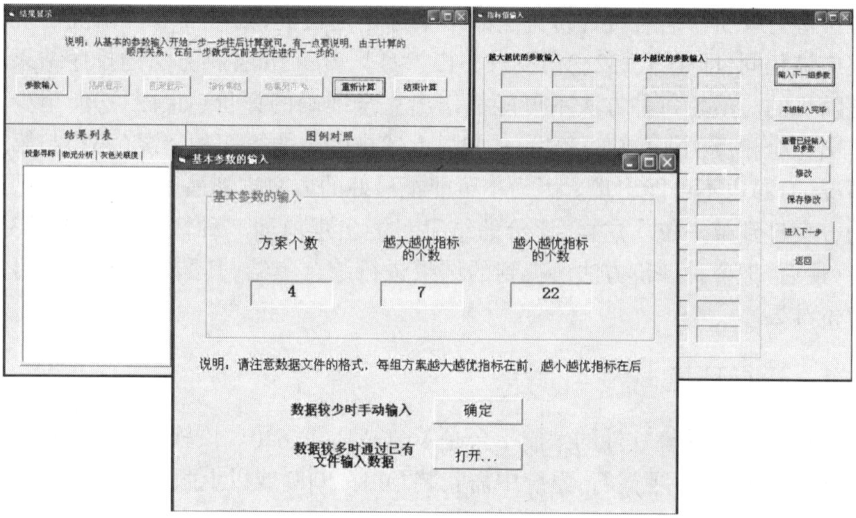

图 6-3　计算主界面

（3）参数设置完成后，在计算过程中，计算主界面下方会出现一个显示计算的进度条。在结果显示列表中可以切换不同的页面查看并对比 3 种评价方法的计算结果。同时，在图例对照中，各个计算结果均以柱状图形显示，如图 6-4 所示。

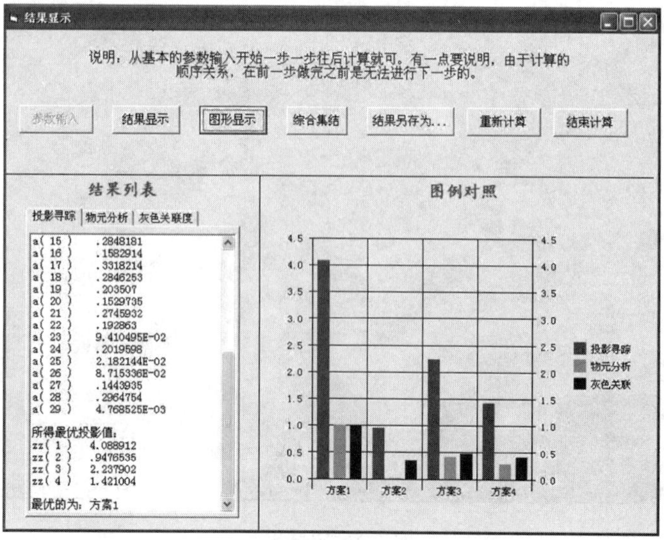

图 6-4　计算结果图形显示

(4)通过综合集结,对各个评价计算结果进行整理,得出最终结论,整个评价分析与计算结束,如图 6-5(左部分)所示。在该窗口中也可以看到各指标值的权重,可以对各指标给出一个宏观上的参考。另外在整个计算过程中,为了便于后期的数据分析,使分析过程更加直观,添加了数据分析作为辅助功能,如图 6-5(右部分)所示。图 6-5 中包括两项值的显示:各指标投影方向图和各方案归一化之后的指标值。这两项相乘然后求和,结果就是最终投影值,该值主要可用于投影寻踪模型的中间数据分析。

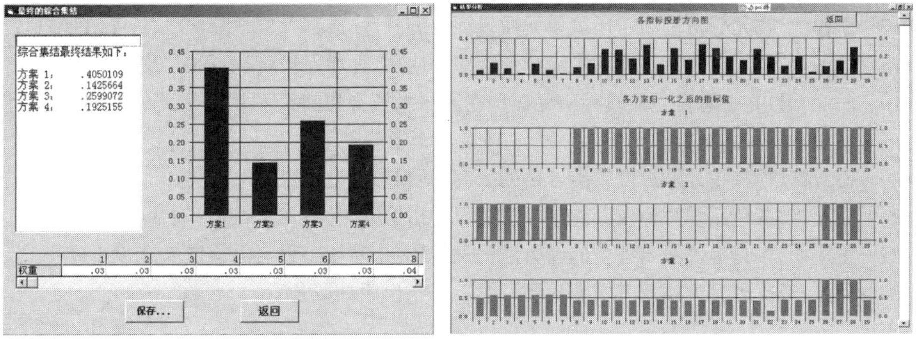

图 6-5　综合集结及数据分析

(5)最后,可将评价计算结果以文本形式保存供日后作数据分析之用,或返回计算主界面,重新进行参数设置,并进入新方案的分析计算。

参 考 文 献

[1] 王志良. 水资源管理多属性决策与风险分析理论方法及其应用研究:[博士论文]. 成都:四川大学,2003

[2] 曾国熙. 流域水资源配置合理性评价研究——以黑河流域为例:[硕士论文]. 成都:四川大学,2004

[3] 左启东,戴树声,袁汝华,等. 水资源评价指标体系研究. 水科学进展,1996,7(4)

[4] 刘恒,耿雷华,陈小燕. 区域水资源可持续利用评价指标体系的建立. 水科学进展,2003,14(3)

[5] 谢崇宝,袁宏源,敦元裕. 多指标权重分配模型研究. 华北水利水电学院学报,1996,25(4)

[6] 蔡辉,倪宗瓒. 主客观权重系数及其整合. 中国医院统计,1997,4(1)

[7] 王明文. 群组决策中专家权重确定的主客观法. 江西师范大学学报,1999,23(2)

[8] 曹庆奎,刘开展,张博文. 用熵计算客观型指标权重的方法. 河北建筑科技学院学报,2000,17(3)

[9] 徐泽水. 部分权重信息下多目标决策方法研究. 系统工程理论与实践,2002(1)

[10] 王靖,张金锁. 综合评价中确定权重向量的几种方法比较. 河北工业大学学报,2001,30(2)

[11] 金菊良,丁晶.遗传算法及其在水科学中的应用.成都:四川大学出版社,2000
[12] 付强.农业水土资源系统分析与综合评价.北京:中国水利水电出版社,2005
[13] 黄晓荣,梁川,付强.基于 RAGA 的 PPC 模型对区域水资源可持续利用的评价.四川大学学报,2003(7)
[14] 邢文训,谢金星.现代优化计算方法.北京:清华大学出版社,1999
[15] 陈俊.关联函数的一种构造方法.系统工程理论与实践,1995(4)
[16] 潘峰,梁川,付强.基于层次分析法的物元模型在土壤质量评价中的应用.农业现代化研究,2002,23(2)
[17] 李祚泳.物元分析法用于环境单元质量评价和排序.成都气象学院学报,1996,11(3)
[18] 冯玉国.物元分析在水质污染综合评价中的应用.环境保护科学,1994,20(4)
[19] 潘峰,梁川,王志良,等.模糊物元模型在区域水资源可持续利用综合评价中的应用.水科学进展,2003,14(3)
[20] 肖芳淳.模糊物元贴近度聚类分析的研究.新疆石油地质,1998,19(4)
[21] 袁嘉祖.灰色系统理论及其应用.北京:科学出版社,1991
[22] 王应明.多指标决策与评价的新方法——投影法.系统工程与电子技术,1999(3)
[23] 付强.数据处理方法及其农业应用.北京:科学出版社,2006

第 7 章　黄河流域水资源配置方案评价

7.1　黄河流域水资源配置初步方案

由于在 2010 年以前(南水北调东、中线工程生效以前),黄河水资源配置方案仍为黄河“87”分水方案。2010 年以后至南水北调西线工程生效以前,黄河水资源的配置为缺水配置,主要影响因素为多年平均入海水量、各省(区)的缺水比例以及现状用水情况,初步拟定以下 4 种方案。

方案 1 保证了多年平均最低入海水量 200 亿 m^3,以 2020 年水平需水预测为基础,流域内各省(区)缺水比例大致相当;方案 2 在方案 1 的基础上,考虑黄河水资源供需矛盾尖锐的情况,适当减少了入海水量,相应增加了河道外可配置水量;方案 3 采取同比例折减,与《黄河可供水量年度分配及干流水量调度方案》和《黄河水量调度管理办法》的原则相一致;方案 4 偏重于考虑目前的实际耗用黄河地表径流量情况,适当考虑了 2020 年水平的需求预测。结果见表 7-1～表 7-4。

表 7-1　黄河流域水资源配置结果(方案 1)　(单位:亿 m^3)

省(区)	向流域内配置的供水量				黄河地表水消耗量			备注
	地表水供水量	地下水供水量	合计	缺水率(%)	流域内消耗量	流域外消耗量	合计	“87”分水指标
青海	17.42	3.26	20.68	19.5	14.53		14.53	14.1
四川	0.29	0.02	0.31	0	0.25		0.25	0.4
甘肃	42.28	6.08	48.36	21.2	30.75	1.76	32.51	30.4
宁夏	62.19	9.89	72.08	21.7	42.12		42.12	40.0
内蒙古	64.97	21.85	86.82	18.1	56.63		56.63	58.6
陕西	47.79	28.79	76.58	17.7	35.59		35.59	38.0
山西	32.55	21.22	53.77	15.4	25.95	5.53	31.48	43.1
河南	28.16	21.81	49.97	16.9	22.00	20.34	42.34	55.4
山东	7.74	14.58	22.32	15.4	5.28	56.68	61.96	70.0
河北						4.92	4.92	20.0
合计	303.39	127.50	430.89	18.5	233.10	89.23	322.33	370.0

表 7-2 黄河流域水资源配置结果(方案 2) (单位:亿 m³)

省(区)	向流域内配置的供水量				黄河地表水消耗量			备注
	地表水供水量	地下水供水量	合计	缺水率(%)	流域内消耗量	流域外消耗量	合计	"87"分水指标
青海	18.51	3.26	21.77	15.1	15.53		15.53	14.1
四川	0.29	0.02	0.31	0	0.25		0.25	0.4
甘肃	45.46	6.08	51.54	15.9	33.75	2.03	35.79	30.4
宁夏	66.85	9.89	76.74	16.6	45.78		45.78	40.0
内蒙古	67.19	21.85	89.04	16.0	58.72		58.72	58.6
陕西	49.20	28.79	77.99	16.1	36.99		36.99	38.0
山西	32.97	21.22	54.19	14.7	26.37	5.54	31.90	43.1
河南	29.27	21.81	51.09	14.9	23.07	20.31	43.38	55.4
山东	7.85	14.58	22.43	15.0	5.38	58.49	63.87	70.0
河北						4.94	4.94	20.0
合计	317.60	127.50	445.10	15.7	245.84	91.31	337.15	370.0

表 7-3 黄河流域水资源配置结果(方案 3) (单位:亿 m³)

省(区)	向流域内配置的供水量				黄河地表水消耗量			备注
	地表水供水量	地下水供水量	合计	缺水率(%)	流域内消耗量	流域外消耗量	合计	"87"分水指标
青海	15.34	3.26	18.60	27.6	12.69		12.69	14.1
四川	0.40	0.01	0.41	0	0.36		0.36	0.4
甘肃	36.30	6.08	42.38	31.0	25.33	2.03	27.36	30.4
宁夏	53.43	9.89	63.32	31.2	36.00		36.00	40.0
内蒙古	60.71	21.85	82.56	22.1	52.74		52.74	58.6
陕西	46.21	28.79	75.00	19.4	34.20		34.20	38.0
山西	40.44	21.22	61.66	3.0	33.25	5.54	38.79	43.1
河南	36.25	21.81	58.06	3.4	29.48	20.38	49.86	55.4
山东	8.51	14.58	23.09	12.5	6.00	57.00	63.00	70.0
河北						5.00	5.00	20.0
合计	297.59	127.49	425.08	19.6	230.05	89.95	320.00	370.0

表 7-4　黄河流域水资源配置结果(方案 4)　(单位:亿 m^3)

省(区)	向流域内配置的供水量				黄河地表水消耗量			备注
	地表水供水量	地下水供水量	合计	缺水率(%)	流域内消耗量	流域外消耗量	合计	“87”分水指标
青海	16.91	3.26	20.17	21.5	14.10		14.10	14.1
四川	0.44	0.01	0.45	0	0.40		0.40	0.4
甘肃	39.61	6.08	45.69	25.6	28.37	2.03	30.40	30.4
宁夏	59.14	9.89	69.03	25.0	40.00		40.00	40.0
内蒙古	67.08	21.85	88.93	16.1	58.60		58.60	58.6
陕西	48.15	28.79	76.94	17.3	36.00		36.00	38.0
山西	33.16	21.22	54.38	14.5	26.56	5.54	32.10	43.1
河南	29.22	21.81	51.03	15.1	23.02	20.38	43.40	55.4
山东	8.51	14.58	23.09	12.5	6.00	54	60.00	70.0
河北						5.00	5.00	20.0
合计	302.08	127.49	429.57	18.7	233.05	86.95	320.00	370.0

7.2　水资源禀赋评价

水资源禀赋评价针对水资源的自然属性进行评价。评价项目主要针对水文循环的各要素,如降水、河川径流、蒸发等统计数据。

多年平均降水量:降水是水文循环中最活跃的因子,它是一种水文要素,也是一种气象要素。基于资料质量好、系列完整、面上分布均匀且能反映地形变化影响的黄河流域1 204个雨量站资料系列,按水利部标准《水资源评价导则》(SL/T238—1999)要求进行降水量等值线图绘制,以反映多年平均降水量的地区分布规律。基于 1956～2000 年系列统计的黄河流域二级区和各省(区)多年平均降水量基本特征值见表 7-5。

地表水资源量:地表水资源量是指河流、湖泊、冰川等地表水体中由当地降水形成的、可以逐年更新的动态水量,用天然河川径流量表示。本次评价要求通过实测径流还原计算和天然径流量系列一致性分析与处理,提出系列一致性较好、反映近期下垫面条件下的天然年径流系列,作为评价地表水资源量的依据。地表水资源量间接反映下垫面情况。黄河流域二级区和各省(区)多年平均地表水资源量基本特征值见表 7-6。

表 7-5　黄河流域二级区和各省(区)多年平均降水量基本特征值

二级区/省(区)	面积(万 km^2)	年降水量		C_v	C_s/C_v	不同频率降水量(mm)			
		mm	亿 m^3			20%	50%	75%	95%
龙羊峡以上	13.13	485.9	638.1	0.11	2.0	530.2	483.9	448.8	401.4
龙羊峡—兰州	9.11	478.9	436.2	0.14	2.0	534.2	475.8	432.1	374.2
兰州—河口镇	16.36	261.7	428.5	0.22	2.0	308.5	257.5	220.9	174.7
河口镇—龙门	11.13	433.5	482.4	0.21	2.0	507.7	427.1	369.1	295.4
龙门—三门峡	19.11	540.5	1 033	0.16	2.0	611.6	535.9	479.9	406.5
三门峡—花园口	4.17	659.5	275.0	0.18	2.0	756.8	652.4	576.0	477.1
花园口以下	2.26	647.8	146.5	0.22	2.0	763.7	637.4	546.8	432.5
内流区	4.23	271.9	114.9	0.27	2.0	331.0	265.3	219.5	163.4
青海	15.23	445.3	677.9	0.12	2.0	489.5	443.2	408.2	361.2
四川	1.70	703.2	119.3	0.14	2.0	784.4	698.6	634.5	549.5
甘肃	14.32	469.2	672.2	0.15	2.0	527.2	465.7	420.0	359.7
宁夏	5.14	286.1	147.0	0.23	2.0	339.5	281.1	239.4	187.1
内蒙古	15.10	272.8	411.8	0.24	2.0	325.8	267.6	226.3	174.7
山西	9.71	518.9	504.1	0.18	2.0	595.4	513.3	453.2	375.4
陕西	13.33	520.6	693.88	0.17	2.0	593.3	515.6	458.5	384.1
河南	3.62	647.3	234.1	0.19	2.0	747.9	639.5	560.7	459.1
山东	1.36	691.5	94.27	0.23	2.0	820.6	679.3	578.6	452.3
黄河流域	79.50	447.1	3 554.4	0.14	2.0	498.7	444.2	403.4	349.3

表 7-6　黄河流域二级区和各省(区)多年平均地表水资源量基本特征值

二级区/省(区)	面积(万 km^2)	年地表水资源量		C_v	C_s/C_v	不同频率地表水资源量(mm)			
		mm	亿 m^3			20%	50%	75%	95%
龙羊峡以上	13.13	157.4	206.7	0.25	3.0	247.3	200.2	169.1	133.8
龙羊峡—兰州	9.11	145.8	132.8	0.24	3.0	157.8	129.0	109.9	87.89
兰州—河口镇	16.36	10.81	17.69	0.28	3.0	21.71	17.21	14.09	10.32
河口镇—龙门	11.13	38.20	42.51	0.28	2.5	51.66	41.20	34.17	25.97
龙门—三门峡	19.11	63.05	120.5	0.31	2.5	149.0	115.9	94.08	69.35
三门峡—花园口	4.17	124.6	51.96	0.50	3.0	69.60	46.01	33.36	22.95
花园口以下	2.26	87.31	19.75	0.75	2.0	28.39	17.47	11.09	5.08
内流区	4.23	6.17	2.61	0.32	3.0	3.25	2.48	2.01	1.51

续表 7-6

二级区/省(区)	面积(万 km^2)	年地表水资源量		C_v	C_s/C_v	不同频率地表水资源量(mm)			
		mm	亿 m^3			20%	50%	75%	95%
青海	15.23	135.8	206.8	0.22	3.0	243.0	201.7	173.8	141.1
四川	1.70	267.2	45.31	0.24	2.0	54.28	44.41	37.42	28.73
甘肃	14.32	85.2	122.1	0.28	2.0	149.4	118.9	97.7	72.0
宁夏	5.14	18.5	9.48	0.30	2.0	11.76	9.20	7.44	5.33
内蒙古	15.10	13.9	20.94	0.31	3.0	25.91	19.95	16.20	12.23
山西	9.71	46.48	45.15	0.35	3.0	56.05	42.92	34.70	26.07
陕西	13.33	67.13	89.49	0.29	2.0	110.4	86.96	70.75	51.24
河南	3.62	114.0	41.24	0.50	2.5	56.76	37.91	26.25	14.23
山东	1.36	102.6	13.99	0.92	3.0	20.82	11.83	6.88	2.63
黄河流域	79.50	74.77	594.4	0.22	3.0	695.6	580.9	502.9	410.8

产水模数:反映评价水资源的空间分布。黄河流域二级区和各省(区)水资源总量组成见表 7-7。

表 7-7　黄河流域二级区和各省(区)水资源总量组成

二级区/省(区)	面积(万 km^2)	降水总量(亿 m^3)	地表水资源量(亿 m^3)	山丘区 *Pr*	山丘区 *Rg*	平原区 *Pr*	平原区 *Rg*	水资源总量(亿 m^3)	产水模数(万 m^3/(km^2·a))
龙羊峡以上	13.13	638.1	206.7	80.26	80.06	0.58	0.32	207.1	15.77
龙羊峡—兰州	9.11	436.2	132.8	54.86	53.56	0.47	0.21	134.4	14.75
兰州—河口镇	16.36	428.5	17.69	16.02	4.69	11.81	0.46	40.37	2.47
河口镇—龙门	11.13	482.4	42.51	19.99	13.95	17.41	4.77	61.19	5.50
龙门—三门峡	19.11	1 033	120.5	52.82	42.47	29.43	3.14	157.1	8.22
三门峡—花园口	4.17	274.9	51.96	31.12	26.21	3.33	0.20	60.00	14.39
花园口以下	2.26	146.5	19.75	12.61	7.14	10.11	0.16	35.17	15.55
内流区	4.23	114.9	2.61	0.24	0.06	8.56	0.00	11.36	2.69
青海	15.23	677.9	206.8	88.43	87.39	1.05	0.53	208.3	13.68
四川	1.70	119.3	45.31	12.80	12.80	0.00	0.00	45.31	26.72
甘肃	14.32	672.2	122.1	44.85	42.52	0.54	0.28	124.7	8.70
宁夏	5.14	147.0	9.48	3.92	3.55	1.09	0.44	10.50	2.04
内蒙古	15.10	411.8	20.94	16.38	5.14	24.51	0.48	56.20	3.72
山西	9.71	504.1	45.15	39.87	26.00	10.19	0.07	69.14	7.12
陕西	13.33	693.9	89.49	29.56	27.19	30.64	7.09	115.4	8.66
河南	3.62	234.1	41.24	19.49	16.40	12.02	0.20	56.14	15.52
山东	1.36	94.27	13.99	12.61	7.14	1.66	0.16	20.96	15.37
黄河流域	79.50	3 554	594.4	267.9	228.1	81.70	9.27	706.6	8.89

变差系数：均方差 σ 与数学期望的比值称为变差系数，以 C_v 表示。C_v 是水文统计分析中常用的一个重要参数。用来作年径流分析所得的 C_v 值称为年径流变差系数，计算公式为

$$C_v = \frac{\sigma}{x} = \frac{1}{x}\sqrt{\frac{\sum (x_i - \overline{x})^2}{n - 1}} \tag{7-1}$$

式中：x_i 为年径流量；$\overline{x}$ 为多年平均年径流量；n 为年数。

均方差是衡量随机变量的分布离散程度的绝对量。在实际水文统计应用中，常用相对量即变差系数 C_v，以便于综合、比较。年径流变差系数值的大小与降水变化特性、流域形状、集水面积有关，小流域的 C_v 值比大流域的 C_v 值大，狭长流域的 C_v 值比枝状流域的 C_v 值大。此外，年径流变差系数还与河网分布、计算时段的长短等有关。C_v 是水资源开发利用中的一个重要评定参数，C_v 值越大，分布离散度越大。

偏态系数：对于随机变量的分布，期望值（平均数）为分布重心，变差系数显示出离散的特征，而分布对重心（期望值）是否对称，C_v 参数均不足以说明，所以尚需一个参数反映分布是否对称的特征，通常将下式定义为偏态系数

$$C_s = \frac{E(X - \overline{x})^3}{\sigma^3} \tag{7-2}$$

由于 C_s 为敏感性指标，小样本统计计算时抽样误差较大，通常用 C_s/C_v 及 C_v 两个指标间接反映偏态系数 C_s。

建立二级区及省（区）两套评价指标体系，指标体系为不同频率降水量、不同频率地表水资源量、产水模数、C_v、C_s/C_v，除了 C_v、C_s/C_v 两个指标是越小越优的指标外，其余都是越大越优的指标。

	多年平均降水量(mm)						多年平均地表水资源量			产水模数
	20%	50%	75%	95%	C_v	C_s/C_v	(mm)	C_v	C_s/C_v	(万 m^3/(km^2·a))
龙羊峡以上	530.2	483.9	448.8	401.4	0.11	2.0	157.4	0.25	3.0	15.77
龙羊峡—兰州	534.2	475.8	432.1	374.2	0.14	2.0	145.8	0.24	3.0	14.75
兰州—河口镇	308.5	257.5	220.9	174.7	0.22	2.0	10.81	0.28	3.0	2.47
河口镇—龙门	507.7	427.1	369.1	295.4	0.21	2.0	38.20	0.28	2.5	5.50
龙门—三门峡	611.6	535.9	479.9	406.5	0.16	2.0	63.05	0.31	2.5	8.22
三门峡—花园口	756.8	652.4	576.0	477.1	0.18	2.0	124.6	0.50	3.0	14.39
花园口以下	763.7	637.4	546.0	432.5	0.22	2.0	87.31	0.75	2.0	15.55
内流区	331.0	265.3	219.5	163.4	0.27	2.0	6.17	0.32	3.0	2.69

	多年平均降水量(mm)						多年平均地表水资源量			产水模数
	20%	50%	75%	95%	C_v	C_s/C_v	(mm)	C_v	C_s/C_v	(万 $m^3/(m^2 \cdot a)$)
青海	489.5	443.2	408.2	361.2	0.12	2.0	135.8	0.22	3.0	13.68
四川	784.4	698.6	634.5	549.5	0.14	2.0	267.2	0.24	2.0	26.72
甘肃	527.2	465.7	420.0	359.7	0.15	2.0	85.2	0.28	2.0	8.70
宁夏	339.5	281.1	239.4	187.1	0.23	2.0	18.5	0.30	2.0	2.04
内蒙古	325.8	267.6	226.3	174.7	0.24	2.0	13.9	0.31	3.0	3.72
山西	595.4	513.3	453.2	375.4	0.18	2.0	46.48	0.35	3.0	7.12
陕西	593.3	515.6	458.5	384.1	0.17	2.0	67.13	0.29	2.0	8.66
河南	747.9	639.5	560.7	449.1	0.19	2.0	114.0	0.50	2.5	15.52
山东	820.6	679.3	578.6	452.3	0.23	2.0	102.6	0.92	30	15.37
黄河流域	498.7	444.2	403.4	349.3	0.14	2.0	74.77	0.22	3.0	8.89

归一化处理后得矩阵。各矩阵中数字是无量纲的数，即

	多年平均降水量						多年平均地表水资源量			产水模数
	20%	50%	75%	95%	C_v	C_s/C_v		C_v	C_s/C_v	
龙羊峡以上	0.49	0.57	0.64	0.76	1.00	1.0	1.00	0.98	0	1.00
龙羊峡—兰州	0.50	0.55	0.60	0.67	0.81	1.0	0.92	1.00	0	0.92
兰州—河口镇	0	0	0	0.04	0.31	1.0	0.03	0.92	0	0
河口镇—龙门	0.44	0.43	0.42	0.42	0.38	1.0	0.21	0.92	0.5	0.23
龙门—三门峡	0.67	0.70	0.73	0.77	0.69	1.0	0.38	0.86	0.5	0.43
三门峡—花园口	0.98	1.00	1.00	1.00	0.56	1.0	0.78	0.49	0	0.90
花园口以下	1.00	0.96	0.92	0.86	0.31	1.0	0.54	0	1.0	0.98
内流区	0.05	0.02	0	0	0	1.0	0	0.84	0	0.02

	多年平均降水量						多年平均地表水资源量			产水模数
	20%	50%	75%	95%	C_v	C_s/C_v		C_v	C_s/C_v	
青海	0.33	0.41	0.45	0.50	1.00	1.0	0.48	1.00	0	0.47
四川	0.93	1.00	1.00	1.00	0.83	1.0	1.00	0.97	1.0	1.00
甘肃	0.41	0.46	0.47	0.49	0.75	1.0	0.28	0.91	1.0	0.27
宁夏	0.03	0.03	0.03	0.03	0.08	1.0	0.02	0.89	1.0	0
内蒙古	0	0	0	0	0	1.0	0	0.87	0	0.07
山西	0.54	0.57	0.56	0.54	0.50	1.0	0.13	0.81	0	0.21
陕西	0.54	0.58	0.57	0.56	0.58	1.0	0.21	0.90	1.0	0.27
河南	0.85	0.86	0.82	0.76	0.42	1.0	0.40	0.60	0.5	0.55
山东	1.00	0.96	0.86	0.74	0.08	1.0	0.35	0	0	0.54
黄河流域	0.35	0.41	0.43	0.47	0.83	1.0	0.24	1.00	0	0.28

用基于 RAGA 的投影寻踪(PPC)计算,选择父代初始种群规模为 $n=400$,交叉概率 $p_c=0.80$,变异概率 $p_m=0.80$,$\alpha=0.05$,加速 19 次,优秀个体数目选定为 20 个,最佳投影方向 $a^*=(0.326,0.404,0.439,0.059,0.519,0.126,0.000\,2,0.039)$,投影值 $Z^*(j)=(1.756,1.617,0.061,0.907,1.561,2.244,2.164,0.032)$,水资源禀赋评价各分区排序:三门峡—花园口、花园口以下、龙羊峡以上、龙羊峡—兰州、龙门—三门峡、河口镇—龙门、兰州—河口镇、内流区。

用物元分析方法计算,各方案欧式贴近度为(0.442,0.429,0.064,0.405,0.576,0.460,0.636,0.039),水资源禀赋评价各分区排序:花园口以下、河口镇—龙门、三门峡—花园口、龙羊峡以上、龙羊峡—兰州、龙门—三门峡、兰州—河口镇、内流区。

用灰色关联度方法计算,各方案灰色关联度为(0.667,0.605,0.376,0.481,0.573,0.704,0.808,0.362),水资源禀赋评价各分区排序:花园口以下、三门峡—花园口、龙门—三门峡、龙羊峡以上、龙羊峡—兰州、河口镇—龙门、兰州—河口镇、内流区。

3 种方法综合得出计算成果,各方案欧式贴近度为(0.153,0.143,0.036,0.108,0.154,0.173,0.198,0.032),水资源禀赋评价各分区最终排序:花园口以下、三门峡—花园口、龙门—三门峡、龙羊峡以上、龙羊峡—兰州、河口镇—龙门、兰州—河口镇、内流区。

图 7-1 为 3 种方法计算结果对照图。图 7-2 为综合集结评价结果。

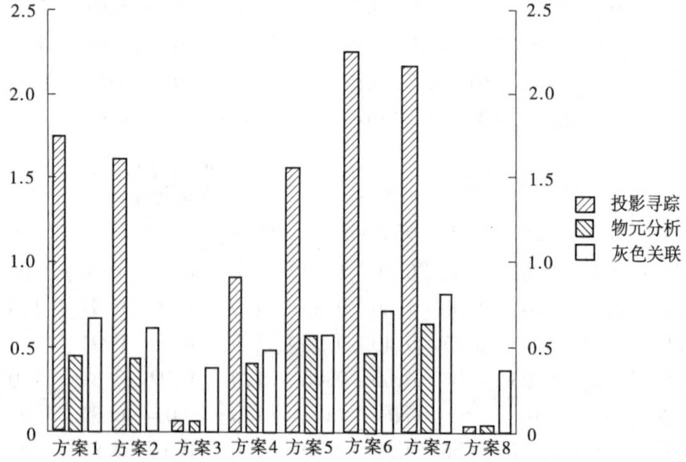

图 7-1　3 种方法计算结果对照图

结果分析:由于多年平均降水量 C_s/C_v 值在评价区域中均为同一值,可以略去此评价指标。9 个评价指标:多年平均降水量(20%、50%、75%、95%)、多

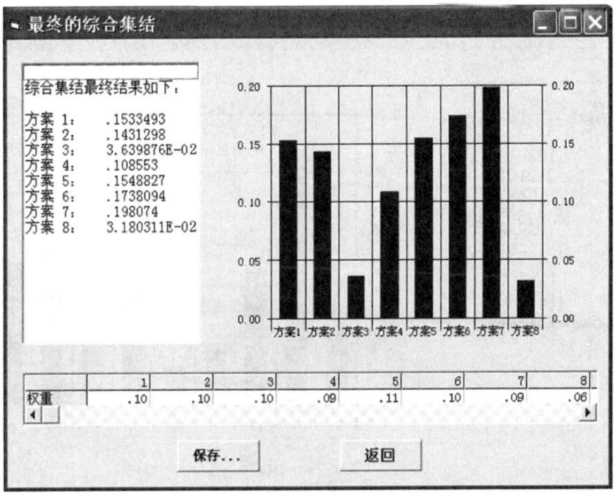

图 7-2　综合集结评价结果

年平均地表水量、产水模数、多年平均降水量 C_v 值、多年平均地表水资源量 C_v 值及 C_s/C_v 值(越大越优指标排在前,6 个越大越优指标,3 个越小越优指标)。经过指标矩阵的计算,得出客观权重,9 个指标所占权重为(0.1,0.1,0.1,0.09,0.11,0.1,0.09,0.06,0.25),黄河花园口以下区域在整个水资源分区中面积最小,但多年平均降水量为 647.8mm,仅次于三门峡—花园口区域的 659.5mm,产水模数为 15.55 万 $m^3/(km^2 \cdot a)$,仅次于龙羊峡以上 15.77 万 $m^3/(km^2 \cdot a)$,水资源禀赋评价排在流域水资源分区中第一位。内流区位于鄂尔多斯高原,地处宁、蒙、陕三省(区)交界处,总土地面积 4.23 万 km^2。气候特点是干燥少雨,寒冷多风。年平均降水量为 271.9mm,变差系数 C_v 值为 0.27,列分区 C_v 值最大,6～9 月降水量可占全年的 70%～80%,且多以暴雨形式出现,产数模数 2.69 万 $m^3/(km^2 \cdot a)$,是分区中最小值,故水资源禀赋评价中排在黄河流域分区最后一位。

同理,对黄河流域 9 个省(区)进行水资源禀赋评价,评价排序见表 7-8,评价结果见图 7-3。

表 7-8　黄河流域水资源禀赋评价排序

水资源禀赋评价方法	黄河流域 9 省(区)排名顺序
投影寻踪	四川、山东、河南、陕西、青海、山西、甘肃、宁夏、内蒙古
物元分析	四川、河南、陕西、甘肃、青海、山东、山西、宁夏、内蒙古
灰色关联度	四川、甘肃、陕西、河南、青海、山东、宁夏、山西、内蒙古
综合集结	四川、河南、山东、陕西、甘肃、青海、山西、宁夏、内蒙古

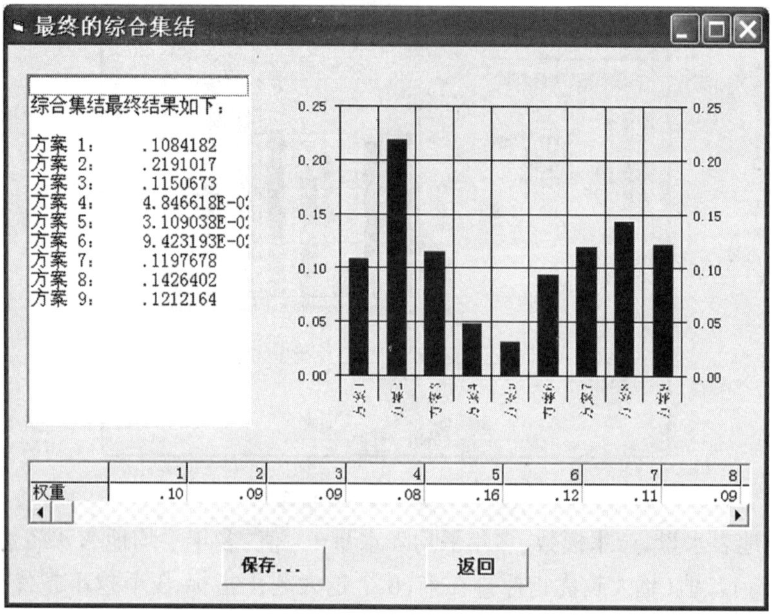

图 7-3　黄河流域水资源禀赋评价结果

7.3　水资源开发利用评价

《水资源综合规划技术细则》指出：通过水资源及其开发利用情况的调查评价，可为其他部分工作提供水资源数量、质量和可利用量的基础成果；提供对现状用水方式、水平、程度、效率等方面的评价成果；提供现状水资源问题的定性与定量识别和评价结果；为需水预测、节约用水、水资源保护、供水预测、水资源配置等部分的工作提供分析成果。建立指标体系对水资源开发利用的评价主要对水资源的调控能力、供水强度、供水效率、耗水水平等进行定量分类评价。评价中选用以下指标体系。

(1)用水模数：总用水量/用水面积，反映单位用水面积的用水水平。

(2)人均供水量：总供水量/总人口，反映区域人均供水水平。

(3)水资源开发利用率：当地水资源总供水量/当地水资源总量，反映区域水资源开发利用程度。

(4)农业用水耗水率：农业耗水量/农业用水量，反映农灌耗水强度。

(5)工业用水耗水率：工业耗水量/工业用水量，反映地区工业综合耗水程度。

(6)城镇生活用水比例：城镇生活用水量/总用水量，反映地区城镇生活用水量占总用水量的比例。

(7)农村生活用水比例:农村生活用水量/总用水量,反映地区农村生活用水占总用水量的比例。

(8)农业灌溉率:农田灌溉面积/耕地面积,反映耕地灌溉水平。

(9)单方水 GDP 产出量:GDP/总用水量,反映地区用水效益。

(10)供水超标比例:供水超标量/总供水量,反映供水水质状况。

(11)水功能区达标率:达标河长/评价河长,反映河流自净潜力特征。水功能区水质达标分析在河流现状水质评价成果基础上,以水功能区水质目标作为评价标准进行达标分析,即水功能区现状水质优于水质目标为达标,反之为不达标。

(12)水质类别比例:劣Ⅴ类河流长/评价河流长,反映河流污染情况。

黄河流域 2000 年经济情况、土地利用情况、供水量调查统计、地表耗水量、总用水量、水功能区达标情况统计分别见表 7-9～表 7-14。

表 7-9　黄河流域 2000 年经济情况

二级区/省(区)	GDP(亿元)	人均 GDP(元/人)	工业产值(亿元)	人均工业产值(元/人)	农业产值(亿元)	农村人均农业产值(元/人)	工业增加值(亿元)	火(核)电装机容量(万 kW)
龙羊峡以上	22.17	3 695	4.43	738	12.69	2 702	2.17	0
龙羊峡—兰州	408.19	4 537	575.15	6 392	81.02	1 193	145.71	132
兰州—河口镇	1 057.88	7 136	1 124.34	7 585	241.24	2 789	389.29	630
河口镇—龙门	269.32	3 235	288.32	3 464	85.32	1 250	99.88	124
龙门—三门峡	2 466.83	4 990	2 938.72	5 945	577.64	1 610	963.30	1 143
三门峡—花园口	952.53	7 278	1 483.46	11 335	174.12	1 905	470.38	343
花园口以下	1 000.63	7 485	1 100.32	8 231	299.97	3 022	357.47	255
内流区	38.90	6 864	51.56	9 097	13.99	3 390	19.19	0
青海	194.83	4 477	143.49	3 297	43.85	1 358	40.40	61
四川	3.27	3 402	0.50	522	2.36	2 942	0.14	0
甘肃	669.34	3 690	792.50	4 369	178.67	1 225	232.86	298
宁夏	265.57	4 813	293.94	5 327	77.75	1 980	93.00	185
内蒙古	690.51	8 881	794.76	10 221	166.40	4 159	294.55	307
陕西	1 439.34	5 217	1 630.65	5 910	344.20	1 690	490.18	515
山西	1 058.28	4 977	1 390.73	6 541	211.81	1 472	496.59	611
河南	1 073.25	6 415	1 578.07	9 432	287.40	2 258	486.76	397
山东	822.05	10 628	941.68	12 175	173.53	3 636	312.91	252
黄河流域	6 216.44	5 693	7 566.31	6 929	1 485.98	1 903	2 447.40	2 626

表 7-10　黄河流域 2000 年土地利用情况

区域	流域面积（万 km^2）	耕地面积（万亩）	农村人均耕地（亩/人）	耕垦率（%）	农田有效灌溉面积（万亩）	农村人均灌溉面积（亩/人）	灌溉率（%）
龙羊峡以上	13.13	113.56	2.42	0.58	23.94	0.51	21.08
龙羊峡—兰州	9.11	1 744.36	2.57	12.77	476.11	0.70	27.29
兰州—河口镇	16.36	5 097.81	5.89	20.77	2 201.47	2.55	43.18
河口镇—龙门	11.13	3 468.74	5.08	20.78	295.47	0.43	8.52
龙门—三门峡	19.11	10 089.76	2.81	35.20	2 908.66	0.81	28.83
三门峡—花园口	4.17	1 678.25	1.84	26.83	539.85	0.59	32.17
花园口以下	2.26	1 703.64	1.72	49.81	1 093.51	1.10	64.19
内流区	4.23	465.42	11.28	7.34	85.56	2.07	18.38
青海	15.23	836.69	2.59	3.66	263.50	0.82	31.49
四川	1.70	9.28	1.16	0.36	0.41	0.05	4.42
甘肃	14.32	5 222.18	3.58	24.31	752.44	0.52	14.41
宁夏	5.14	1 939.70	4.94	25.16	600.78	1.53	30.97
内蒙古	15.10	3 266.60	8.17	14.42	1 553.46	3.88	47.56
陕西	13.33	5 840.88	2.87	40.10	1 641.64	0.81	28.11
山西	9.71	4 269.79	2.97	21.35	1 228.72	0.85	28.78
河南	3.62	2 140.12	1.68	39.41	1 084.03	0.85	50.65
山东	1.36	836.30	1.75	40.40	499.59	1.05	59.74
黄河流域	79.50	24 361.54	3.12	20.42	7 624.56	0.98	31.30

注:2000 年黄河流域实灌面积为6 598.63万亩，其中水田为 244.87 万亩，水浇地为 5 892.08 万亩，菜田为 461.68 万亩，平均实灌率达到 86.54%。从二级区分析，龙门—三门峡区间实灌面积占全流域比重最大，达 35.94%；兰州—河口镇次之，达 31.10%；龙羊峡以上、内流区占比重较小，分别为 0.25%、0.93%。从省(区)分析，内蒙古占比重最大，达 21.57%；青海、四川占比重较小，分别为 3.27%、0.001%。

表 7-11　黄河流域 2000 年供水量调查统计　（单位：亿 m^3）

区域	地表水源供水量				地下水源供水量			其他水源供水量	总供水量
	蓄水	引水	提水	小计	浅层淡水	深层承压水	小计		
龙羊峡以上	0.17	1.99	0.33	2.48	0.13	0	0.13	0.01	2.63
龙羊峡—兰州	2.14	16.84	9.57	28.56	5.30	0.04	5.34	0.10	34.00
兰州—河口镇	1.35	132.34	27.24	160.94	15.28	8.49	24.28	0.13	185.35
河口镇—龙门	2.38	3.23	1.72	7.32	3.86	1.09	4.95	0.10	12.38
龙门—三门峡	12.28	23.14	11.61	47.03	50.45	7.76	58.60	0.49	106.11
三门峡—花园口	2.30	4.83	1.82	8.96	16.20	3.31	19.52	0.05	28.52
花园口以下	3.44	11.50	1.80	16.73	28.50	0.43	29.27	0.18	46.18
内流区	0.02	0.06	0.13	0.21	1.88	1.49	3.38	0.01	3.60
青海	2.26	10.10	2.27	14.63	3.23	0.04	3.27	0.03	17.93
四川	0	0.11	0	0.11	0.02	0	0.02	0.01	0.14
甘肃	1.34	18.36	17.06	36.76	6.20	0	6.20	0.35	43.32
宁夏	0.58	72.02	7.97	80.57	3.96	1.58	6.10	0.08	86.75
内蒙古	2.20	56.43	11.98	70.61	13.12	8.96	22.09	0.03	92.73
陕西	8.13	14.15	6.21	28.48	24.39	7.77	32.53	0.33	61.35
山西	4.08	6.37	5.44	15.89	26.79	0	26.79	0	42.68
河南	2.05	15.68	2.21	19.95	28.16	4.25	32.41	0.05	52.41
山东	3.44	0.70	1.08	5.22	15.72	0	16.06	0.18	21.46
黄河流域	24.07	193.92	54.22	272.22	121.60	22.60	145.47	1.07	418.77

注：资料来源于《黄河流域水资源开发利用现状调查评价报告》。

表 7-12　黄河流域 2000 年地表耗水量　（单位：亿 m^3）

区域	城镇生活	农村生活	工业	农田灌溉	林牧渔	合计	各区域占百分比（%）
龙羊峡以上	0	0.62	0.01	0.84	0.65	2.11	1.2
龙羊峡—兰州	0.37	1.31	2.04	13.94	1.47	19.13	11.2
兰州—河口镇	0.34	0.40	2.00	77.35	9.67	89.75	52.8
河口镇—龙门	0.04	0.53	0.32	4.19	0.57	5.66	3.3
龙门—三门峡	1.07	2.00	2.77	26.46	1.82	34.12	20.1
三门峡—花园口	0.13	0.39	0.71	5.11	0.16	6.50	3.8
花园口以下	0.27	0.13	0.21	11.56	0.44	12.61	7.4
内流区	0	0.01	0	0.14	0.01	0.16	0.1

续表 7-12 （单位：亿 m^3）

区域	城镇生活	农村生活	工业	农田灌溉	林牧渔	合计	各区域占百分比（%）
青海	0.10	1.15	0.11	8.73	1.50	11.60	6.8
四川	0	0.11	0	0	0	0.12	0.1
甘肃	0.76	2.05	3.52	16.28	1.21	23.82	14.0
宁夏	0	0.05	0.30	24.21	3.66	28.22	16.6
内蒙古	0.05	0	0.75	48.50	6.01	55.32	32.5
陕西	0.76	1.01	1.96	14.95	1.56	20.24	11.9
山西	0.14	0.70	0.48	10.47	0.26	12.04	7.1
河南	0.13	0.19	0.76	13.57	0.24	14.90	8.8
山东	0.27	0.13	0.18	2.87	0.34	3.79	2.2
黄河流域	2.22	5.39	8.06	139.59	14.79	170.05	100.0
各类用水占百分比（%）	1.3	3.2	4.7	82.1	8.7	100.0	

表 7-13 黄河流域 2000 年总用水量 （单位：亿 m^3）

区域	城镇生活	农村生活	工业	农田灌溉	林牧渔	总用水
龙羊峡以上	0.06	0.67	0.04	1.09	0.77	2.63
龙羊峡—兰州	1.58	1.48	9.90	19.01	2.03	34.00
兰州—河口镇	4.02	2.17	12.35	149.44	17.37	185.35
河口镇—龙门	0.52	1.26	1.75	8.03	0.82	12.38
龙门—三门峡	8.12	6.29	20.95	66.68	4.07	106.11
三门峡—花园口	2.07	2.32	8.27	15.38	0.48	28.52
花园口以下	1.64	2.64	6.07	34.54	1.30	46.18
内流区	0.07	0.16	0.16	2.33	0.87	3.60
青海	0.76	1.24	2.82	11.33	1.79	17.93
四川	0	0.13	0.01	0	0	0.14
甘肃	2.55	2.55	12.14	24.29	1.80	43.32
宁夏	1.28	0.68	4.59	71.30	8.90	86.75
内蒙古	2.01	1.48	5.36	74.51	9.37	92.73

续表 7-13　　(单位:亿 m^3)

区域	城镇生活	农村生活	工业	农田灌溉	林牧渔	总用水
陕西	4.70	3.52	12.90	36.96	3.27	61.35
山西	3.17	2.74	7.30	28.69	0.77	42.68
河南	2.13	3.40	9.36	36.65	0.88	52.41
山东	1.48	1.25	5.02	12.78	0.93	21.46
黄河流域	18.08	16.99	59.49	296.50	27.71	418.77

表 7-14　黄河流域 2000 年水功能区达标情况统计

区域	总个数（个）	达标个数（个）	达标率（%）	河流			湖泊		
				评价河长（km）	达标河长（km）	达标率（%）	评价湖泊面积（km^2）	达标湖泊面积（km^2）	达标率（%）
龙羊峡以上	24	21	87.5	5 016.6	4 057.9	80.9	0	0	—
龙羊峡—兰州	58	42	72.4	3 721.7	3 233.1	86.9	0	0	—
兰州—河口镇	84	35	41.7	4 955.6	2 434.6	49.1	301.2	293	97.3
河口镇—龙门	110	49	44.5	4 366.9	1 961.9	44.9	0	0	—
龙门—三门峡	193	83	43.0	7 664.2	2 894.1	37.8	0	0	—
三门峡—花园口	74	39	52.7	1 940.7	1 007.6	51.9	0	0	—
花园口以下	46	12	26.1	1 984.2	371.4	18.7	167.5	0	0
青海	59	45	76.3	6 225	5 632.2	90.5	0	0	—
四川	4	2	50.0	1 745	1 019.2	58.4	0	0	—
甘肃	80	43	53.8	6 314.4	3 781.5	59.9	0	0	—
宁夏	46	17	37.0	2 721.9	1 469.3	54.0	8.2	0	0
内蒙古	73	32	43.8	3 046.3	1 163.5	38.2	293	293	100
陕西	97	33	34.0	3 974.3	1 281.3	32.2	0	0	—
山西	153	72	47.1	6 295.7	2 631.1	41.8	0	0	—
河南	83	40	48.2	2 296.2	1 013	44.1	0	0	—
山东	29	8	27.6	1 315.9	262.8	20.0	167.5	0	0
黄河流域	589	281	47.7	29 649.9	15 960.6	53.8	468.7	293	62.5

注:资料来源于《黄河流域水资源开发利用现状调查评价报告》。

建立评价指标体系矩阵如下,各指标用数字代号表示,即

	1	2	3	4	5	6	7	8	9	10	11	12
	万 m³/km²	m³/人	%	%	%	%	%	%	元/m³	%	%	%
龙羊峡以上	0.20	438	1.27	80.11	25.00	2.28	25.48	21.08	8.43	0	87.5	0
龙羊峡—兰州	3.73	378	25.30	73.24	20.61	4.65	4.35	27.29	12.01	7.0	72.4	87.5
兰州—河口镇	11.33	1 250	459.13	52.17	16.19	2.17	1.17	43.18	5.71	52.9	41.7	72.4
河口镇—龙门	1.11	149	20.23	53.79	18.29	4.20	10.18	8.52	21.75	3.0	44.5	41.7
龙门—三门峡	5.55	215	67.54	39.97	13.22	7.65	5.93	28.83	23.25	39.1	43.0	44.5
三门峡—花园口	6.84	218	47.53	33.23	8.59	7.26	8.13	32.17	33.40	42.3	52.7	43.0
花园口以下	20.53	345	131.31	33.48	3.46	3.55	5.72	64.19	21.67	47.8	26.1	52.7
内流区	0.85	635	31.69	4.69	0	1.94	4.44	18.38	10.87	0	85.0	26.1

	1	2	3	4	5	6	7	8	9	10	11	12
	万 m³/km²	m³/人	%	%	%	%	%	%	元/m³	%	%	%
青海	1.77	412	8.61	77.97	3.90	4.24	6.92	31.49	10.87	13.5	76.3	13.5
四川	0.08	146	0.31	0	0	0	92.86	4.42	23.36	0	50	0
甘肃	3.03	239	34.74	67.04	29.00	5.89	5.89	14.41	15.45	26.7	43.8	22.7
宁夏	16.88	1 572	826.19	34.75	6.54	1.48	0.78	30.97	3.06	97.1	37.0	95.7
内蒙古	6.14	1 193	165.00	64.99	13.99	2.17	1.60	47.56	7.45	2.7	43.8	1.8
陕西	4.60	222	88.73	41.04	15.19	7.66	5.74	28.11	23.46	63.4	34.0	10.2
山西	4.40	201	36.98	36.42	6.58	7.43	6.42	28.78	24.80	10.3	47.1	61.5
河南	14.48	313	93.36	36.80	8.12	4.06	6.49	50.65	20.48	43.7	48.2	44.7
山东	15.78	277	102.39	23.41	3.59	6.60	5.82	59.74	38.31	45.1	27.6	38.3
黄河流域	5.27	383	59.27	47.62	13.55	4.32	4.06	31.30	14.84	42.6	47.7	41.3

应用开发的软件进行计算，水资源开发利用评价二级区、省(区)评价结果分别见图 7-4 和图 7-5。

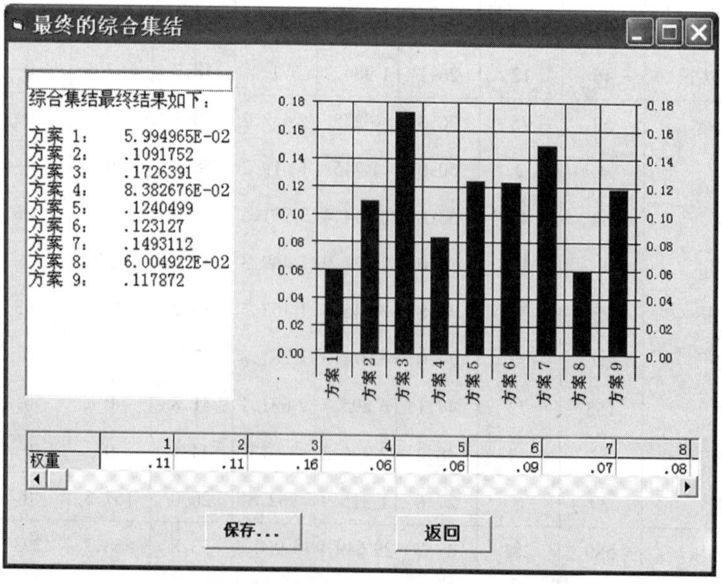

图 7-4　水资源开发利用评价二级区评价结果

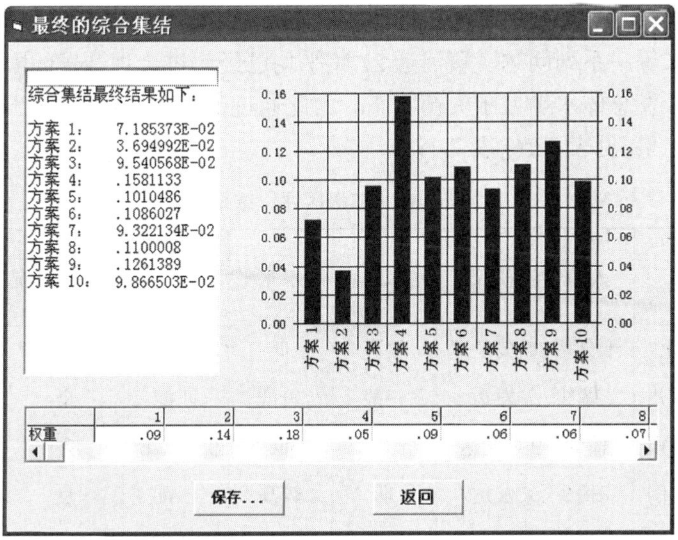

图 7-5　水资源开发利用评价省(区)评价结果

结果分析：水资源开发利用综合评价涉及到水资源系统、水资源开发利用系统、经济社会系统以及水资源供需的状况等方面。水资源的开发利用，应以能保持水资源在自然界的水文循环中得到再生和补充，而不致影响到水资源的形成和赋存条件为前提，以保持水资源的可持续开发利用。水资源开发利用程度是评价流域水资源开发与利用水平的特征指标，涉及水资源量、开采量、供水量与消耗量4个紧密关联的因素，以水资源开发率、开采率和利用消耗率3个指标具体表示。

黄河流域水资源开发利用程度分析(21年平均)见表 7-15。

表 7-15　黄河流域水资源开发利用程度分析(21 年平均)

二级区	地表水			平原区浅层地下水			水资源总量		
	供水量(亿 m^3)	地表水资源量(亿 m^3)	开发率	开采量(亿 m^3)	水资源量(亿 m^3)	开采率	用水消耗总量(亿 m^3)	水资源总量(亿 m^3)	水资源利用消耗率
龙羊峡以上	2.12	208.56	0.01	0.11	1.01	0.11	1.86	209.02	0.01
龙羊峡—兰州	24.63	122.94	0.20	4.13	3.54	1.17	18.62	125.28	0.15
兰州—河口镇	150.82	16.80	8.98	11.34	49.82	0.23	92.40	39.16	2.36
河口镇—龙门	6.57	38.87	0.17	2.59	17.49	0.15	7.51	56.24	0.13
龙门—三门峡	46.96	116.71	0.40	42.69	52.26	0.82	68.01	153.19	0.44
三门峡—花园口	20.40	50.20	0.41	11.73	7.62	1.54	27.31	59.14	0.46
花园口以下	104.67	20.59	5.08	22.92	14.30	1.60	117.77	35.04	3.36
内流区	0.09	2.52	0.04	1.02	7.75	0.13	1.60	10.27	0.16
黄河流域	356.16	574.67	0.62	95.51	146.04	0.65	333.49	677.07	0.49

注：①表中供水量、开采量、用水消耗总量项目为 1980 年、1985 年、1990 年、1995 年、2000 年 5 年平均数值；②表中地表水资源量、水资源总量项目为 1980～2000 年 21 年的平均值；③表中水资源量项目为浅层地下水(矿化度 $M \leqslant 2g/L$)1980～2000 年 21 年平均值。

黄河流域水资源开发利用已导致入黄水量减少甚至断流、水污染严重、地下水过量超采等一系列问题。黄河近 21 年平均已经超过合理开发的限度，整个流域水资源开发总体水平处于失衡状态。由此通过上述对比计算，得出二级区、省(区)评价结果，见表 7-16、表 7-17。

表 7-16　二级区评价结果

二级区	人口、经济状况	用水强度	用水水平	水资源承载状况	水环境状况	综合评价
龙羊峡以上	十分稀少、欠发达	较高	低	匹配良好	优	潜力较大
龙羊峡—兰州	稀少、欠发达	一般	较低	匹配	良	有潜力
兰州—河口镇	稀少、中等发达	高	低	极不匹配	差	平衡
河口镇—龙门	稀少、欠发达	低	较高	匹配	良	有潜力
龙门—三门峡	稠密、不发达	较低	较高	不匹配	较差	失衡
三门峡—花园口	稠密、中等发达	较低	高	不匹配	较差	失衡
花园口以下	稠密、中等发达	一般	较高	极不匹配	差	失衡
内流区	十分稀少、欠发达	较高	低	不匹配	差	有潜力
黄河流域	中等、欠发达	一般	一般	不匹配	较差	失衡

表 7-17　省(区)评价结果

省(区)	人口、经济状况	用水强度	用水水平	水资源承载状况	水环境状况	综合评价
青海	十分稀少、不发达	一般	较低	匹配良好	优	有潜力
四川	十分稀少、不发达	低	较高	匹配良好	优	潜力较大
甘肃	中等、欠发达	较低	一般	基本匹配	中等	基本平衡
宁夏	中等、欠发达	高	低	极不匹配	差	严重失衡
内蒙古	稀少、发达	高	低	不匹配	良好	失衡
陕西	中等、欠发达	较低	较高	不匹配	较差	失衡
山西	中等、欠发达	较低	较高	基本匹配	较差	基本平衡
河南	稠密、欠发达	一般	较高	不匹配	差	失衡
山东	稠密、中等发达	较低	高	不匹配	差	失衡
黄河流域	中等、欠发达	一般	一般	不匹配	较差	失衡

7.4　黄河流域水资源配置方案评价及结论分析

黄河水资源的配置为缺水配置，主要影响因素为多年平均入海水量和各省(区)的缺水比例以及现状用水情况。根据本章初步拟定的4种方案建立指标体系。黄河流域水资源分配以省(区)为单位进行分水配置，故只列出省(区)的指标。指标体系中1代表缺水率，2代表入海水量，3代表该区域的水资源禀赋评价结果，4代表该地区水资源开发利用程度评价结果，即

方案	方案1				方案2				方案3				方案4			
指标	1	2	3	4	1	2	3	4	1	2	3	4	1	2	3	4
青海	19.5		0.100	0.072	15.1		0.100	0.072	27.6		0.100	0.072	21.5		0.100	0.072
四川	0		0.201	0.037	0		0.201	0.037	0		0.201	0.037	0		0.201	0.037
甘肃	21.2		0.111	0.095	15.9		0.111	0.095	31		0.111	0.095	25.6		0.111	0.095
宁夏	21.7		0.050	0.158	16.6		0.050	0.158	31.2		0.050	0.158	25		0.050	0.158
内蒙古	18.1		0.027	0.101	16		0.027	0.101	22.1		0.027	0.101	16.1		0.027	0.101
陕西	17.7		0.080	0.108	16.1		0.080	0.108	19.4		0.080	0.108	17.3		0.080	0.108
山西	15.4		0.113	0.093	14.7		0.113	0.093	3		0.113	0.093	14.5		0.113	0.093
河南	16.9		0.127	0.110	14.9		0.127	0.110	3.4		0.127	0.110	15.1		0.127	0.110
山东	15.4		0.101	0.120	15		0.101	0.120	12.5		0.101	0.120	12.5		0.101	0.120
黄河流域	18.5	200	0.086	0.099	15.7	185	0.086	0.099	19.6	200	0.086	0.099	18.7	200	0.086	0.099

分别考虑缺水率、入海水量、水资源禀赋和水资源开发利用评价结果各因素的组合评价方案，由于方案2多年平均入海水量按185亿m^3控制，比方案1、3、4入海水量200亿m^3少7.5%，用于可向河道外配置的地表径流量为335亿m^3，相对各省区缺水率方案2比其他方案要小，同时在评价中入海水量所占权重有限，对评价结果没有根本性的影响，因此最终评价结果都是方案2最优，方案4次之。

仔细分析方案4优于方案1、3的原因在于各方案耗排率不一样，同量的河道外配置水量，但三种方案缺水率却不一样。表7-18为黄河流域“87”分水方案、2000年实际耗用黄河地表径流量、本次规划4个配置方案的对照表。

方案1保证了多年平均最低入海水量200亿m^3，以2020年水平需水预测为基础，流域内各省(区)缺水比例大致相当，由于黄河流域各省区水资源禀赋条件及水资源开发利用程度有较大的差别，这种单纯以各省(区)缺水比例大致相当的水资源配置思路显然有其不足之处；方案2在方案1的基础上，考虑黄河水资源供需矛盾尖锐的情况，适当减少了入海水量，相应增加了河道外可配置水量，各省区缺水率相对其他方案要小，但基于维持黄河健康生命、人水和谐的治

表 7-18　黄河流域各配置方案比较　（单位：亿 m^3）

省（区）	“87”分水方案		2000 年实际		配置方案							
					方案 1		方案 2		方案 3		方案 4	
	地表耗水量	地下水开采量	地表耗水量	地下水开采量	地表耗水量	地下水开采量	地表耗水量	地下水开采量	地表耗水量	地下水开采量	地表耗水量	地下水开采量
青海	14.1	1.7	12.3	3.3	14.53	3.26	15.53	3.26	12.69	3.26	14.10	3.26
四川	0.4	0.0	0.1	0.0	0.25	0.02	0.25	0.02	0.36	0.01	0.40	0.01
甘肃	30.4	4.4	27.5	6.2	32.51	6.08	35.79	6.08	27.36	6.08	30.40	6.08
宁夏	40.0	2.0	44.9	6.1	42.12	9.89	45.78	9.89	36.00	9.89	40.00	9.89
内蒙古	58.6	11.0	62.8	22.1	56.63	21.85	58.72	21.85	52.74	21.85	58.60	21.85
陕西	38.0	21.4	23.8	32.5	35.59	28.79	36.99	28.79	34.20	28.79	36.00	28.79
山西	43.1	19.8	13.8	26.8	31.48	21.22	31.90	21.22	38.79	21.22	32.10	21.22
河南	55.4	18.5	35.7	32.4	42.34	21.81	43.38	21.81	49.86	21.81	43.40	21.81
山东	70.0	10.8	66.1	16.1	61.96	14.58	63.87	14.58	63.00	14.58	60.00	14.58
天津、河北	20.0		8.0		4.92		4.94		5.00		5.00	
总计	370.0	89.8	295.0	145.5	322.33	127.50	337.15	127.50	320.00	127.49	320.00	127.49

河理念以及黄河流域严峻的生态问题考虑，保证黄河多年平均最低入海水量 200 亿 m^3 指标流量不变，方案 2 也不是最佳方案；方案 3 采取同比例折减，与《黄河可供水量年度分配及干流水量调度方案》和《黄河水量调度管理办法》的原则相一致，但流域缺水率在 4 个方案中最大，达 19.6%，其优点是易于操作，执行比较容易；方案 4 偏重于考虑目前的实际耗用黄河地表径流量情况，适当考虑了 2020 年水平的需求预测，该方案动态反映了近 20 年来，黄河流域水资源及其开发利用条件发生了较大的变化，同时水资源配置考虑了水资源禀赋条件和水资源开发利用程度因素，优于方案 1。

结论：考虑到本次规划的配置思路和技术工作基础和维持黄河健康生命，从水资源合理配置的角度出发，以方案 4 为宜，从操作难度考虑，以方案 3 作为备选方案。

在进行流域水资源配置方案评价中，需考虑一系列技术、社会、经济和环境因素，由于模型指标体系的高维数和大量相互影响的变量，建立评价模型和评价指标体系时遇到的问题可能会更复杂并难以分析。一般而言，大多数地区水资源开发利用计划都受到评价合理性和可行性等多方面准则的约束。由于可操作性限制，本书建立评价指标体系还不完备，评价方法还有待于进一步深入完善，另外还缺乏对不同配置方案对流域产生的边际效益分析。